TECHNOLOGIES DE L'INFORMATION ET DE LA COMMUNICATION POUR LE DÉVELOPPEMENT EN AFRIQUE

I0041791

Volume 2

L'expérience des télécentres communautaires

Sous la direction de
Florence Ebam Etta et Sheila Parvyn-Wamahiu

Centre de recherches pour le développement international
Ottawa • Dakar • Le Caire • Montevideo • Nairobi • New Delhi • Singapoure

**Conseil pour le développement de la recherche
en sciences sociales en Afrique**

© Centre de recherches pour le développement international (CRDI) 2005

Publié conjointement par le Centre de recherches pour le développement international (CRDI)
BP 8500, Ottawa (Ontario) Canada K1G 3H9 — http://www.crdi.ca

et le Conseil pour le développement de la recherche en sciences sociales en Afrique (CODESRIA)
BP 3304, Dakar, Sénégal — http://www.codesria.org
ISBN 2-86978-116-4   ISBN-13: 978-2-86978-116-0

Données de catalogage avant publication de la Bibliothèque nationale du Canada

Vedette principale au titre :

Technologies de l'information et de la communication pour le développement en Afrique. Volume 2 : L'expérience des télécentres communautaires

Traduction de : Information and communication technologies for development. Volume 2 : The experience with community telecentres.

Publié en collaboration avec CODESRIA
ISBN 1-55250-007-1   ISBN-13: 978-1-55250-007-1

1. Technologie de l'information – Afrique.
2. Communication en développement communautaire – Afrique.
3. Développement communautaire – Afrique.
I. Etta, Florence Ebam.
II. Parvyn-Wamahiu, Sheila.
III. Centre de recherches pour le développement international (CRDI/Canada)
IV. Codesria.

HC805.I55153 2004   338.9'26'096   C2004-980235-6

▓ Table des matières

Chapitre 1

Introduction: L'entrée du continent dans la société de l'information

Chapitre 2

Les TIC en Afrique : Le contexte de l'expansion des télécentres

Chapitre 3

Télécentre de Tombouctou, Mali

Chapitre 4

Télécentres au Mozambique

Chapitre 5

Télécentres en Ouganda

Chapitre 6

Télécentres en Afrique du Sud

Chapitre 7

Télécentres au Sénégal

Chapitre 8

Conclusion

Graphiques

Carte

▓ Tableaux

■ Acronymes et abréviations

AISI	African Information Society Initiative/ Initiative pour une société d'information africaine
ANC	African National Congress/ Congrès national africain
ART	Agence de régulation des télécommunications
ASC	Association sportive et culturelle
BRACO	Bureau régional du CRDI pour l'Afrique de l'Ouest
C- Band	Champ de diffusion
CAL	Comités consultatifs locaux (télécentres du Mozambique)
CBO	Community Based Organization / Organisation communautaire de base
CCTAS	Centre communautaire de technologie associée à la santé
CDG	Carl Duisberg Gesellschaft – Association Carl Duisberg
CD-ROM	Compact Disk-Read Only Memory
CIUEM	Centre informatique de l'Université Eduardo Mondlane
CODEL	Comité de développement local (Sénégal)
CRC	Centre de ressources communautaires
CRDI	Centre de recherches pour le développement international
CTA	Commission européenne de coopération technique en matière d'agriculture, pour l'Afrique, les Caraïbes & le Pacifique
DSTV	Télévision numérique par satellite
ECOPOP	Économie populaire urbaine (Programme d'ENDA)
EDM	Compagnie d'électricité du Mozambique
GIE	Groupement d'intérêt économique
ELSA	Evaluation and Learning System for Acacia/ Système d'évaluation et d'apprentissage pour Acacia
ENDA	Action pour le développement environnemental dans le tiers-monde (ONG)
FAO	Organisation des NU pour l'agriculture et l'alimentation
FGD	Discussions de groupes cibles

FCFA	Le Franc, monnaie mise en circulation par la Banque centrale des États de l'Afrique de l'Ouest
PIB	Produit intérieur brut
PNB	Produit national brut
GPF	Promotion des groupes d'intérêts féminins
GSM	Global System for Mobile Communications/ Système mondial de communications mobiles
IBA	Independent Broadcasting Authority/ Instance indépendante de diffusion
ICASA	Independent Communications Authority of South Africa/ Instance indépendante de régulation de la communication en Afrique du Sud
ICT/TIC	Technologies de l'information et de la communication
IICD	International Institute for Communication and Development/ Institut International pour la communication et le développement
ISDN	Integrated Switched Digital Network/ Réseau à commutation intégré
ISP	Internet Service Provider/ Fournisseur de service Internet
IT	Information Technology/ Technologie de l'information
IP	Internet protocol
ITU	International Telecommunications Union / Union internationale des télécommunications
LAN	Local Area Network/ Réseau local
TCM	Télécentre communautaire multiservice
MTN	Mobile Telephone Networks (société sud-africaine)/ Réseau de téléphonie mobile
NEPAD	New Partnership for African Development/ Nouveau partenariat pour le développement en Afrique
ONG	Organisation non gouvernementale
NICI	National Information and Communication Infrastructure
PC	Personal Computer
PCM	Pulse Coded Modulation/ modulation à code d'impulsion
POP	Internet Point of Presence/ Point internet
PSTN	Public Switched Telephone Networks/ Réseau téléphonique public commuté
PTO	Post and Telecommunications Offices/ Bureau de postes et télécommunications

RCDF	Fonds de développement des communications rurales
SANCO	South African National Civic Organization/ Organisation civique nationale sud-africaine
SATRA	South Africa Telecom Regulatory Authority/ Office sud-africain de régulation des télécommunications
SMS	Short Messaging Service
SONATEL	Société nationale de télécommunications (Sénégal)
SOTELMA	Société de télécommunications de Mali (Mali)
TC	Télécentre
TDM	Mozambique Telecommunications Company/ Société mozambicaine des télécommunications
TPS	Trade Point Sénégal
UCC	Uganda Communications Commission/ Commission ougandaise pour les télécommunications
UNCST	Uganda National Council of Science and Technology/ Conseil national ougandais des sciences et technologies
PNUD	Programme des Nations Unies pour le développement
UNESCO	Organisation des Nations Unies pour l'éducation, la science et la culture
UNIN	University of the North (South Africa)
UPL	Uganda Posts Limited
UPS	Uninterruptible Power Supply/Alimentation non interruptible
UPTC	Uganda Posts and Telecommunications Corporation
USA	Universal Service Agency (Afrique du Sud)
USAID	US Agency for International Development/ Agence américaine pour le développement international
USD	United States Dollar/Dollar américain
UTL	Uganda Telecom
VCR	Video Cassette Recorder/ Magnétophone
VSAT	Very Small Aperture Terminal (satellite communications terminal)/Microstation terrienne (terminale de communication satellite)
WAN	Wide Area Network/Réseau étendu
WAP	Wireless Application Protocol/ Protocole wap
WASC	West African Submarine Cable/ Câble sous-marin pour l'Afrique de l'Ouest
WWW	World Wide Web
ZAR	South African Rand

Préface

Dans les années 1990, on a affirmé que le monde était entré dans l'ère de l'informatique et qu'on était à l'aube d'une véritable révolution informatique. En globalisant ainsi l'informatique, on a également pris conscience du risque réel de voir s'établir une dichotomie reflétant en quelque sorte le contraste économique qui existe entre pays riches et pays pauvres. Partout dans le monde on a insisté sur le potentiel de l'informatique et des nouvelles technologies de l'information et de la communication (les NTIC), capables d'entraîner de réels changements qui apporteraient la prospérité. Après la grave crise qu'a connue le développement africain à la fin des années 1980 et les efforts infructueux pour relancer l'économie grâce à des programmes de restructuration, ce potentiel apportait une note d'optimisme. Ce nouveau remède destiné à éradiquer la pauvreté a provoqué un vif intérêt dans beaucoup de secteurs auprès des visionnaires en même temps qu'il a imprimé le rythme et le ton pour les nouvelles orientations et initié quelques évènements d'importance.

Parmi ceux-ci : le Midrand, en Afrique du Sud (1996), conférence sur la Société Informatique pour le développement africain (ISAD). Conséquence directe de cette conférence : le CRDI a lancé l'Initiative Acacia. Dans sa forme et dans son esprit, l'Initiative Acacia était un projet audacieux et original. Quand le programme Acacia fut lancé en 1997, c'était le projet le plus ambitieux, mais aussi le seul projet proposé par le centre. Le choix du premier dirigeant d'Acacia s'est porté fort justement sur un Africain, Gaston Zongo, qui connaissait parfaitement le tissu politique, le fonctionnement et l'infrastructure des NTIC dans une grande partie du continent africain.

Cinq ans plus tard, le CRDI avait investi plus de 20 millions de dollars canadiens dans près de 300 projets. Grâce à leur transparence et leur fort potentiel d'exploitation, les projets de télécentres ont attiré l'attention et obtenu un large soutien. Ces projets ont également permis au CRDI de concrétiser des partenariats avec l'Union internationale de télécommunications

(ITU), l'UNESCO et d'autres organismes, à un moment où le partenariat apparaissait comme une exigence de garantie pour se voir attribuer des financements. Pour ce qui est de l'édition, le partenariat entre le Conseil pour le développement de la recherche en sciences sociales en Afrique (CODESRIA) et le CRDI pour la publication de ce livre, ainsi que les volumes à suivre dans la série, témoignent bien du besoin constant de collaboration entre les partenaires du développement.

Depuis le milieu des années 1990, un nombre croissant de voix s'est élevé, tant au plan individuel que dans les organisations, pour proclamer que les NTIC avaient un réel potentiel de transformation. Cependant, lors d'une réunion à Londres (fin 2001), des experts discutant des liens entre technologie et pauvreté se plaignaient qu'il y avait bien peu de preuves concrètes pour étayer ces affirmations. Lors de cette réunion, et sans nul doute lors d'autres réunions au cours desquelles cette question a été débattue, l'une des recommandations consistait à réunir les informations permettant de démontrer comment et pourquoi ces technologies pouvaient avoir un impact auprès des populations pauvres. C'est précisément ce que cet ouvrage s'efforce de faire. Il montre aussi qu'il reste beaucoup à apprendre et à comprendre sur le rapport entre l'accès du public au NTIC, les télécentres n'étant qu'un exemple, et le développement tel que nous le connaissons. Nous espérons que ce livre pourra donner un aperçu des problèmes posés et incitera à une étude plus approfondie, en même temps qu'il stimulera les investissements dans les télécentres, dans la mesure où ceux-ci représentent une réelle promesse pour un grand nombre de personnes dans les pays en voie de développement.

Adebayo Olukoshi	Maureen O'Neil
Secrétaire exécutif	Président
CODESRIA	CRDI

◼ Avant-propos

L'Afrique est en train de bâtir sa propre société de l'information. La façon dont se manifestent les opportunités et les défis de cette transformation à l'intérieur des communautés africaines constitue une source fascinante de leçons et d'observations. Le présent ouvrage entend contribuer à ce processus.

Les outils numériques, qui peuvent paraître banals pour de nombreuses personnes à travers le monde, sont à même de fournir un nouveau mode d'expression à l'inspiration et à l'imagination africaines. L'ordinateur, l'imprimante, l'appareil photo numérique, le courrier électronique et Internet sont devenus des outils essentiels de vie et de travail pour beaucoup de gens. Pourtant, cela n'a pas toujours été le cas. Ce qu'on appelle aujourd'hui Internet a fait son apparition en 1970, et le premier ordinateur personnel a fait son entrée sur le marché en 1981. Malgré cela, le courrier électronique, Internet et tout ce qui en a découlé n'ont véritablement intégré le paysage de la vie industrielle et privée que vers le milieu des années 1990.

De nombreuses communautés africaines abordent actuellement la première vague d'apprentissage expérimental et d'adoption des technologies numériques dans les domaines de l'éducation, de la santé, des affaires et du gouvernement. Comme à l'époque de la création du premier télécentre de l'hémisphère nord à Velmdalen, en Suède, en 1985, les pionniers du numérique s'attachent à faire en sorte que les effets positifs de ces nouvelles technologies deviennent accessibles au plus grand nombre.

Les études de cas présentées dans le présent ouvrage illustrent les efforts consentis par les pionniers du numérique en Afrique ; ces personnes ont en effet été amenées à utiliser les télécentres comme mécanismes de lancement de la Révolution africaine de l'information dans leurs pays et communautés respectifs. Leur dévouement et leur persévérance sont sources d'inspiration. Ces études de cas témoignent à n'en pas douter du temps, du courage, du sacrifice qu'ils ont consentis à l'œuvre à laquelle ils se sont consacrés.

Ces études de cas ne présentent qu'une fraction du travail fourni par les nombreuses personnes qui ont contribué à la première génération du programme Acacia du CRDI. Eux aussi étaient des pionniers du numérique et, comme c'est souvent le cas en présence d'une hérésie inspirée, certains d'entre eux ont essuyé les foudres du conformisme orthodoxe.

À l'heure où, de plus en plus, les agences internationales se mettent à intégrer les technologies numériques parmi les composantes de leur programmation, les expériences reflétées dans ces études de cas apparaissent particulièrement pertinentes et appropriées. Nous apprécions le dévouement des chercheurs qui les ont préparées. Nous attendons avec impatience de nouvelles illustrations des enseignements tirés de l'expérience Acacia.

Richard Fuchs
Directeur
Technologies de l'information et des
communications pour le développement
Centre de recherches pour le développement international

■ Remerciements

Nous exprimons notre sincère gratitude à un très grand nombre de personnes, trop nombreuses pour être citées individuellement ; elles ont contribué à rendre cet ouvrage possible, et parmi elles figurent tous les partenaires, les chercheurs principaux, les collecteurs de données, les personnes interrogées, ainsi que les participants aux ateliers dans les cinq pays du projet. La recherche, autorisée par le comité supérieur de gestion du Centre de recherches pour le développement international, et conceptualisée par l'ensemble de l'équipe d'Acacia, a été menée par un groupe enthousiaste de chercheurs principaux, qui en ont également assuré le rapport, dans chacun des cinq pays échantillons de l'étude: Khamathe Sene, Babacar Bah et le Bureau d'études, de conseils et d'intervention au Sahel (BECIS) au Mali ; Carlos Cumbana et Esselina Macome au Mozambique ; Mor Dieng, Khamathe Sene, et Pape Touty Sow au Sénégal ; Peter Benjamin, M. E. Maepa, A. Molefe, et R. Ramagogodi en Afrique du Sud ; et Samuel Kayabwe, Richard Kibombo, Esther Nakazze, et Stella Neema en Ouganda. La liste de tous ceux qui, ayant contribué au présent ouvrage, méritent notre reconnaissance, figure en Annexe 1.

Nous voudrions également exprimer notre gratitude à Caroline Pestieau, ancienne vice-présidente du CRDI, à Connie Freeman, directrice régionale du Bureau régional pour l'Afrique orientale et australe du CRDI, pour le soutien et la motivation précieux qu'elles ont apportés à cette tâche longue et difficile.

Notre gratitude va enfin à Laurent Elder, chef par intérim de l'équipe Acacia, à Ramata Molo Thioune, à Terry Smutylo, directeur de l'unité Évaluation du CRDI, ainsi qu'à Bill Carman du CRDI, pour la perspicacité, les observations, les contributions et le soutien qu'ils ont apportés au projet. L'équipe d'Acacia ne saurait être tenue pour responsable d'éventuels points faibles, erreurs ou mauvaises interprétations. Cette responsabilité revient aux chercheurs principaux pour les études nationales respectives, ainsi qu'aux éditeurs de cet ouvrage.

Florence E. Etta
Sheila Parvyn-Wamahiu

▌ Synthèse

Dès les dernières décennies du second millénaire, l'humanité est entrée dans l'âge de l'information et de la connaissance numérique. Cette ère se caractérise par la mondialisation de l'économie et l'avènement des nouvelles technologies de l'information et de la communication (les NTIC), qui sont considérées comme les moteurs de la nouvelle économie. C'est la naissance d'un nouvel ordre mondial de l'information et de l'économie, où ce sont les pays riches qui font des NTIC l'utilisation la plus intense et la plus sophistiquée. Les pays du continent africain, dans leur grande majorité, ne se situent pas à un niveau satisfaisant du point de vue de la disponibilité et de l'utilisation des NTIC. Au cours des cinq dernières années, on a pu constater un élan toujours plus actif en faveur du soutien au développement, à la diffusion, à l'utilisation et à l'appropriation des NTIC dans les pays et régions à faible niveau de connaissances, en particulier en Afrique et en Asie. Entre autres voies pour y parvenir, des télécentres communautaires, également connus sous le nom de points d'accès publics, ont été créés.

L'expansion des télécentres est récente sur le continent. Les premiers télécentres communautaires ont ouvert leurs portes dès 1998. La nature et les fonctions des télécentres en Afrique varient légèrement d'un pays à l'autre, de même que les noms et appellations sous lesquels ils sont connus. Le télécentre a pour objectif premier de fournir au public les outils et les compétences nécessaires pour améliorer la communication et le partage des informations. Il existe un certain nombre de dispositions administratives et opérationnelles possibles, et bien que les télécentres communautaires diffèrent parfois, de par leur organisation, des franchises et des cybercafés, il n'en reste pas moins que tous remplissent le même type de fonctions. Quel que soit le modèle de gestion, il est généralement reconnu que le concept de télécentre est un outil de développement valable.

Tous les indicateurs significatifs de développement du monde numérique basé sur la connaissance, à savoir les niveaux d'instruction générale, de familiarité avec les sciences et la technique, le nombre d'ordinateurs, de journaux, de radios, de postes téléviseurs, de téléphones, etc., tous ces indicateurs montrent que les performances de l'Afrique sont actuellement faibles. Les instruments et outils de création de connaissances, ainsi que le partage des informations sont malheureusement répartis de manière inégale au sein des populations. Le milieu rural est habituellement désavantagé dans son accès aux technologies de l'information et de la communication. Suite à l'essor du discours sur les droits de l'homme, l'égalité et l'équité, doublé d'un activisme qui prend de l'ampleur au sein de la société civile, les instances dirigeantes (aux niveaux national comme international) ont été vues obligées de réagir contre la disparité entre riches et pauvres, instruits et illettrés, citadins et ruraux, en termes d'accès à ces outils d'information et de communication qui tiennent aujourd'hui une place si importante.

Le télécentre apporte une réponse à cette situation d'accès inégal, tant géographiquement que socialement, aux technologies de l'information et de la communication dans les zones rurales et/ou isolées. Le télécentre a une justification économique et sociale. Du fait de la pauvreté qui affecte à la fois les gouvernements et les individus, les chances d'acquisition individuelle d'outils d'information et de communication sont particulièrement faibles. Ainsi, il est économiquement profitable de mettre du matériel à disposition sur une base multi-utilisateurs et multi-services, ce qui permet d'étaler les coûts tout en développant l'accès et les avantages. Les gouvernements ont généralement le devoir de fournir aux citoyens les moyens de leur développement et de les soutenir. Bien que le milieu rural ait longtemps souffert d'insuffisance en termes de réseaux de télécommunications, dans un climat mondial de militantisme croissant en faveur de l'égalité, ce handicap et cette discrimination provoquent un tollé constant, appelant à davantage d'attention.

À partir du milieu des années 1990, le Centre de recherches pour le développement international, à l'instar d'organisations à vocation similaire, telles que l'Union internationale des télécommunications et l'UNESCO, pour ne citer que celles-là, ont investi leur temps, leurs efforts et leur argent pour explorer cet important phénomène. Dans les premières phases de cet engagement, du fait de la rareté des projets, l'effort portait en grande partie sur des projets interventionnistes dans une poignée de pays africains. Il s'agissait alors de créer des installations et des structures du type télécentre dans les écoles, le milieu rural, les hôpitaux, etc. Les projets se proposaient de développer la connaissance et la familiarité avec les nouveaux outils d'information et de communication. Bien que, du point de vue historique, le télécentre soit une institution relativement nouvelle en Afrique – comme dans le monde, d'ailleurs – et qu'il soit donc encore entouré de bien de paramètres inconnus, il est reconnu que les télécentres, en tant que modèle de distribution des NTIC, sont capables de transformer les vies et les revenus de nombreux habitants du monde en développement, et en particulier ceux vivant dans les localités isolées du monde rural.

Contexte

Si la diffusion des NTIC sur le continent africain est limitée, c'est que leur introduction est récente. On peut dire que l'entrée du continent et sa participation à la révolution de l'information ont commencé vers le milieu des années 1990, lorsque la nécessité d'une Société africaine de l'information a été évoquée. En 1996, les ministres et gouvernements africains ont adopté l'Initiative relative à la société de l'information en Afrique (ISIA) pour servir de cadre à la création des infrastructures d'information et de communications. Acacia, qui a été lancé en 1997, constitue la réponse du Canada à cet appel et le soutien qu'il compte apporter.

L'initiative Acacia, programme intégré de recherche et de développement, était conçue de manière à utiliser des projets de démonstration pour traiter les questions de technologies de l'information et de la communication, les infrastructures, les politiques, ainsi que leurs applications.

Les premiers objectifs d'Acacia étaient :

- Démontrer comment les technologies de l'information et de la communication peuvent permettre aux communautés de résoudre leurs problèmes de développement, tout en s'appuyant sur les objectifs, les cultures, les points forts et les processus locaux.

- Constituer un ensemble de connaissances et un processus de dissémination en réseau autour d'approches, de politiques, de technologies et de méthodologies éprouvées.

À l'origine, Acacia avait pour cibles les communautés défavorisées, en particulier celles du monde rural, qui se trouvaient isolées des réseaux d'information et de communication, ainsi que les groupes marginalisés au sein de ces communautés, notamment les jeunes et les femmes. Élément clé de

cette vision, l'utilisation des technologies de l'information et de la communication dans la recherche de solutions aux problèmes locaux de développement. La stratégie initiale de mise en œuvre d'Acacia, qui consistait à travailler dans un groupe choisi de pays, était guidée par le caractère limité du
financement disponible. Il s'agissait de garantir un apprentissage ciblé sur
une courte période. Entre 1997 et 2000, Acacia a ainsi concentré son travail sur quatre pays de l'Afrique subsaharienne, à savoir le Mozambique, le
Sénégal, l'Afrique du Sud et l'Ouganda. Quelques projets ont cependant
été mis en œuvre dans d'autres pays, tels que le Mali, le Bénin et la Tanzanie. Acacia s'est depuis impliqué dans un total de 35 télécentres, répartis
sur sept pays de l'Afrique subsaharienne, dont cinq ont été financés conjointement avec d'autres partenaires internationaux tels que l'UNESCO et
l'Union internationale des télécommunications.

Le présent volume, intitulé « L'expérience des télécentres communautaires », présente les résultats d'une série d'études qui ont examiné le cadre, les modes de fonctionnement ainsi que les effets induits par les
télécentres communautaires. Les études rapportées dans cet ouvrage ont
été programmées et menées pour servir de recherche évaluative et contribuer à éclairer les rapports entre NTIC et développement sur le continent.
Les études étaient justifiées par le souci de consolider les acquis d'expériences de télécentres et d'autres projets du même type en Afrique. Il fallait
pouvoir contribuer à une meilleure compréhension des problématiques et
des perspectives du développement des télécentres sur le continent. Au
moment du lancement de l'initiative Acacia en 1997, l'opinion était généralement peu favorable, voire hostile, à l'idée d'investir dans les NTIC en
Afrique, à l'opposé de l'image contemporaine selon laquelle il est reconnu
que les NTIC ont un rôle essentiel à jouer pour assurer un développement
rapide.

Méthodologie

Les études ont été menées au Mali, au Mozambique, au Sénégal, en Afrique
du Sud et en Ouganda en utilisant la même méthodologie. Conformément à
l'esprit selon lequel l'apprentissage et la participation de toutes les parties
prenantes constituent des éléments clés, les études ont commencé en août
2000 par un atelier interactif et participatif de conception de la recherche. Il
s'agissait alors de répondre à deux objectifs. D'abord, s'assurer que les
principales parties prenantes partageaient leur compréhension du processus

de recherche évaluative et leurs attentes. Ensuite, garantir leur adhésion aux résultats de la recherche. En effet, l'appropriation et l'adhésion étaient considérées comme des données importantes, parce que les résultats devaient être ensuite intégrés dans la gestion et la pratique des projets de télécentres.

Les équipes de recherche au niveau national ont adaptées à l'utilisation locale des instruments élaborés au niveau central. Les résultats de recherche ont été discutés au cours d'ateliers de diffusion de manière à les valider, mais aussi à en enrichir l'interprétation.

Les études avaient quatre principaux objectifs :

- L'accès

- La pertinence

- La viabilité (appropriation, gestion, etc.)

- L'environnement (technologique, social, économique et politique).

La recherche se fondait sur les questions suivantes, base des enquêtes :

- De quelle nature est l'accès aux NTIC au sein des télécentres ?

- Dans quelle mesure les services, le contenu et les applications offerts ou disponibles dans les télécentres sont-ils pertinents, utiles et appropriés, et dans quelle mesure ces paramètres répondent-ils aux besoins des communautés ?

- Quels sont les modèles d'appropriation et de gestion, et comment ont-ils contribué à la pérennité des télécentres communautaires ? Quels sont les autres facteurs qui déterminent la pérennité ?

- Quelle est la nature du contexte social, économique, politique et technologique dans lequel fonctionnent les télécentres ?

Les études faisaient appel à une solide méthodologie, où des méthodes à la fois qualitatives et quantitatives étaient utilisées pour collecter des données auprès d'utilisateurs effectifs ou potentiels au sein des communautés. Ces méthodes comprenaient des groupes de discussions dirigés, des observations naturalistes ou réalistes, des études de cas approfondies et des interviews auprès d'informateurs clés. Les études s'appuyaient aussi sur des interviews auprès d'utilisateurs, sur l'analyse de documents et sur une documentation photographique.

L'échantillonnage de base portait sur les télécentres mêmes. Au total, 36 télécentres et cybercafés ont été sondés : 4 en Ouganda, 3 au Mali, 2 au Mozambique, 6 en Afrique du Sud, et 20 au Sénégal. L'enquête a porté sur des utilisateurs effectifs mais aussi sur des utilisateurs potentiels des télécentres. Les critères utilisés pour la sélection des télécentres comprenaient : leur localisation (urbaine ou rurale), le type de propriété (privée, en franchise ou financée par un bailleur de fonds), les services offerts, et la maturité du télécentre. Les télécentres opérationnels depuis moins de 12 mois n'ont pas été retenus pour l'enquête. Le nombre total d'individus qui ont fourni des informations, dans les différents pays, s'élève à 3586. Les études ont été menées entre le milieu de l'année 2000 et la fin de l'année 2001.

Principaux résultats

Accès

Utilisation

Les télécentres ont indubitablement amené un nombre important de membres de communautés défavorisées, sous-équipées – et souvent, rurales – à entrer en contact direct avec les NTIC. Cette familiarisation n'aurait pas été possible si les projets de télécentres n'avaient pas été lancés. Cependant, seul un faible pourcentage de la population totale utilisait encore les installations des télécentres. Le nombre de visiteurs par jour variait entre 8 et 10 par télécentre, et certains visiteurs s'y étaient rendus plus d'une fois.

Il est apparu que l'âge, le sexe, les niveaux d'instruction et d'alphabétisation, ainsi que le statut socio-économique, influent sur l'utilisation des télécentres. Il a été frappant de constater que les personnes âgées et handicapées ne fréquentaient pas les télécentres.

Dans pratiquement tous les pays et dans tous les télécentres, les femmes ont été moins nombreuses que les hommes à utiliser les services offerts. Cette révélation vient confirmer la trop faible implication des femmes africaines dans les sciences et la technologie, réalité constante. Au Mali, 77% des utilisateurs étaient des hommes, et 63% à Manhiça, au Mozambique. La tendance était la même au Sénégal et en Ouganda. Au Sénégal, 70% des utilisateurs étaient des hommes.

Le niveau d'instruction est apparu comme un déterminant essentiel de l'utilisation des télécentres. D'après les personnes interrogées, on croit généralement que les services des télécentres sont réservés à l'élite ou aux personnes instruites. Au Mozambique, au moins 50% des utilisateurs avaient suivi l'enseignement secondaire, et 63% de l'ensemble des utilisateurs étaient des étudiants. En Ouganda, les étudiants du premier cycle de l'université, les enseignants et les étudiants constituaient le plus gros pourcentage des utilisateurs. Au Mali, les arabophones se trouvaient désavantagés.

Les avantages des télécentres, au-delà des utilisateurs directs, se sont étendus à une partie plus large de la population, parce que le partage de l'information avec autrui semble être une pratique commune.

Pour certains télécentres, la localisation a considérablement affecté l'accessibilité et l'utilisation des installations. Le taux de fréquentation a été réduit par les coûts supplémentaires liés au transport, de même que la menace que constitue le déplacement vers le télécentre quant à la sécurité des usagers.

Services

Les télécentres, dans chacun des cinq pays, offraient les mêmes services : photocopie, téléphonie, et formation à la manipulation des ordinateurs, aux logiciels, à l'accès à Internet, ainsi qu'au traitement de texte. La transmission de fac-similé, la conception, le traitement et l'impression de documents, ainsi que les services de courrier électronique, étaient également disponibles. L'immense popularité du téléphone est incontestable. La gamme des services proposés dans les télécentres communautaires multi-services était plus étendue que celle des télécentres ou cybercafés privés. Cependant, le niveau d'utilisation de cette gamme plus large de services était plus faible. Il est apparu que certains services, tels Internet et le courrier électronique, ont été peu, sinon pas utilisés du tout, dans les télécentres situés en milieu rural en Ouganda, au Mozambique et au Mali.

La plupart des télécentres ont connu des problèmes de gestion allant des défaillances techniques du matériel à la faiblesse des compétences en matière de gestion et de technique.

Obstacles à l'utilisation

Le coût des services. Les usagers se disent préoccupés par les tarifs des services. Leur coût élevé par rapport aux revenus des usagers a été identifié comme obstacle sérieux par les femmes, les chômeurs, les étudiants et les membres pauvres de ces communautés.

Le coût du matériel, de la maintenance et de l'approvisionnement. Le coût élevé du matériel, de l'approvisionnement et de la maintenance, par exemple le coût des ordinateurs, des licences de logiciels et des cartouches pour imprimantes à jet d'encre, l'électricité, les postes téléphoniques (et les frais afférents), ainsi que la pratique répandue qui consiste à faire venir de loin des techniciens pour assurer l'entretien de routine ou les réparations, tout cela constituait de lourdes charges qui ont affecté l'utilisation. Ces coûts se reflètent généralement dans les tarifs des services.

Des installations physiques inappropriées. L'espace disponible était généralement trop étroit ou encore mal aménagé, de sorte qu'il ne garantissait guère l'intimité pour les utilisateurs des téléphones ou autres matériels. La majorité des télécentres était installée dans des locaux qui avaient été détournés de leur utilisation initiale.

Une gestion défaillante. La plupart des télécentres ont connu des problèmes de gestion, allant du mauvais comportement des gérants aux défaillances dans la gestion, en passant par le faible niveau de compétences techniques. Le personnel était insuffisant, tant par la qualité que par le nombre, constitué de personnes peu formées et de volontaires mal rémunérés.

Les heures d'ouverture. Les télécentres pratiquent les mêmes horaires que les fonctionnaires, ce qui limite les heures auxquelles les installations sont ouvertes au public. Les installations sont généralement fermées le soir, la nuit, le dimanche, ainsi que les jours fériés.

L'emplacement inapproprié. Leur emplacement a considérablement affecté l'accessibilité et l'utilisation des installations de certains télécentres. Les coûts supplémentaires tels que le transport pour se rendre au télécentre, et la perception de menaces pour les usagers (c'est-à-dire les problèmes de sécurité), ou encore le dérangement lié à l'emplacement, ont réduit l'utilisation des télécentres.

Une faible publicité. Il semble que les efforts n'aient pas été suffisants pour faire connaître l'emplacement des télécentres, ainsi que les services qui y étaient proposés.

L'alphabétisation et la langue. Les télécentres sont perçus comme étant des fournisseurs de services pour personnes instruites ; ceci tient à la langue du contenu, qui est en grande partie en anglais ou en français.

La pertinence

Les télécentres ont été utilisés principalement pour obtenir ou envoyer des informations, et le but de ces informations était en majeure partie de type social : il s'agissait de contacter des amis ou des parents, de préparer des documents pour des événements sociaux (tels que les mariages ou les funérailles), et de se divertir personnellement, en regardant la télévision et des films, en écoutant la radio, ou en lisant des journaux. Les motifs professionnels et économiques, tels que la recherche d'informations sur l'économie ou l'agriculture, n'arrivaient que loin derrière sur la liste des motifs de fréquentation des télécentres. Ceux-ci ont facilité des transactions commerciales pour un faible pourcentage d'utilisateurs en Ouganda (10 à 20%). Dans certains cas, les télécentres ont servi de lieu de réunion, de refuge/sécurité, de lieu de formation pour des groupes de femmes, etc.

Les utilisateurs se disent satisfaits des services proposés ; ils ont expliqué que les télécentres avaient permis une plus grande ouverture, pour eux-mêmes et pour les communautés auxquelles ils appartiennent, qu'ils avaient facilité les communications avec l'extérieur, et favorisé la connaissance de la technologie de l'informatique auprès des membres de la communauté locale.

Modes de propriété, gestion et viabilité

Trois modèles de propriété ont été mis en évidence : la propriété privée (individuelle), la propriété privée au titre d'ONG et d'OCB, et la tutelle. Aucune installation publique n'était représentée dans l'échantillonnage. Le modèle de franchise observé en Afrique du Sud avec la Universal Service Agency (USA) est considéré comme une variante de la propriété privée. La majorité des télécentres communautaires enquêtés appartenaient à la catégorie des télécentres sous tutelle. D'après cette disposition, le projet est tenu par fidéicommis par l'agence d'exécution pour une période donnée pendant la durée du projet jusqu'à ce que le propriétaire final, c'est-à-dire la communauté, soit prêt à prendre la relève. À ce moment-là, le télécentre peut devenir une installation publique, si c'est un département ou une institution de l'État qui le prend en charge. Certains signes montrent qu'un mouvement dans ce sens se dessine concernant certains des projets les plus anciens en Ouganda.

La gestion incombe généralement au personnel du projet, aux comités de gestion locaux ainsi qu'à l'agence de mise en œuvre du projet. Le degré d'implication des comités locaux, qui sont généralement représentés dans les comités de gestion, n'était pas toujours très clair, et leur niveau de responsabilité n'allait pas au-delà des levées de fonds et de la mobilisation en faveur des télécentres. Le contrôle revenait en grande partie aux agences d'exécution du projet, que celles-ci soient des universités, des ministères ou des agences gouvernementales.

Viabilité

Alors que la validité du concept a permis de donner un sens, et dans une certaine mesure, une pertinence et une validité institutionnelles au projet de télécentres, la viabilité financière des télécentres communautaires demeure difficile à cerner. Seuls deux exemples de télécentres communautaires durables ont été recensés, à Phalala (Afrique du Sud) et à Guédiawaye (Sénégal).

La viabilité financière des télécentres est constamment menacée, non seulement du fait de la faiblesse de la gestion, mais également des problèmes techniques et d'infrastructures qui affectent de manière récurrente tous les pays concernés. Parmi ces problèmes figurent les pannes ou coupures d'électricité ; la mauvaise connectivité ; les pannes des ordinateurs ; celles des imprimantes ; le non fonctionnement des logiciels; le matériel obsolète ou inutilisable ; la complexité des dispossitions imposées par la gestion, les défaillances dans les domaines de la sécurité et des politiques (par exemple, droits ou taxtes d'importations sur le matériel). C'est ainsi que certains télécentres en Ouganda, et au Sénégal ont dû se livrer à une véritable course d'obstacles bureauticratiques simplement pour pouvoir importer du matériel mis à la disposition des projets, voire à son retour après réparation.

Environnement technologique

La plus grande menace qui pèse sur la viabilité des télécentres était d'ordre technique et technologique. Outre la faiblesse généralisée des infrastructures de télécommunications, l'état global des infrastructures constitue toujours un grand sujet de préoccupation, en particulier en ce qui concerne l'approvisionnement, peu fiable ou inexistant, en énergie électrique.

Malgré les processus rapides de privatisation, les fournisseurs de services de télécommunications dont l'État est propriétaire ou qu'il contrôle continuent à jouir de monopoles relatifs et de privilèges d'exclusivité. Il n'y a guère de véritable concurrence concernant la fourniture de services pour les lignes fixes. La conséquence directe en est que les droit de douane demeurent élevés, et le développement des infrastructures en milieu rural stationnaire. La concurrence existe bien par ailleurs dans le secteur de la téléphonie cellulaire et sans fil, mais cela crée d'autres types de problèmes pour les télécentres, tels que la discrimination en faveur du milieu urbain, des coûts plus élevés, etc.

Les institutions et les politiques sociales et politiques en place sont récentes, donc trop faibles pour soutenir le développement, l'expansion et l'adoption à grande échelle des NTIC. La précarité de la situation économique d'une grande partie du continent est bien connue.

Recommandations

Recommandations générales

Du fait de l'ampleur de la demande, des besoins d'information et de communication non satisfaits, du fait de la nature et de l'intensité de la pauvreté, du rythme lent et inégal du développement de la fourniture des outils d'information—en particulier en milieu rural où réside toujours la majorité des Africains—le télécentre a un rôle bien précis à jouer dans le développement contemporain.

Le télécentre est à l'information ce que l'école est à l'éducation, et l'hôpital ou la clinique à la santé et au bien-être.

- Un soutien doit donc être accordé à la création, à la maintenance et au fonctionnement des télécentres, parce qu'ils remplissent une fonction primordiale de développement en faveur de l'information et de l'éducation, qui sont considérés comme un droit essentiel et important de la personne humaine.

- Les agences internationales de développement, ainsi que les agences multilatérales, bilatérales et nationales doivent soutenir le développement et la croissance des télécentres. Ceci implique, par exemple, la prolongation de la durée des projets, des cycles de projet plus courts étant apparus insuffisants pour soutenir comme il se doit le développement optimal des télécentres.

En assurant un développement optimal des télécentres, on garantit la croissance et l'expansion du mouvement en leur faveur, ainsi que les effets souhaités ou attendus. Cependant, pour que ceci devienne réalité, les questions suivantes doivent être sérieusement abordées : la connectivité, le contenu, la capacité, les coûts et le cadre conceptuel. On sous-estime souvent la nécessité d'un cadre conceptuel pour appuyer l'expansion et la diversification des services ; de ce fait, celui-ci est insuffisamment développé, voire ignoré. Pourtant, un tel cadre est d'une importance capitale, et devrait servir de point d'entrée. L'expansion des NTIC devrait être basée sur une théorie du changement social, selon laquelle l'information, tant exogène qu'endogène, a une valeur potentielle égale pour amorcer des transformations. Les nouvelles technologies devraient être utilisées pour une large diffusion des changements jugés les plus utiles. Le changement social, lorsqu'il menace l'existence même d'une société ou d'une communauté donnée, est mal accepté. Par conséquent, l'hypothèse qui sous-tend toute théorie utile de changement social en tant que cadre, devrait se baser sur la valeur de l'information en tant que facteur favorisant la cause de la société. Pour l'expansion des NTIC, construire et utiliser un cadre qui ne tienne pas compte de la géographie, de la diversité ethnolinguistique, de la force économique et du type d'emploi dominant de la majorité des habitants du continent, revient à naviguer avec une boussole défaillante ou pire, sans boussole. Une stratégie utile consisterait à construire un cadre qui procède des besoins d'information et de développement identifiés auprès des populations ; sur cette base serait défini le choix des transformations à effectuer, et les NTIC s'attacheraient à la réalisation de ce but. Ainsi, le déploiement aurait pour point de départ des besoins humains avérés, et non simplement un aventurisme technologique ou commercial.

- Les gouvernements et leurs agents doivent ainsi s'investir dans l'articulation et le développement d'une théorie claire qui prenne en compte toutes les composantes de la population, et qui se caractérise par l'efficacité. Ceci afin de guider le développement et le déploiement à grande échelle des NTIC.

- Les concepteurs de projets devraient également avoir un cadre tout aussi clair visant à l'amélioration des compétences des utilisateurs comme des non-utilisateurs.

La **connectivité** est essentielle : sans elle, les avantages qu'offre l'ère de l'information et des réseaux ne peuvent être exploités. Cependant, la connectivité échappe souvent au contrôle direct des opérateurs et gérants de télécentres, ainsi qu'aux responsables de projet. La connectivité dépend des infrastructures de télécommunications, qui sont fournies ou contrôlées par les États, leurs agences, ou encore par des opérateurs privés agréés.

Les infrastructures de télécommunications devraient être considérées et traitées par les gouvernements comme un domaine de croissance où les investissements publics et privés doivent être encouragés.

- Les gouvernements devraient créer un environnement favorable par le biais de politiques et d'instruments de politique visant à l'expansion des télécentres. Les lois devraient appuyer, et non interdire le développement des technologies appropriées et pratiques. Par exemple, les droits et taxes d'importation sur le matériel d'information et de communication (les ordinateurs, ou les licences d'utilisation de matériel (VSAT), ainsi que toute la gamme du matériel et des locaux consacrés au développement et à la fourniture de l'information) devraient être raisonnables, réalistes, les autorisations faciles à obtenir et les licences difficiles à retirer.

Le contenu et les applications peuvent être considérés comme le sang qui circule dans les veines de la connectivité, ou encore comme des impulsions électroniques qui animent un réseau informatique. Le contenu local est particulièrement important, et un effort monumental visant à collecter, créer, collationner, transformer et recueillir le contenu et les applications pertinents devrait être soutenu et lancé immédiatement. La plus grande difficulté rencontrée dans la création ou la transformation d'un contenu localement pertinent et disponible est la capacité humaine. Cette expertise et cette base de compétences doivent être créées, étendues et approfondies sur toute la gamme des groupes sociaux et professionnels ; c'est là une tâche à entreprendre d'urgence pour pouvoir améliorer l'utilisation, la fourniture de services et les applications disponibles dans les télécentres.

- Les gouvernements et les agences de développement devraient concevoir des projets visant à former un nombre croissant de personnes et à les doter des compétences nécessaires pour développer le contenu et le transformer en formats multimédias.

- Les investissements devraient être également encouragés pour pouvoir mener des expérimentations dans les applications et servir de pilotes pour les télécentres dans les domaines de la santé, de l'éducation, de la gouvernance, etc.

Tous les investissements relatif à la connectivité, au contenu et au développement des capacités finiraient par perdre tout leur sens si le coût des services est tel qu'ils demeurent si peu populaires, inaccessibles ou inutilisables pour la majorité de la population rurale africaine. C'est la raison pour laquelle les coûts liés à la création et au fonctionnement de télécentres devraient être réduits de manière à ce que les services puissent être fournis à des tarifs accessibles pour tous les usagers.

- Des politiques gouvernementales qui influencent les coûts et les tarifs des services, par exemple en diminuant les droits et taxes d'importation, doivent être mises en œuvre, les licences d'opération doivent être diffusées (le VSAT par exemple), et il faudrait mener des recherches sur les prix des logiciels et du matériel, ainsi que les services à moindre coût de fourniture, tels que le protocole Voice-over Internet (VOIP, Voix sur IP).

- Les sociétés de technologies de l'information et de communications du secteur privé doivent envisager de former des partenariats créatifs entre elles, ainsi qu'avec les gouvernements de chaque pays, mais aussi avec les agences internationales de développement et les organisations de la société civile, de manière à créer des produits à moindre coût qui répondent aux besoins, aux moyens et aux conditions des communautés desservies par les télécentres. Par exemple, un certain nombre de fournisseurs de services différents pour la téléphonie, la formation, l'e-mail, la photocopie, etc., pourraient se reunir pour créer et gérer ensemble des télécentres.

Recommandations spécifiques

Élargir l'accès et atteindre les défavorisés. Les télécentres, les concepteurs et les gestionnaires de projet doivent concevoir des projets de télécentres en tenant compte des personnes qui sont encore aujourd'hui non-utilisatrices. Ceci doit entraîner une prise en compte des besoins pratiques et stratégiques, ainsi que des réalités. Les femmes par exemple, les personnes âgées et/ou handicapées, peuvent avoir des inhibitions pour utiliser les télécentres du fait de leur emplacement, des horaires des services, du fait du contenu ou de dispositions physiques inappropriés.

Assurer la qualité, améliorer la pertinence, élargir les choix : les services des télécentres ont désespérément besoin d'amélioration. Pourtant les usagers n'ont parfois aucune alternative viable. Les points suivants appellent une action urgente :

L'emplacement. Un choix méticuleux de l'emplacement doit prendre en considération un grand nombre de facteurs qui affectent l'utilisation, l'accessibilité, la sécurité, etc., des espaces publics.

Une mauvaise publicité. La connaissance et la sensibilisation devraient être intensifiées à travers l'utilisation de prospectus, d'émissions radios concernant la conception et la diffusion de services et produits interactifs.

Une mauvaise gestion. Il faudrait former le personnel et les membres des comités en gestion et en finances. Cette formation ferait partie intégrante des projets.

Des modèles de gestion plus simples, pour ne pas dire des rôles clairement définis pour appuyer chaque groupe ou acteur de la gestion devraient être institués. La nature des relations entre les gérants et leurs responsabilités d'un point de vue financier reste peu claire, et nécessite absolument un approfondissement et une meilleure compréhension par le biais de recherches plus poussées.

La gamme des modèles de gestion et de propriété devrait être étendue. On pourrait tenter de mener des expériences en matière de dispositions de propriété publique, privée et multiple en faveur des populations rurales et isolées. Ceci devrait être appréhendé comme moyen d'améliorer la viabilité financière.

Il faudrait développer de meilleurs horaires et dispositions de services ; par exemple, des services prépayés de 24 heures pourraient être mis en place et des horaires d'ouverture qui tiennent compte des besoins du public devraient être adoptés. Il est nécessaire de se montrer sensible aux besoins du public pour pouvoir améliorer le taux d'utilisation ; par exemple, l'allocation du temps et de l'espace pourrait être répartie selon d'autres groupes d'utilisateurs, à savoir les femmes et les jeunes.

Les infrastructures. Dans la même optique, il faudrait installer des cabines pour assurer l'intimité, par exemple en mettant à disposition des toilettes, des ventilateurs, etc.

Acquisition et maintenance du matériel. Le coût de l'acquisition et de la maintenance du matériel devrait être réduit grâce à un certain nombre de mesures, telles que l'exonération de taxes, la classification du matériel de communication, la formation technique pour le personnel des télécentres, pour les volontaires. Il faudrait procéder à l'institutionnalisation ou au développement de corps techniques villageois dans le cadre d'un programme d'interventions à pied ou à bicyclette. Le coût de la maintenance et de la gestion du matériel devrait faire l'objet d'une étude sérieuse et d'innovations.

Le coût des services. Il faudrait déployer des efforts pour développer les services subventionnés, les tarifs de groupe, ou pour les femmes par exemple, les étudiants ou les membres. Des tranches horaires pourraient être instituées : de meilleurs tarifs seraient accordés pendant les heures creuses, et des tarifications différentielles pour les conseils municipaux ou l'administration qui utilisent les services à crédit. Il devrait être également possible de mettre en place des tarifs collectifs moins élevés pour l'électricité, le téléphone, etc., afin que les services des télécentres puissent être subventionnés en conséquence. Il faudrait explorer, rechercher et utiliser les standards ouverts. Les discussions et recherches en cours concernant les standards ouverts et les logiciels libres arrivent à point nommé, bien que les conséquences futures de cet accès ne soient pas encore très clairement appréciées.

Le coût du matériel. Il faudrait développer l'accès au matériel et aux logiciels à meilleur marché. Aussi, des solutions adaptées aux téléentres à faible fréquentation devraient être élaborées.

Alphabétisation et langues. Enfin, il faudrait utiliser à la fois les langues locales et les langues officielles dans le fonctionnement des télécentres ; les utilisateurs devraient pouvoir se procurer le contenu en langues locales. De ce fait, les traductions en langues locales devraient être encouragées et soutenues.

Chapitre 1

Introduction
L'entrée du continent dans
la société de l'information

Au cours des deux dernières décennies du XXe siècle, nous sommes entrés de plein pied dans l'ère de l'information et du savoir. Cette ère se caractérise pour l'essentiel par la prédominance de deux phénomènes liés et qui répondent à une vieille obsession humaine : l'accumulation et le profit. La mondialisation de l'économie et l'avènement des nouvelles Technologies de l'information et de la communication (TIC) sont perçues comme étant les moteurs de l'économie mondiale moderne. Leurs conséquences majeures sont l'émergence et l'établissement d'un nouvel ordre mondial de l'information. Malheureusement, le continent africain n'y participe que faiblement. Les lois du marché stimulent en grande partie ces deux phénomènes et nous pouvons craindre aujourd'hui que la nouvelle société de l'information et du savoir, plutôt que de combler le fossé entre le développement et la pauvreté, le creuse davantage, réduisant du coup les mérites du capitalisme mondial. L'idée selon laquelle les TIC sont essentielles pour accélérer le développement, particulièrement dans le Sud sous-développé, se répand de plus en plus, et des progrès sont effectués à tous les niveaux pour appuyer le développement, la diffusion, l'utilisation et l'appropriation des TIC dans les pays à faible niveau de connaissances, en particulier dans les régions d'Afrique et d'Asie.

Il est quasi certain que les historiens versés dans l'étude des civilisations admettront que la révolution de l'information de la fin du vingtième siècle a entraîné d'importants changements dans les interactions entre les hommes et dans les relations entre les peuples et les nations. La mondialisation et son catalyseur, les NTIC, ont pris le monde d'assaut et leur message appelant au changement est clamé haut et fort sur de nombreux podiums par un cercle sans cesse élargi, composé d'importantes personnalités et d'organisations. Toutes les grandes organisations mondiales, y compris les Nations Unies à travers ses principaux organismes, les agences bilatérales et même les gouvernements nationaux, notamment le groupe des huit pays les plus industrialisés (communément appelé G8), tous vantent les mérites des nouvelles technologies de l'information et de la communication. Elles sont considérées comme le signe avant-coureur de la prospérité puisqu'elles garantissent l'accès aux marchés mondiaux et favorisent l'investissement direct à l'étranger et le commerce électronique. Les TIC ont déjà créé un nouvel ordre mondial constitué de «nantis» et de «démunis» numériques séparés par ce qui est communément désigné sous le nom de fracture numérique. Un grand nombre d'actions vise actuellement à réduire cette fracture, par le renforcement et la généralisation des avantages numériques dans les parties du monde où le niveau d'information, de savoir et d'équipement est faible. De nombreuses initiatives et projets sont en voie d'introduire les technologies de l'information et de la communication dans les pays en développement, convaincus par le fait que ces technologies possèdent un véritable pouvoir de transformation.

À la fin des années 1980, le phénomène des TIC commençait petit à petit à se propager en Afrique subsaharienne au sein d'ONG isolées et de quelques groupes dans les universités et les institutions spécialisées. Beaucoup d'acteurs du développement, de gouvernements et un grand nombre de sociologues étaient convaincus qu'il était insensé (certains iront même jusqu'à dire irresponsable) d'investir dans les TIC, alors que d'autres domaines d'action capitaux et extrêmement pressants tels que la santé, l'éducation et l'agriculture étaient encore à promouvoir. Ils estimaient tous que le continent n'était pas préparé à recevoir les TIC ; sentiment qui persiste encore de nos jours, même chez certains Africains instruits, bien placés et bien informés. Ceci entre en contradiction avec ceux qui avancent que les TIC peuvent contribuer à une transformation nécessaire en Afrique et dans les autres pays en développement. Dans une étude menée en 1999, qui porte le titre provocateur de «L'Afrique subsaharienne peut-elle relever le défi du XXIe siècle», James Wolfenson, président de la Banque mondiale affirme dans la préface que «la technologie de l'information et de la communication offre à l'Afrique de grandes opportunités pour franchir à grands pas les étapes du développement». Les dirigeants du monde sont généralement d'accord avec ce point de vue et le Nouveau partenariat pour le développement de l'Afrique (NEPAD), dernière proposition en date d'éminents leaders africains, reconnaît le rôle crucial que jouent les technologies quand à l'avenir du continent.

Les données pouvant corroborer ces déclarations et affirmations sont pourtant rares et pour certains, la situation actuelle indique que loin de se généraliser et de se poser en avantage, les TIC sont réparties de façon inégale. Ces inégalités accentuent les disparités existantes fondées sur la situation géographique, le genre, l'ethnie, la capacité physique, l'âge et surtout le niveau de revenu et sur l'écart entre les pays «riches» et les pays «pauvres» (Bridges.org 2001).

C'est ce fossé et l'absence de données et de précision que le présent ouvrage tente de combler et de clarifier dans une certaine mesure.

Compte tenu de son vif intérêt et de son engagement en faveur du développement et de l'échange d'expériences, le Centre de recherches pour le développement international (CRDI) fut bien entendu parmi les premiers organismes de développement à faire face à cette question épineuse de l'information et de la communication, d'abord au niveau des chercheurs, et plus tard entre chercheurs et responsables dans les pays en développement où la plupart des projets ont été réalisés. Dans les années 1980, le CRDI était décrit comme étant «un des rares bailleurs de fonds ayant développé des programmes destinés au renforcement des connaissances en information et en informatique dans les pays en développement…avec environ 50 projets…uniquement pour l'Afrique» (Akhtar 1990). Cet intérêt pour l'information et la communication l'a conduit dans les années 1990 à se lancer dans le domaine des TIC, dans la mesure où les technologies basées sur l'informatique devenaient plus accessibles. Avec son programme Acacia lancé en 1997, le CRDI fait partie des organismes pionniers impliqués dans des projets de mise en application des TIC en Afrique.

Le programme Acacia, lancé presque trente ans après la création du CRDI, était la réponse du Canada à l'appel pour une Initiative de la société africaine de l'information (AISI), lancé en 1996 par des ministres et gouvernements africains. Cette initiative servirait de cadre à la création des infrastructures d'information et de communication en Afrique. Acacia s'engage à aider les communautés de l'Afrique subsaharienne à renforcer leur capacité à appliquer les TIC à leur propre contexte de développement économique et social. La première phase de l'initiative était consacrée au programme intégré de recherche et de développement, qui devait s'appuyer sur des projets pilotes pour faire face aux problèmes de technologies, d'infrastructures, de politiques et de mise en œuvre.

Les premiers objectifs d'Acacia comprenaient :

- Une démonstration de la manière dont les technologies de l'information et de la communication peuvent permettre aux communautés de résoudre leurs problèmes de développement en s'appuyant sur les objectifs, les cultures, les points forts et les processus locaux ;

- La création d'un ensemble de connaissances et d'un processus de diffusion en réseau autour d'approches, de politiques, de technologies et de méthodologies éprouvées.

À l'origine, Acacia s'était assigné pour cibles les populations défavorisées, en particulier du monde rural, qui se trouvaient isolées des réseaux d'information et de communication. L'élément clé de cette vision consistait à utiliser les technologies de l'information et de la communication dans la recherche de solutions aux problèmes locaux de développement, et en particulier pour la prise en charge des femmes et des jeunes.

Les résultats spécifiques de l'initiative Acacia devaient englober :

- Les projets pilotes qui ont testé différentes approches pour favoriser l'accès communautaire aux TIC.

- Les modèles qui ont montré comment les communautés ont pu atteindre et influencer la planification et la gouvernance locales à travers les TIC.

- Les applications sur le terrain qui ont permis de répondre aux besoins locaux en matière de santé, d'éducation, de gestion des ressources naturelles, ainsi que les autres besoins liés au développement.

- Les technologies (logiciels et matériel) qui ont été adaptées à une utilisation locale au sein des communautés rurales défavorisées.

- Les infrastructures novatrices qui ont permis d'élargir les réseaux à moindre coût.

- Une étude qui expliquait comment faciliter la politique, la réglementation, et la pratique des TIC pour ceux qui sont actuellement privés de leurs droits.

- Un système d'apprentissage et d'évaluation continus visant à montrer comment les communautés pouvaient utiliser les résultats de recherche d'une manière plus efficace.

4

Tableau 1 Télécentres financés par Acacia en Afrique subsaharienne

Région/pays	Télécentre
Afrique de l'Est	
Ouganda	Télécentre communautaire multi-service de Nakaseke (TCM)* Nabweru Buwama
Tanzanie	Projet de Sengerama (TCM)*
Afrique du Sud	
Afrique du Sud	Télécentres avec Universal Service Agency (12)
Mozambique	Projet-pilote de Namaacha (TCM)* Télécentre de Namaacha Télécentre de Manhica
Afrique de l'Ouest	
Sénégal	Centres communaires avec ENDA (8) Centres communautaires avec le Trade Point (6)
Bénin	Projet-pilote de Malanville (TCM)*
Mali	Projet-pilote de Tombouctou (TCM)*

Source Bureau régional du CRDI pour l'Afrique orientale et australe.
Note : *Co-financé avec le UIT et l'UNESCO.

La stratégie initiale de mise en oeuvre d'Acacia, guidée par le caractère limité du financement, consistait à travailler dans un groupe déterminé de pays, en vue de garantir un apprentissage ciblé. Entre 1997 et 2000, Acacia a concentré ses efforts dans quatre pays de l'Afrique subsaharienne, à savoir le Mozambique, le Sénégal, l'Afrique du Sud et l'Ouganda. Quelques projets ont cependant été mis en œuvre dans d'autres pays, tels que le Mali, le Bénin et la Tanzanie. Acacia s'est impliqué au total dans trente cinq télécentres, répartis sur sept pays de l'Afrique subsaharienne, dont cinq ont été financés conjointement avec d'autres partenaires internationaux tels que l'UNESCO et l'IUT (Union internationale des télécommunications) (voir Tableau 1).

Depuis son lancement en 1997, l'initiative Acacia a réalisé près de 300 projets individuels axés sur la politique, la connectivité, le contenu et les programmes d'application des TIC dans les domaines de la santé, de l'éducation, de l'agriculture etc. Vous trouverez de plus amples informations sur les projets Acacia sur le site Web : www.idrc.ca/acacia. Les projets les plus connus à ce jour sont les Schoolnets (mise en réseau d'écoles) et les télécentres.

Objectif

À la fin des années 1990, le phénomène des télécentres commençait petit à petit à se propager en Afrique subsaharienne, plus d'une décennie après leur apparition en Suède. Quelques acteurs du développement avaient mis en place des projets TIC et une grande partie de l'opinion estimait qu'il était peu judicieux d'investir dans ce secteur.

Le but principal des études présentées dans cet ouvrage est donc d'informer. La plupart des observateurs contemporains reconnaissent que l'étude de l'impact des NTIC sur le développement en Afrique n'est pas poussée à cause de leur émergence récente et de l'évolution rapide des technologies informatiques. Cet ouvrage présente les résultats d'une série d'études qui ont analysé l'installation, le fonctionnement et l'impact des télécentres communautaires.

Ces études ont été planifiées et menées sous forme de recherche évaluative visant à contribuer à une meilleure compréhension de la question des TIC dans le développement du continent. Dans le cadre de cette recherche, les conseils et recommandations de Whyte (2000) ont été pris en considération et les études ont été menées «selon une démarche scientifique qui peut résister à l'examen minutieux des gouvernements et... des investisseurs publics et privés sceptiques».

L'élaboration et la conduite des études ont été axées sur l'évaluation et l'analyse de la manière dont les télécentres ont été accueillis en Afrique, compte tenu du scepticisme qui a prévalu à leur apparition. Ces études visaient à dresser un bilan de ce qui a été appris depuis le lancement de l'initiative Acacia en 1997 et à identifier les améliorations nécessaires pour garantir le succès. Alors que ces études étaient fondées sur la consolidation des connaissances acquises à partir des télécentres et des projets de ce type, l'objet de cet ouvrage est plutôt de diffuser largement ces connaissances et de contribuer à une meilleure compréhension de la problématique et des perspectives du développement des télécentres sur le continent.

Cet ouvrage décrit les expériences des communautés locales et rurales face aux télécentres en étudiant les structures et mécanismes de gestion qui ont été mis en place pour les prendre en charge. Ce livre aborde également les possibilités et les défis liés à l'installation et à la gestion des télécentres communautaires dans le contexte d'une faible infrastructure d'informations et des ressources humaines limitées. Son contenu sera également utile pour les chercheurs, les décideurs, ainsi que pour les spécialistes du développement. Les professionnels concernés par des programmes d'intervention dans le domaine des «TIC au service du développement», en particulier ceux axés sur l'accès universel, le service universel ou les centres d'accès public, seront également intéressés. Ce livre constitue également un ouvrage de référence utile pour les universitaires. Il n'est pas un livre de cuisine, ni un guide de poche. Ce n'est pas un manuel qui explique au lecteur comment gérer ou promouvoir un télécentre, pas plus qu'il ne propose des solutions pour garantir une croissance financière durable. Pour des informations sur ces sujets, les lecteurs peuvent se reporter à d'autres documents tels que le *Handbook for Telecenter Staff* de Cornell University, qui peut être consulté sur le site http://ip.cals.cornell.edu/commdev/handbook ou *Telecentre Cookbook for Africa* publié par l'UNESCO.

Pour le CRDI et Acacia, ainsi que pour tous les partenaires impliqués dans les projets, ces études offrent également l'opportunité d'approfondir et d'élargir les débats sur les concepts qui sont à la base des hypothèses, théories et méthodologies relatives aux télécentres. Il serait particulière-ment pertinent et constructif d'analyser les instruments utilisés dans les études présentées ici.

Les auteurs de cet ouvrage et ceux qui contribué à sa réalisation, espèrent qu'il apportera des réponses à certaines questions d'aujourd'hui et de demain concernant ce domaine si étroitement lié au développement. Peut-être aussi ce livre suscitera d'autres questions.

Contexte

Si la diffusion des TIC sur le continent africain est limitée, c'est que leur introduction est récente. L'entrée du continent dans la société et la révolu-tion de l'information, qui ont commencé vers le milieu des années 1990, est en ce moment entravée par le manque d'infrastructures, d'équipements et surtout de politiques.

En tant que pionnier dans le domaine des TIC pour le développement de l'Afrique, Acacia a mené ses actions dans des régions isolées. Cette situation a conduit à l'adoption, par l'Initiative, d'un système intégré de recherche, d'évaluation, et d'apprentissage. Ce système doit servir de stratégie et d'outil de base en matière de développement, et se devra d'être largement diffusé dans les projets de courte durée. De plus, compte tenu de l'évolution rapide des NTIC, cette stratégie n'a été adoptée que partiellement. En effet, il n'était pas réaliste d'étendre les périodes d'essai sur cinq ou dix ans avant que des études ou une évaluation puissent être effectuées, et des leçons tirées. Ce système intégré d'évaluation et d'apprentissage était alors considéré comme novateur.

Le but principal du système intégré d'évaluation et d'apprentissage était d'acquérir de manière simultanée et continue des connaissances à partir des projets et des activités mis en œuvre. Ces leçons devaient être replacées dans le cadre de l'élaboration et des résultats de projets. La démarche adoptée pour atteindre cet objectif axé sur une collecte de données systématique et régulière, ainsi que sur une analyse et des évaluations périodiques au niveau de chaque télécentre, était définie au début du projet et s'appuyait sur quatre piliers :

- la «description» de la communauté vivant autour du télécentre, à partir des études initiales réalisées au début ou vers la période d'introduction des télécentres,
- la création d'un ensemble d'indicateurs communs et de cadres d'évaluation similaires pour les télécentres, en vue d'évaluer l'évolution et l'incidence des projets,
- la mise en place d'un système d'apprentissage continu,
- l'interaction avec plusieurs partenaires à tous les niveaux et à intervalles réguliers afin de faciliter l'échange, l'adaptation et l'adoption des connaissances.

La stratégie d'évaluation et d'apprentissage était la méthode adoptée par Acacia pour démontrer les possibilités et les défis liés à l'utilisation des TIC dans la résolution des problèmes de développement dans les communautés défavorisées de l'Afrique subsaharienne. Cette stratégie, conçue comme étant un système dans lequel l'apprentissage représentait un sous-produit central pour les principaux responsables des télécentres, y compris le personnel et les utilisateurs, visait à apporter un changement significatif dans la méthode d'évaluation des projets. Il s'agissait d'éviter les mesures de surveillance pour adopter une pratique où l'apprentissage, la participation, l'échange accru étaient les éléments prioritaires. Pour ce faire, une partie considérable du budget de chaque projet a été consacrée à l'évaluation.

La conjugaison de plusieurs facteurs est à l'origine de l'adoption par Acacia d'une méthode unique de conception et de réalisation en ce qui concerne l'étude, l'apprentissage et l'évaluation. Parmi ces facteurs, on peut citer : la désapprobation grandissante concernant les évaluations de projets de développement menées à terme et demandées par les bailleurs de fonds, les nouveaux comportements en faveur de la participation responsable des partenaires et l'importance croissante accordée à l'apprentissage— caractérisée par la volonté de profiter à tout prix des leçons tirées et par la recherche de méthodes efficaces en matière de développement. La philosophie sous-jacente de cette approche consistait à garantir l'acquisition de connaissances à un large éventail de personnes présentes dans ou autour du télécentre : le personnel ainsi que les bénéficiaires, le public visé et les communautés vivant aux alentours. Il était prévu que les intermédiaires, c'est-à-dire les institutions fonctionnant comme superviseurs de télécentres, pouvaient également en profiter pour acquérir de nouvelles connaissances. Ces établissements représentent souvent de puissants intérêts locaux ou nationaux, et pour cette raison, le fait d'acquérir des connaissances était considéré comme un moyen essentiel pour qu'ils deviennent des superviseurs locaux suffisamment instruits Les bailleurs de fonds, les organismes internationaux de développement et les organisations qui investissent actuellement dans les télécentres attendent tous les résultats de la première génération de télécentres. Ce serait l'indicateur d'un éventuel investissement prometteur de fortune ou d'infortune. Il était donc très important de tirer des leçons des méthodes et résultats, qu'ils soient satisfaisants ou non.

Conformément à l'idée selon laquelle les connaissances et la participation des partenaires sont primordiales, les études ont démarré par un atelier interactif et participatif axé sur le plan de recherche. Les représentants de divers partenaires et groupes d'intérêt ont assisté à cet atelier. Bien que les experts et les consultants effectuent généralement leurs recherches d'une manière assez indépendante, en se servant des termes de référence édictés par le comité d'autorisation comme point de contact et de référence entre le chercheur et l'institution, la participation des principaux groupes d'intérêt a été prise en considération tout au long des principales étapes du processus de recherche. Il s'agissait alors de répondre à deux objectifs. D'abord, cette démarche permettait de s'assurer que les principaux partenaires partageaient leur compréhension du processus de recherche évaluative et leurs attentes ; ensuite, elle contribuait à garantir leur adhésion aux résultats de la recherche. Appropriation et adhésion étaient considérées comme importantes, parce que les résultats devaient être ensuite intégrés dans la gestion et les pratiques des projets de télécentres. Les acteurs du développement comme la Banque mondiale sont particulièrement attentifs à la conduite et l'utilisation des évaluations par des organisations qui en ont fait l'objet, surtout en Afrique. Certains observateurs ont d'ailleurs souligné que la participation des utilisateurs dans le processus d'évaluation (Patton 1997) est un facteur déterminant dans l'utilisation des résultats d'évaluation.

L'atelier de conception de la recherche, première étape importante de l'étude, s'est tenu à Nairobi en août 2002 en présence de vingt neuf participants qui sont des chercheurs venus des bureaux du CRDI basés à Johannesburg, Dakar et Nairobi, de coordonnateurs représentant les Télécentres communautaires multiservices (TCM) au Mali et en Ouganda, de chefs de projets venus des pays participants, de représentants des bailleurs de fonds et des organismes de développement (UNESCO et CRDI), de représentants des organismes chargés de l'exécution des projets, de cadres supérieurs spécialisés dans l'évaluation, de chercheurs et de représentants des bénéficiaires institutionnels et individuels des projets. Le large éventail de participants a été agencé de telle sorte que les divers groupes d'intérêt étaient directement impliqués dans la détermination des critères d'évaluation qui devaient constituer la base des investigations. Ainsi, bien que les principaux thèmes aient été débattus lors de l'atelier, certains n'ont pas fait l'objet d'une grande considération durant les phases de collecte de données.

L'objectif principal de l'atelier était de définir le cadre d'exécution de l'évaluation. Par conséquent, il s'est déroulé de manière participative et itérative, en utilisant les connaissances spécialisées des participants pour mener et diriger cette évaluation. Les principaux aspects et questions de l'étude ont été élaborés, ainsi que les échantillons, les sources et les méthodes de collecte de données. Les grandes lignes directrices brossées lors de l'atelier ont servi par la suite à la préparation des instruments de recherche utilisés par les équipes de recherche dans trois des cinq pays.

Les études étaient bien avancées en Afrique du Sud et au Mozambique au moment de la tenue de l'atelier ; c'est pourquoi leur plan de recherche différait de celui utilisé au Mali, en Ouganda et au Sénégal. Cela explique certaines différences ou similitudes observées dans les types de données et d'analyses présentées.

Les équipes de recherche ont adapté, pour une utilisation locale des instruments élaborés au niveau central. Les chercheurs et le personnel impliqué dans les projets au Mali, en Ouganda et au Sénégal ont participé à des ateliers de formation, qui visaient à réexaminer les instruments et à les adapter à une utilisation et mise en application au niveau local. Les premiers résultats de recherche ont fait l'objet de discussions au cours d'ateliers de diffusion de manière à enrichir leurs interprétations. Ces ateliers ont également permis de valider les résultats de recherche.

Enjeux de l'étude

Le télécentre est une institution relativement récente en Afrique, comme dans le monde. Bien qu'ils soient encore entourés de bien de paramètres inconnus, les télécentres, en tant que modèle de distribution des TIC, ont la capacité de transformer les vies et les revenus de nombreux habitants dans les pays en développement, et même ceux vivant dans les localités reculées. Mais le taux élevé de fermeture de télécentres enregistré au Mexique par exemple, n'est pas un signe encourageant. Les principaux sujets de préoccupation sont donc liés à la pérennité et aux avantages socio-économiques que peuvent obtenir les communautés vivant autour des télécentres. Les études étaient axées autour de quatre questions majeures :

- L'accès
- La pertinence
- La viabilité (appropriation, gestion, etc.)
- L'environnement (technologique, social, économique et politique).

Questions abordées dans l'étude

Les principales questions abordées dans l'étude sont les suivantes (voir Annexe II) :

- De quelle nature est l'accès aux TIC au sein des télécentres ?

- Dans quelle mesure les services et le contenu offerts ou disponibles dans les télécentres sont pertinents, utiles et appropriés, et dans quelle mesure ils répondent aux besoins des communautés ?

- Quels rôles jouent les facteurs économiques, infrastructurels, socio-éducatifs ou politiques dans la viabilité des télécentres ?

- Quelle est la nature du contexte social, économique, politique et technologique dans lequel fonctionnent les télécentres ?

Méthodologie

Les études faisaient appel à une solide méthodologie, où des méthodes à la fois qualitatives et quantitatives étaient utilisées pour collecter des données auprès d'utilisateurs réels ou potentiels au sein des communautés. Ces méthodes comprenaient des groupes de discussions dirigées, des observations concrètes et réalistes, des études de cas approfondies et des interviews auprès d'informateurs clés, des interviews auprès des utilisateurs, l'analyse de documents écrits et photographiques (voir Annexe III).

Échantillon

L'analyse a porté sur deux échantillons : le télécentre et les personnes interrogées. Les télécentres à partir desquels le premier échantillon a été sélectionné étaient situés au Sénégal, au Mali, en Ouganda, au Mozambique et en Afrique du Sud. Un certain nombre de télécentres financés par le CRDI dans ces cinq pays, quelques télécentres financés conjointement (UIT-UNESCO-CRDI) en Ouganda et au Mali et quelques cybercafés privés ou cabines téléphoniques en faisaient également partie. Cette disparité était importante dans la mesure où elle permettait de faire des comparaisons et de s'assurer qu'un large éventail d'expériences et de modèles étaient pris en compte. Les critères utilisés pour la sélection des télécentres englobaient : la localisation (télécentres ruraux et urbains), le type de propriété, les services offerts et la viabilité du télécentre. Les télécentres opérationnels depuis moins de 12 mois n'ont pas été retenus pour l'enquête. Trente six télécentres et cybercafés ont été sondées (5 en Ouganda, 3 au Mali, 2 au Mozambique, 6 en Afrique du Sud et 20 au Sénégal).

Pour ce qui est des personnes interrogées, l'étude a porté sur la population résidant autour de chaque télécentre, aussi bien les utilisateurs réels que potentiels. Le nombre total d'individus ayant fourni des informations s'élevait à 3 586.

Instruments

Une grande variété d'instruments a été utilisée pour collecter l'ensemble des informations. Ces instruments comportaient un guide de référence sur la conception et le fonctionnement du télécentre, un guide pour les groupes de discussion, un guide d'analyse de documents, un calendrier d'interviews pour les études de cas, un calendrier d'interviews des informateurs clés, un calendrier d'interviews des utilisateurs (sondage) et un questionnaire individuel. Au Mali et au Sénégal, un questionnaire organisationnel a également été fourni, en plus du questionnaire individuel.

Concepts clés

TI ou TIC

Les acronymes «TI» et «TIC» sont généralement utilisés dans les débats actuels sur les ordinateurs et les technologies de l'information et de la communication basées sur l'informatique. Le terme «TI» (Technologies de l'information), qui a d'abord été introduit dans le lexique, semble avoir été supplanté par le nouveau terme «TIC» (Technologies de l'information et de la communication). L'utilisation de l'acronyme «TI» tend à se limiter aux composantes ou éléments plus techniques utilisés dans le domaine en question.

Qu'est-ce que les TIC ?

En règle générale, les TIC englobent tous les instruments, méthodes et moyens, qu'ils soient anciens ou récents, par lesquels des informations et des données sont transmises ou communiquées d'une personne à une autre ou d'un lieu à un autre. Parmi les TIC, on peut citer le téléphone, la télécopie, la vidéo, la télévision, la radio, la documentation écrite (journaux et livres) et les modes informatisés (courrier électronique, forums de discussion, listes de diffusion, téléconférence, CD-ROM, etc.). Même les premières technologies destinées à véhiculer l'information telles que le tambour devraient en principe figurer sur la liste. Mais, lors de discussions sur les TIC, cette notion renvoie de plus en plus à des formes et modes assistées par ordinateur, et pourtant celles-ci ne sont apparues que récemment. Une réalité qui gagne rapidement en importance et en puissance est la convergence d'une combinaison de TIC ou de formats de diffusion de l'information et de la communication. L'exemple le plus net se situe au niveau de la complexité des fonctionnalités de la nouvelle génération de téléphones mobiles qui intègrent des options audio, vidéo et d'impression. Dans une certaine mesure, le concept de télécentre fonctionne sur la base d'une convergence opérationnelle.

Qu'est-ce qu'un télécentre ?

Un télécentre est une structure intégrée d'information et de communication qui dispose d'une combinaison de TIC, à la fois nouvelles et anciennes (télévision, vidéo, télécopie, téléphone, ordinateurs avec accès à Internet et parfois des livres). Ce type de structure où plusieurs TIC différentes sont installées et utilisées de manière intégrée est considéré comme étant le télécentre moderne. Il est aussi appelé télécentre multiservices. Cependant, il existe quelques différences au niveau de la forme, des installations et des services accessibles dans les télécentres, allant du simple télécentre avec juste un ou deux téléphones et sans accès à Internet, au télécentre équipé de plusieurs téléphones, télécopieurs, imprimantes et ordinateurs connectés à Internet. Les télécentres assurent au public l'accès à l'information et à la communication pour parvenir au développement économique, social et culturel. C'est aussi une passerelle d'accès aux services de télécommunication et d'information dans le but d'atteindre un ensemble d'objectifs liés au développement. La notion d'accès universel, qui est basée sur l'Article 19 de la «Déclaration universelle des droits de l'homme», a favorisé l'extension des services d'information et de communication à tous les individus sans discrimination. Les télécentres sont considérés comme de puissants instruments dans la lutte pour l'accès à l'information, en particulier dans les pays et les milieux pauvres.

La nomenclature des télécentres est marquée par des diversités en termes de situation géographique, d'objectifs, etc. Les télécentres sont également appelés Points d'accès public, ou encore désignés par de nombreuses autres appellations : *télécentre, télécottage, télékiosque, téléboutique, cabine téléphonique, infocentre, telehaus, telestugen, club-house numérique, cabinas publicas, centre d'accès multiservice, centre de technologie communautaire (CTC), télécentre communautaire multiservice (TCM), centre d'accès communautaire, centre communautaire multiservice, (CCM), centre communautaire de presse (CPC) ou centre communautaire d'apprentissage (CCA), centre communautaire multimédia, salle électronique, télévillage ou cybercafé, et la liste continue...* Outre l'objectif principal, les modèles d'appropriation et de gestion font apparaître d'autres formes de différenciation au niveau des télécentres et de leur taxinomie. Les télécentres simples sont largement répandus au Sénégal, tandis que les télécentres multiservices (communautaires) ont été récemment introduits par les agences de développement, et en dépit du fait que leur viabilité financière constitue une préoccupation constante, leur validité et leur utilité sont désormais solidement ancrées. À ce jour, la notion de télécentre a été généralement adoptée aux États-Unis, au Canada et en Australie, alors qu'elle commence à peine à se propager en Afrique et en Asie, où elle a été introduite à la fin des années 1990.

Définition du Schoolnet

Le terme «Schoolnet» est l'abréviation de «School networking» (Mise en réseau d'écoles). La mise en réseau d'écoles consiste à établir une connexion électronique entre des écoles et des élèves dans le but d'améliorer l'enseignement et l'apprentissage. L'installation physique et la structure organisationnelle permettant de créer et de gérer cette connexion est appelée Schoolnet. Des efforts sont actuellement déployés pour introduire des Schoolnets dans de nombreux pays africains ; il existe une version continentale appelée Schoolnet Africa, en Afrique du Sud.

Structure

Cet ouvrage comporte huit chapitres répartis en trois grandes parties : l'introduction, les résultats et les conclusions. Les chapitres 1 et 2 représentent l'introduction et définissent les contextes institutionnel et continental ainsi que l'objet des études et des projets dont les résultats occupent la majeure partie de l'ouvrage. Alors que le chapitre 1 présente l'initiative Acacia qui est un programme mis en œuvre par le CRDI et qui est chargé de promouvoir les TIC, le chapitre 2 tente de situer l'Afrique dans le paysage mondial des TIC. Les chapitres 3 à 7 présentent en détail les études de cas, chaque chapitre étant consacré à un pays. Le chapitre 3 présente les résultats obtenus dans les télécentres de Tombouctou au Mali et montre les avantages du partenariat entre les agences internationales de développement et la société nationale de télécommunications qui bénéficie d'une expertise technique et du soutien politique dans une structure bien équipée et dotée de compétences techniques. L'intérêt d'une collaboration avec plusieurs bailleurs de fonds est largement mis en exergue par les résultats exposés dans le chapitre 4, qui révèlent que, bien que fonctionnant dans un environnement particulièrement difficile, les télécentres du Mozambique ont enregistré de bons résultats avec un soutien technique et financier moins important que ceux du Mali. Le chapitre 5 décrit les résultats obtenus par des télécentres dans trois villes d'Ouganda, qui reflètent des conditions identiques à celles de Tombouctou au Mali et de Manhiça et Namaacha au Mozambique, mais qui sont également des expériences privées. Par conséquent, ce chapitre permet au lecteur d'effectuer des comparaisons utiles. Les chapitres 6 (Afrique du Sud) et 7 (Sénégal) donnent une brève description de plusieurs télécentres, ce qui laisse supposer que leur augmentation est une réalité, même si l'échec et la faillite sont toujours présents. Le chapitre 8 consiste en un résumé des principaux résultats en se basant sur les questionnaires de recherche. Ce chapitre conclut en soulignant qu'à l'instar de l'école ou du poste de santé, qui l'ont précédé, le télécentre a un bel avenir devant lui.

Chapitre 2

Les TIC en Afrique : le contexte de l'expansion des télécentres

Introduction

Au cours des 25 dernières années, il est incontestable que les progrès de la microélectronique et des télécommunications, résultat direct de la révolution industrielle associée aux nouvelles technologies de l'information et de la communication, ont révolutionné le fonctionnement du monde moderne. Cette nouvelle révolution technologique a présenté de surcroît l'avantage d'amener le changement à un rythme beaucoup plus rapide. Il a fallu près de cinq cents ans à la machine à vapeur pour s'imposer à travers le monde, alors qu'Internet, qui a été développé dans les années 1970, a déjà touché tous les continents et continue son expansion de manière fulgurante. En 1996, seuls cinq pays africains étaient équipés pour l'accès à Internet ; aujourd'hui, tous les pays sont connectés et dotés de capacités nécessaires. Cette ère nouvelle, à laquelle on donne des noms divers – âge de l'informatique, âge d'Internet ou âge de l'information – fait du savoir un bien de consommation, et fait en sorte que les pays riches en information et en savoir sont également riches selon d'autres critères plus conventionnels. Ceci s'est traduit par une division dont les contours semblent épouser les frontières établies auparavant entre sociétés riches et sociétés pauvres, entre pays développés et en développement.

À fin du XXe siècle, la révolution de l'information a introduit des changements significatifs dans la nature des transactions et des relations entre les peuples et les nations. Il existe une notion qui résume la nature du changement apporté par ce nouvel ordre : la mondialisation. La mondialisation est une préoccupation contemporaine mondiale, et elle est principalement véhiculée par les technologies de l'information et de la communication. La mondialisation a actuellement pour conséquence l'intégration des marchés mondiaux à un degré jamais atteint précédemment. Et il nous est fréquemment rappelé que les pays qui se refusent à l'intégration ne pourront pas bénéficier des avantages du commerce international à grande échelle, ni de ceux des nouvelles technologies de l'information et de la communication. Tandis que dans la majorité des pays développés la pleine intégration des nouvelles technologies est en bonne voie, les pays en développement, et l'Afrique en particulier, connaissent un grand retard dans l'adoption de ces technologies. Cette différence de niveau d'adoption engendre ce que l'on appelle communément la fracture numérique.

L'Afrique subsaharienne et l'Asie du Sud occupent les derniers rangs de la liste des régions du monde en termes de prospérité et d'opportunités numériques. De ce fait, elles font l'objet d'une attention considérable dans les volontés mondiales de combler le fossé numérique. L'engagement pris pour effacer ce gap ne procède pas essentiellement d'un sens généreux de bon voisinage, mais plutôt d'intérêts calculés relatifs aux avantages substantiels qu'on peut tirer des opportunités numériques, dans quelque endroit qu'elles se trouvent. D'un côté, certains affirment que les pays les moins développés du point de vue des TIC ne sont pas capables de participer efficacement au processus accéléré de la mondialisation et de l'accélération de la croissance. La remarque porte aussi sur les processus de transformation du travail et des facteurs de production, phénomènes observés actuellement du fait de l'existence de ces outils. D'un autre côté, les pays développés du point de vue des TIC ne peuvent favoriser l'expansion capitaliste de manière effective et efficace vers les marchés nouveaux et émergents sans une présence minimale des outils TIC nécessaires.

L'ensemble du système économique mondial est en pleine transformation. Les structures, les systèmes et les modes d'organisation du travail ont changé. De nouvelles dynamiques économiques dans le temps et dans l'espace consacrés au travail font leur apparition. La concurrence mondiale et la tendance des entreprises à s'internationaliser, ce qui désormais est la norme, impliquent un déplacement vraisemblable du capital vers les pays qui possèdent les installations et les outils nécessaires pour une économie moderne. De nouvelles opportunités de création de richesse et de croissance économique à travers les TIC ont été démontrées dans des pays capables de tirer profit de leur potentiel. Les TIC sont également perçues comme utiles pour une transformation positive de la gouvernance, si elles améliorent les opportunités et la capacité des individus et les groupes marginaux à prendre part au processus. Bien que la pénétration et l'utilisation des TIC soient encore très faibles sur le continent africain, par rapport aux pays plus développés, il existe aujourd'hui un certain nombre d'exemples qui montrent comment les TIC sont exploitées et déployées de manière à améliorer la qualité de la vie et les revenus des Africains (voir les exemples de nouvelles utilisations des TIC).

Si encourageante que puissent paraître cette évolution, ces exemples sont encore trop rares, en grande partie à cause de la faiblesse des infrastructures de communications, du faible niveau de pénétration des TIC et d'un environnement moyennement favorable à une utilisation effective des TIC en Afrique.

Le reste de ce chapitre décrit plus en détail les contextes d'extension des TIC, dans le cadre desquels sont apparues les initiatives destinées à en améliorer l'accès ; enfin, les télécentres y sont considérés comme les nouveaux points d'accès public à l'information.

Exemples de nouvelles utilisations des TIC

- Un fournisseur de services Internet local au Maroc a signé un contrat pour numériser les archives papier de la Bibliothèque nationale de France. Les documents sont scannés en France, envoyés par satellite au Maroc et édités par des opérateurs de saisie à Rabat.

- Au Togo et à l'Ile Maurice, des centres d'appel fournissent actuellement des services d'assistance téléphonique aux compagnies internationales qui ont des clients en Europe et en Amérique du Nord. Les personnes qui appellent ne savent pas qu'elles appellent à Maurice ou au Togo. Elles composent un numéro local, et sont redirigées vers l'un de ces pays où des opérateurs leur fournissent l'assistance qu'elles demandent.

- Au Cap Vert, des «agents de sécurité virtuels» ont un emploi qui consiste à utiliser Internet pour contrôler des caméras numériques situées dans des parcs et des bureaux de la côte Est des États-Unis. S'ils remarquent quoi que ce soit de suspect, ils préviennent des équipes locales d'intervention rapide aux États-Unis.

- De nombreux artisans africains vendent leurs articles sur la toile mondiale, soutenus par des ONG tels que PeopleLink.

- Le gouvernement du Lesotho a récemment déclaré que tous les avis concernant les réunions du gouvernement et des comités se feraient désormais uniquement par courrier électronique.

- Certains gouvernements, tels que ceux de l'Afrique du Sud, de l'Algérie et de la Tunisie, proposent désormais un accès immédat à partir de n'importe quel endroit du monde pour des soumissions d'offres via Internet.

- En Afrique du Sud, les résultats des tests sanguins sont transmis aux cliniques éloignées qui ne sont pas connectées au réseau national des télécommunications par l'intermédiaire de messages texte sur téléphone mobile.

- En Ouganda, une organisation locale de femmes, le Council for the Economic Empowerment of Women in Africa (CEEWA), affiche régulièrement sur son site web les prix et les informations relatifs au marché des principaux produits agricoles ; les femmes des centres ruraux de commerce peuvent avoir accès à ces informations à partir d'un certain nombre de télécentres communautaires, et peuvent ainsi déterminer sur quel marché vendre leurs produits et à quel prix.

- Au Sénégal certaines communautés locales de pêcherie utilisent des Assistants numériques personnels pour améliorer la distribution et la commercialisation de leurs produits et améliorer ainsi leurs revenus.

Les TIC en Afrique : contexte et historique

Le paysage des TIC sur le continent a changé de manière spectaculaire depuis la dernière décennie, celle des années 1990. Ce changement, initié par l'action internationale et consigné dans des accords multilatéraux, a été conçu en grande partie dans le but de créer des espaces pour le capital international mondial. Très souvent, l'action de développement international suit le mouvement et les orientations établies par les conventions et traités. L'activité et l'activisme récents, en matière de TIC, ont été en grande partie appuyés par le soutien extérieur, comme cela a été le cas avec la radio et la télévision (les mass media) dans les années 1960.

L'audiovisuel

La télévision et la radio sont disponibles partout. Cependant, la radio est de loin l'instrument ou le moyen de communication de masse dominant en Afrique. Le nombre de personnes possédant un poste radio est de loin plus élevé que pour toute autre installation électronique. Par exemple, le nombre de propriétaires de postes radios en Afrique était estimé en 1997 à près de 170 millions, avec un taux de croissance de 4% par an. Pour l'année 2002, l'estimation était de plus de 200 millions de postes radios. Le chiffre correspondant pour les téléviseurs est estimé à 62 millions. Le pourcentage de la population du sous-continent touché par les réseaux radiophoniques est estimé à plus de 60%, alors que la couverture par les télévisions nationales est en grande partie limitée aux grandes villes. Certains pays n'ont toujours pas de chaînes de télévision nationale. Le Botswana, pourtant relativement bien équipé, n'a inauguré sa chaîne nationale de télévision qu'en 2002.

Le nombre de chaînes commerciales et communautaires de radio est en augmentation constante, suite à la libéralisation du secteur de l'audiovisuel dans de nombreux pays. Cependant, une importante partie de la production des nouvelles—journal télévisé—est souvent une retransmission de nouvelles nationales de chaînes publiques (propriétés de l'État ou gérées par lui), ou encore de nouvelles internationales diffusées par des agences telles que la Voix de l'Amérique, la BBC ou Radio France International.

L'audiovisuel par satellites a connu un important essor sur le continent au cours de ces dernières années. En 1995, la compagnie sud-africaine M-Net a inauguré le premier service au monde d'abonnement numérique par satellite directement dans les foyers, service dénommé DSTV. Les abonnés ont accès à plus de 30 chaînes vidéo et 40 programmes audio sur C-band à travers l'Afrique et à un Ku-band à moindre coût sur l'Afrique australe au sud de Lusaka. En 2001, la chaîne nationale South African Broad- casting Corporation (SABC) a lancé Channel Africa, une nouvelle chaîne d'informations et de divertissements à l'échelle du continent, basée sur une diffusion satellitaire. En 1998, WorldSpace, une compagnie basée aux États-Unis, a lancé un satellite d'émission de radio numérique commerciale appelé AfriStar auquel les animateurs d'Europe, des États-Unis, d'Égypte, du Burkina Faso, du Kenya, du Mali, du Sénégal et d'Afrique du Sud ont souscrit. WorldSpace ambitionne de mettre à la disposition de leurs auditeurs sur le continent plus de 80 chaînes audio, pourvu qu'ils puissent payer les 50 dollars US environ nécessaires à l'achat du récepteur numérique.

La radiodiffusion communautaire ne s'est développée que très lentement, et les chaînes locales de diffusion communautaire sont toujours rares. Le Ghana, le Mali, l'Afrique du Sud et l'Ouganda constituent des exceptions, car ils ont délivré un certain nombre de nouvelles licences de radios communautaires. De plus en plus, on s'intéresse également à la transformation des télécentres communautaires, ou au moins à leur mise en liaison avec les chaînes de radios communautaires ; ceci constituerait le plan idéal de convergence des informations, en utilisant les mêmes installations pour accéder à Internet, et ce encore pour une meilleure programmation radio. Ce projet, cependant, n'en est encore qu'à ses tout premiers pas.

Les télécommunications

Le secteur des télécommunications en Afrique a connu des changements significatifs au cours de ces dernières années. Ces changements sont intervenus sur trois fronts. Il y a eu les changements de politique, les innovations institutionnelles, ainsi que les changements techniques et opérationnels, tout ces changements ayant eu pour catalyseurs les nouveaux régimes de libéralisation et de privatisation. Grâce à cela, on assiste à une augmentation substantielle du taux d'expansion et de modernisation des réseaux (terrestres) de ligne fixe, associée à une explosion des réseaux mobiles et des services de télécommunications par satellite.

Le nombre de lignes fixes a connu une hausse annuelle d'environ 9% entre 1995 et 2001. La densité du téléphone fixe en Afrique subsaharienne (l'Afrique du Sud non comprise) en 2001 était de 1 pour 130 habitants. Considérant la croissance démographique, l'augmentation effective annuelle des lignes téléphoniques n'est donc que de 6%. La plupart des infrastructures existantes de télécommunications ne touche pas la majorité de la population parce que la plus grande partie de la capacité disponible est concentrée dans les grandes villes. Dans quelque 15 pays africains, plus de 70% des lignes fixes sont toujours situées dans la ville principale (IUT 2002). Entre 1995 et 2001, le nombre de lignes fixes a presque doublé, passant de 12,5 millions à 21 millions dans l'ensemble de l'Afrique. Une grande partie de cette croissance a eu lieu en Afrique du Nord et en Afrique du Sud, avec respectivement 11,4 millions et 5 millions de lignes. L'Afrique subsaharienne, avec environ 10% de la population mondiale (626 millions), ne dispose actuellement que de 0,2% du milliard de lignes téléphoniques qui existent dans le monde. Comparée aux autres pays à faible revenu (qui ensemble abritent 40% de la population mondiale et 10% des lignes téléphoniques), la pénétration du téléphone dans le sous-continent est d'environ 5 fois inférieure à la moyenne des pays à faible revenu.

Bien que les infrastructures de télécommunications commencent à se développer, l'utilisation domestique, jusque récemment encore, était en grande partie limitée à une élite restreinte, celle qui a les moyens de se payer un téléphone coûteux. Les frais d'installation, la location de la ligne, les tarifs des appels varient considérablement d'un pays à l'autre. Les chiffres de l'Union internationale des télécommunications, en 2002, montrent que pour une entreprise de taille moyenne en Afrique, les coûts d'installation s'élèvent à plus de 100 dollars, la location à 6 dollars par mois, et l'appel local de 3 minutes à 0,11 dollars. Dans certains pays, tels que l'Égypte, le Bénin, la Mauritanie, le Niger ou le Togo, les frais d'installation excèdent 200 dollars, tandis que les locations de ligne varient de 0,8 dollars à 20 dollars par mois ; les frais d'appel varient de 1 à 10, à savoir de 0,60 dollar de l'heure à plus de 5 dollars de l'heure. Ainsi, le coût de location d'une connexion sur le continent est en moyenne de près de 20% du PIB par tête d'habitant, alors que dans le monde, il est en moyenne de 9%, et dans les pays à revenu élevé de 1%. L'omniprésence des téléphones publics ne compense pas le coût élevé de la maintenance des connexions téléphoniques privées. Au contraire, leur nombre est encore de loin inférieur à celui que l'on trouve dans d'autres régions du monde. En 2001, il y avait environ 350 000 téléphones publics sur l'ensemble du continent, dont 75 000 en Afrique subsaharienne (soit environ 1 téléphone pour 8 500 personnes), contre 1 pour 500 personnes en moyenne dans le monde, et 1 pour 200 personnes en moyenne dans les pays à revenu élevé.

Les changements les plus spectaculaires intervenus dans le paysage des télécommunications au cours de la dernière décennie du second millénaire ont été constatés dans le secteur des réseaux de téléphonie mobile. Le nombre des abonnés du téléphone mobile dépasse maintenant celui des utilisateurs de ligne fixe dans la majorité des pays, et ce nombre, qui en 2001 atteignait un total de 24 millions d'abonnements, est la preuve du besoin non satisfait de services vocaux de base, que les opérateurs de réseaux fixes gérés par l'État ont été incapables de satisfaire tout au long des années où ils en ont détenu le monopole. Du fait des coûts relative-ment faibles et grâce à la portée des bases cellulaires, de nombreuses zones rurales ont également pu bénéficier de la couverture mobile. Cette évolution, ainsi que le nombre des nouveaux produits de communication, ont eu pour catalyseur l'extension de la couverture par satellite sur tout le continent.

On constate actuellement un phénomène qui se multiplie : les gouvernements délèguent au secteur privé une partie de la tâche de fourniture de services de téléphonie publique, par le biais de franchises ou d'autres dispositions. C'est ce qui explique en partie la croissance rapide des «boutiques de téléphone» et des «téléboutiques» publiques dans de nombreux pays. L'exemple le plus connu est celui du Sénégal, qui dispose de plus de 10 000 bureaux de téléphone public à gestion commerciale, appelés familièrement télécentres ; ceux-ci emploient plus de 15 000 personnes et génèrent une tranche non négligeable du revenu national. Bien que la majorité de ces télécentres soient situés en zones urbaines, beaucoup sont en voie d'installation dans des localités rurales éloignées. Certains télécentres fournissent maintenant l'accès à Internet et d'autres services TIC plus modernes.

Dans les zones rurales, qui restent généralement en dehors des infrastructures des réseaux fixes, le nombre de centres d'appel publics utilisant les réseaux mobiles pour la fourniture de services est en hausse, mais le coût des services de téléphonie mobile est prohibitif pour la majorité des ruraux. Au tarif d'environ 0,50 dollar la minute en moyenne, le prix des appels téléphoniques réguliers ou d'accès à Internet est trop élevé pour eux. L'une des raisons qui expliquent le coût élevé de la téléphonie mobile est liée au raccordement aux réseaux. Les réseaux mobiles dépendent généralement, pour la fin des appels, des infrastructures terrestres de télécommunications, qui sont le plus souvent la propriété de l'institution nationale en charge des télécommunications. Cette dépendance se traduit par un coût élevé des télécommunications, et ceci se répercute sur les tarifs appliqués aux usagers. Actuellement, le raccordement constitue une question cruciale sur tout le continent, opérateurs de mobiles et fournisseurs de services terrestres se trouvant engagés dans des batailles financières à propos des tarifs appropriés. Même entre les opérateurs de mobiles, il y a des problèmes de raccordement, lorsque les appels proviennent d'un réseau donné vers un autre.

En Afrique du Sud, ainsi que dans certains pays (tels que le Kenya), les opérateurs titulaires d'une licence de téléphonie mobile ont des obligations de service universel qui les poussent non seulement à fournir des services en milieu rural, mais également de le faire à des tarifs subventionnés. Ceci implique que les services de téléphonie mobile ont bien une chance de se développer en milieu rural, mais que les boutiques de téléphone fixe, incapables de soutenir la concurrence avec les tarifs GSM plus bas, ne peuvent s'implanter de façon viable en milieu rural. En conséquence, la téléphonie terrestre, base de services plus avancés (Internet, transferts importants de données) et plus sécurisés, ne peut prospérer en dehors des centres urbains. Cependant, dans certains pays tels que l'Ouganda et le Kenya, les portails SMS d'accès à Internet permettent actuellement l'accès à des données limitées telles que les prix des produits ou ceux pratiqués sur les marchés, ou encore les données météorologiques.

Internet

Depuis sa création dans les années 1970, Internet et les produits qui en sont dérivés, tels que le courrier électronique, sont devenus des outils d'information et de communication, mais également un indicateur largement utilisé du niveau d'adoption et d'intégration des TIC dans un pays donné.

En Afrique, le modèle de diffusion d'Internet a été semblable à celui des réseaux de téléphonie mobile. Quoique de diffusion moins large, Internet, dont l'introduction a précédé celle des téléphones mobiles, s'est imposé très tôt, faisant sentir son impact dans les milieux dirigeants des affaires et dans les familles aisées, et ce dans les principales zones urbaines. Le secteur non lucratif, les institutions universitaires et les ONG ont lancé l'utilisation d'Internet au début des années 1990, poussés par leur besoin de communications internationales à faible coût. Les fournisseurs privés de services Internet (les ISP) et les opérateurs nationaux de télécommunications ont ensuite pris la relève, et il semble qu'ils tiennent actuellement le haut du pavé. Le tableau 2 montre que l'utilisation d'Internet en Afrique subsaharienne a connu une hausse entre 1998 et 2000, mais à un rythme plus lent que celui observé dans d'autres régions du monde. L'Afrique subsaharienne, ainsi que l'Asie du Sud, se situent au bas de l'échelle en termes d'utilisation d'Internet à travers le monde.

Tableau 2 : Pourcentage des utilisateurs d'internet par rapport
à la population totale

Région	1998	2000
États-Unis	26.3	54.3
Pays de l'OCDE à revenu élevé (hors USA)	6.9	28.2
Amérique latine et les Caraïbes	0.8	3.2
Asie de l'Est et région du Pacifique	0.5	2.3
Europe de l'Est et CIS	0.8	3.9
États arabes	0.2	0.6
Afrique du Sub-Sahara	0.1	0.4
Asie du Sud	0.04	0.4
Reste du monde	2.4	6.7

Source: UNDP *World Development Report 2001*.

Les arguments font légion concernant la pertinence d'indicateurs tels que l'abonnement à Internet en tant que traduction du nombre d'utilisateurs, parce que les comptes partagés, dormants et inutilisés ou inutilisables sont courants. L'augmentation des taux d'utilisation des services publics d'accès, tels que les cybercafés et les télécentres, rend difficile la mesure du nombre total d'utilisateurs d'Internet en Afrique. Bien qu'il soit facile d'obtenir le nombre des comptes d'abonnés à Internet, ces chiffres ne permettent que de jauger partiellement la taille du secteur Internet, et devraient être considérés conjointement avec d'autres facteurs tels que le volume du trafic international à partir de chaque pays, et l'espace de communication disponible au niveau national.

La croissance phénoménale de l'utilisation d'Internet observée au cours des années 1990 s'est ralentie dans la majorité des pays. Presque toutes les capitales africaines et certaines villes secondaires disposent actuellement de Points de présence (PDP). Environ 280 d'entre eux sont disséminés à travers le continent. De l'avis de certains observateurs, le ralentissement est dû au fait que la majorité des utilisateurs qui ont les moyens de s'offrir un ordinateur et le téléphone ont déjà obtenu leur connexion. Vers le milieu de l'année 2002, le nombre d'abonnés à Internet était d'environ 1,7 million, soit 20% de plus qu'en 2001 ; cette hausse est due notamment à la croissance économique dans quelques pays tels que le Nigeria. L'Afrique du Nord et l'Afrique du Sud se partagent environ 1,2 million des abonnés, ce qui laisse approximativement 500 000 pour les 49 autres pays de l'Afrique subsaharienne. En supposant que chaque ordinateur doté d'une connexion Internet ou e-mail dessert entre 3 et 5 utilisateurs, le nombre d'utilisateurs de l'Internet en Afrique serait estimé aujourd'hui entre 5 et 8 millions.

Actuellement, le coût total moyen d'utilisation d'un compte Internet commuté en local pour 20 heures par mois en Afrique est d'environ 60 dollars (les frais d'utilisation et le temps d'appel téléphonique local étant inclus, mais pas la location de la ligne téléphonique). Les frais d'abonnement auprès des fournisseurs de services Internet varient entre 10 dollars et 80 dollars par mois. Ces tarifs sont plus élevés que ceux pratiqués aux États-Unis ou en Europe. Le tarif de 60 dollars par mois est élevé par rapport au revenu mensuel moyen d'un cadre du secteur public en Afrique. Par exemple, en 2000, aux États-Unis, vingt heures d'accès Internet, y compris les frais téléphoniques, coûtaient 22 dollars par mois, en Allemagne, 33 dollars, et dans le reste de l'Union européenne, 32 dollars. Le revenu par tête d'habitant dans ces pays est de loin plus élevé qu'en Afrique, et parfois même 10 fois supérieur à la moyenne africaine. Cet état de choses reflète la nature imparfaite des interactions entre forces du marché et monopoles gouvernementaux, qui à leur tour traduisent les niveaux de performance des marchés, les différentes réglementations qui régissent les services de transmission de données, et la diversité des politiques en matière de tarifs douaniers.

Soucieux d'augmenter le taux d'utilisation d'Internet, certains pays ont institué des tarifs d'appels locaux pour les appels vers Internet, quelle que soit la distance. Ceci réduit considérablement les coûts pour les personnes résidant en milieu rural et augmente la viabilité des services Internet fournis par les télécentres ruraux. Dix-neuf pays jusqu'ici ont adopté cette stratégie: le Bénin, le Burkina Faso, le Cap-Vert, le Tchad, l'Éthiopie, le Gabon, le Malawi, le Mali, l'île Maurice, la Mauritanie, le Maroc, la Namibie, le Niger, le Sénégal, l'Afrique du Sud, le Togo, la Tunisie, l'Ouganda et le Zimbabwe. Aux Seychelles les frais d'Internet représentent 50% du tarif normal des appels vocaux locaux.

Cependant, la majorité des utilisateurs ruraux (et des télécentres) sont toujours obligés de faire de coûteux appels internationaux pour se connecter à Internet. Le coût élevé de l'utilisation d'Internet limite l'utilisation individuelle, et crée une demande en télécentres publics où le coût d'une ligne (ou d'un compte) téléphonique peut être réparti entre un grand nombre de clients qui autrement n'auraient pas les moyens d'accéder à Internet. Les télécentres, les cybercafés, les kiosques téléphoniques, etc., sont adaptés aux utilisateurs à faible revenu, puisque le coût de la maintenance du matériel et de la connectivité sont répartis entre un nombre plus important d'utilisateurs. Les services de courrier électronique à faible coût et les services gratuits basés sur le Web tels que Hotmail, Yahoo ou Excite, jouissent d'une grande popularité. Un certain nombre de fournisseurs de services Internet africains, tels que Africa Online et Mail Africa, ont à leur tour établi leurs propres services de courrier électronique à faible coût basé sur le Web.

La documentation et les applications relatives à l'Internet continuent à se développer, mais à un rythme assez lent. Les documents pratiques ou pertinents, ainsi que les applications disponibles sont encore trop rares pour la moyenne des utilisateurs africains d'Internet. Il y a bien une poignée de sites Web officiels de gouvernements, tels que ceux de l'Angola, de l'Égypte, du Gabon, du Lesotho, de l'île Maurice, du Maroc, du Mozambique, du Sénégal, de l'Afrique du Sud, du Togo, de la Tunisie et de la Zambie, mais les gouvernements ne font que très rarement usage d'Internet à des fins administratives. Le contenu des sites Web est d'un niveau plus élevé dans certains secteurs, par exemple, dans le tourisme, les investissements étrangers et les actualités. En 1999, le département African Studies de l'Université de Columbia a identifié plus de 120 journaux et magazines d'informations différents disponibles sur Internet, et publiés dans 23 pays. Parmi les pays les mieux représentés figurent la Côte d'Ivoire, l'Égypte, le Ghana, le Kenya, le Sénégal, l'Afrique du Sud, la Tanzanie, la Zambie et le Zimbabwe.

En dehors de l'Afrique du Sud et de deux ou trois autres pays, rares sont les organisations qui utilisent le Web pour livrer des volumes significatifs d'informations ou pour mener des transactions. Bien qu'un grand nombre d'organisations disposent maintenant d'un site Web du style «brochure», qui fournit une description de base de leurs activités et les informations nécessaires pour les contacter, très peu utilisent effectivement Internet pour de véritables activités. Le nombre limité de nationaux ayant accès à Internet, ou qui l'utilisent activement pour mener leurs affaires courantes est encore réduit. Ceci est aggravé par l'absence généralisée et l'utilisation limitée des cartes de crédit, la faiblesse des compétences et de l'expertise en matière de numérisation et de codification des pages, et les coûts élevés des services locaux d'accueil de sites web. Les politiques de cartes à puce universelles et de commerce électronique font l'objet d'une attention particulière dans un certain nombre de pays, où elles sont considérées comme un moyen de résoudre ce problème. L'île Maurice et l'Afrique du Sud envisagent le lancement d'une carte à puce qui permettrait au public d'y consigner les données relatives à leur permis de conduire, des petites sommes pour les menues dépenses, ainsi que des informations relatives à la santé et à la sécurité sociale.

Infrastructures des TIC et autres facteurs contextuels

D'après des estimations récentes, le nombre d'ordinateurs personnels en Afrique serait d'environ 7,5 millions en 2001, soit en moyenne 1 ordinateur pour 100 personnes. Cependant, du fait de la capacité limitée de contrôle du secteur, et du nombre important de machines introduites clandestinement pour éviter de payer les taxes et droits d'importation, ces chiffres sont peu fiables. Les chiffres officiels sont peut-être surestimés de 3 à 6 fois, auquel cas le rapport moyen entre le nombre d'ordinateurs et celui des personnes serait proche de 1 pour 500. L'utilisation d'un ordinateur par de multiples utilisateurs est pratique courante.

La sous-utilisation des ressources existantes en matière d'ordinateurs est également courante ; elle est souvent due à la prépondérance dans un même bureau d'un grand nombre d'ordinateurs autonomes non connectés à un réseau local (LAN) ou à un grand réseau (WAN). Il arrive souvent que les bureaux contiennent de nombreux PC, dont un seul est équipé d'un modem connecté à Internet.

Le coût élevé du matériel et des licences de logiciels constitue un obstacle majeur. En conséquence, on accorde une attention croissante à l'adoption de solutions clients légères, à l'utilisation de PC recyclés, de boîtiers décodeurs, ainsi que d'autres matériels bon marché, d'applications, de logiciels à source ouverte et/ou gratuits. Comme si les prix d'achat élevés n'étaient pas déjà suffisamment dissuasifs, de nombreux régimes nationaux de taxation considèrent toujours les ordinateurs, le matériel de communication, les périphériques et les téléphones cellulaires comme des articles de luxe. Étant ainsi classifiés, et parce qu'ils sont presque exclusivement importés, les droits et taxes qui leur sont attachés sont très élevés. Ils viennent s'ajouter à leur prix de détail, ce qui rend bien évidemment le matériel plus coûteux. Bien que des efforts notables soient observés dans certains pays, tels que l'Ouganda, en vue de réduire ou de supprimer les droits d'importation sur les ordinateurs, ils sont encore imposés, et souvent à des taux élevés. Dans certains cas, les projets d'assistance au développement international importent du matériel détaxé, mais ce n'est pas là une pratique habituelle, et un certain nombre de projets relatifs aux TIC ont connu de longs retards du fait de problèmes non résolus liés à des taxes exigées sur le matériel.

D'autres facteurs affectent également ce domaine et influencent le degré de réussite que peuvent atteindre les projets TIC. L'électricité est un facteur absolument crucial. L'électricité fait fonctionner les TIC, et pourtant la fourniture irrégulière ou inexistante d'électricité est un fait courant qui constitue un problème majeur en Afrique, en particulier en dehors des grandes villes. De nombreux pays disposent de réseaux de distribution d'énergie extrêmement limités, qui ne pénètrent pas de manière significative en milieu rural. Malgré les améliorations substantielles apportées au cours de ces dernières années, les coupures d'électricité (des pannes de courant régulières, qui durent plusieurs heures) sont monnaie courante, même dans les capitales (Accra, Dar-es-Salaam et Lagos). Les réseaux routiers, ferroviaires et de transport aérien sont aussi peu développés, d'utilisation coûteuse, et souvent en mauvais état, ce qui constitue autant d'obstacles aux mouvements des personnes et des biens. Ces réseaux sont pourtant essentiels au développement et à la maintenance des infrastructures des TIC (lignes téléphoniques, réseaux de communications, etc.).

Le niveau généralement faible d'instruction et d'alphabétisation de la population constitue un problème de taille. Les compétences techniques et d'expertise se font rares à tous les niveaux. Ceci est aggravé par des salaires bas pratiqués dans la fonction publique en Afrique, problème chronique pour les gouvernements et les ONG : les mauvais traitements provoquent en effet une «fuite des cerveaux» continuelle des techniciens les plus brillants et les plus expérimentés vers le secteur privé, et dans certains cas vers les pays plus développés. Les zones rurales en particulier souffrent du même problème, les techniciens compétents, les plus entreprenants se trouvant un meilleur emploi dans les grandes villes.

Enfin, les politiques et le climat dans lequel se développe le secteur des TIC en Afrique souffrent de maux bien connus : marchés étriqués, divisés par des frontières arbitraires, procédures d'enregistrement des entreprises et de délivrance de licences non transparentes et lentes, opportunités limitées (dues en grande partie au modèle historique des monopoles et des niveaux élevés de contrôle de l'État), capital local déficitaire, instabilité des monnaies, contrôles des changes et inflation.

Certains des problèmes contextuels font actuellement l'objet d'un certain nombre de réflexions. L'Initiative en faveur de la société de l'information en Afrique (ISIA) et le Nouveau partenariat pour le développement de l'Afrique (NEPAD) restent prometteurs. L'ISIA est un cadre de formulation et de développement d'infrastructures nationales d'information et de communication (INIC) destiné à répondre aux priorités nationales de développement de chaque pays africain. Par la même occasion, l'ISIA appelle à la coopération entre pays africains en matière de partage d'expériences, d'expertise et de ressources. Avec l'appui de la Commission économique des Nations Unies pour l'Afrique et d'autres organisations internationales, de nombreux pays ont commencé à formuler et à mettre en œuvre leur plan national INIC, et 17 pays ont finalisé leurs stratégies : le Bénin, le Burkina Faso, le Cap-Vert, la Côte d'Ivoire, l'Égypte, la Gambie, la Mauritanie, l'île Maurice, le Maroc, le Mozambique, le Rwanda, le Sénégal, les Seychelles, l'Afrique du Sud, le Soudan et la Tunisie. L'amélioration de l'accès aux TIC dans les zones rurales, par le biais de points d'accès publics connus sous le nom de télécentres, figure au premier rang des priorités de nombreux pays.

Vers un service universel—Télécentres et accès public

Les efforts de promotion de l'accès universel aux TIC en Afrique ont été à l'ordre du jour de réunions de décideurs de haut niveau depuis le début des années 1990. La première conférence mondiale sur le développement des télécommunications, en 1994, à l'issue de laquelle a été adoptée la déclaration de Buenos Aires, a constitué un tournant important dans le développement de l'accès universel et de l'émergence des télécentres communautaires. La question a obtenu une reconnaissance officielle supplémentaire en 1996, lorsque la Conférence des ministres africains de la Planification sociale et économique a demandé à la Commission économique des Nations Unies pour l'Afrique (CEA) de mettre en place un «groupe de travail de haut niveau» chargé de tracer la voie devant mener l'Afrique à l'autoroute mondiale de l'information. Il en est résulté le document cadre portant création de l'Initiative en faveur de la société de l'information en Afrique (ISIA), qui a été adoptée par les ministres de la Planification. Depuis ces débuts historiques, les ministres des Communications de plus de 40 pays africains ont approuvé l'ISIA, dont les activités se poursuivent. L'amélioration de l'accès aux TIC, généralement appelé Accès Universel dans les zones rurales, et dont les télécentres sont une réponse stratégique récente, constitue l'un des domaines d'action prioritaire des plans INIC engendrés par l'ISIA.

Depuis, le concept de télécentre a reçu une attention et un soutien considérables de la part de la communauté internationale pour le développement, d'un certain nombre de gouvernements nationaux, d'opérateurs publics de télécommunications, ainsi que de fournisseurs privés de services télécoms. Cette attention s'est traduite par des projets pilotes de télécentres disséminés à travers le monde en développement. Plus de 20 projets ont ainsi été mis en œuvre au Ghana, au Mozambique, en Ouganda, au Bénin, en Afrique du Sud, en Tanzanie, en Zambie et au Zimbabwe. Aux côtés du Centre de recherches pour le développement international (CRDI), qui a produit l'une des toutes premières études sur les télécentres (Fuchs 1997), de nombreuses agences de développement travaillent dans ce secteur. Parmi elles on peut citer le British Council, le CDG, le CTA, la FAO, l'IICD, l'UIT, le PNUD, l'UNESCO, la Banque mondiale et l'USAID.

Définition et développement des télécentres

Nomenclature

L'idée de télécentre est née il y a moins de vingt ans, en 1985, à Velmdalen, petit village agricole de Suède. Le concept est reconnu et connu sous une très grande variété de noms. Il ne fait guère de doute que les noms sous lesquels on désigne le télécentre changeront (pour devenir plus courts ou plus longs, comment le savoir ?), à mesure que le mouvement s'amplifiera en prenant une dimension mondiale. Pour l'instant l'idée a été généralement bien intégrée aux États-Unis, au Canada et en Australie. En Afrique et en Asie, la notion est encore à un stade embryonnaire.

Taxinomie

Comme indiqué au chapitre 1, la forme et les fonctions des différentes installations subsumées sous la notion parapluie de télécentre sont variables. Ceci est compréhensible et, on peut le dire, sans surprise. Le télécentre est un phénomène encore nouveau, et dans les différents endroits où il a été créé, le contexte local détermine sa forme définitive. C'est un instrument de développement dont l'adaptation et la mutation sont loin d'être achevées. De ce fait, les tentatives de classification des types actuellement existants ne sont pas encore pertinentes.

Gomez *et al.* (1999b) identifient cinq types de télécentres :

- Le **télécentre de base**, généralement situé en zone rurale marginalisée, où il y a un accès limité aux services de base et qui propose le plus souvent une formation aux utilisateurs potentiels en plus de l'accès à Internet.

- Les **télécentres en franchise**, une série de télécentres liés entre eux, à régime de propriété et de gestion indépendantes, généralement supervisés par une organisation locale qui apporte un appui technique et, occasionnellement financier.

- Le **télécentre civil**, généralement le plus répandu, où un organisme public tel qu'une université propose ses installations – ses ordinateurs par exemple – au public, et où les services de télécentre tendent à être complémentaires des autres activités quotidiennes de l'organisme.

- Le **cybercafé**, de nature commerciale, que l'on trouve dans les quartiers riches ou les hôtels des grandes villes.

- Le **centre communautaire à vocations multiples**, l'un des modèles les plus récents à avoir été introduits dans un certain nombre de pays, et qui propose des services plus spécialisés, tels que la télémédecine.

La classification établie par Gomez *et al.* pose problème. Les critères de distinction sont mélangés et la logique difficilement compréhensible. Un exemple se base sur l'emplacement (cybercafé), un autre sur le régime de propriété (le télécentre civil) et un autre encore sur le type de services proposés (télécentre de base). La tentative de classification menée par Collee et Roman (1999) met en lumière la complexité et identifie les dimensions que toute taxinomie ferait bien de prendre en considération.

Sur la base de leur classification (Collee et Roman 1999), il est possible de distinguer les types suivants de télécentres :

- Public/privé
- À financement public ou privé
- Commercial (payant)/gratuit

- Urbain/rural
- À services restreints/à vocations multiples
- Indépendant/en réseau, groupé
- Communautaire/basé sur une institution
- Autonome/rattaché
- À but lucratif/service
- Thématique/universel

De toute évidence, il reste du travail à faire avant de parvenir à une classification satisfaisante et exhaustive des télécentres. À l'instar de l'appellation et du groupage des télécentres, la nature du développement et de l'évolution de ces installations est encore en voie de théorisation.

Évolution des télécentres

Alors qu'il semble y avoir un consensus général autour de la fonction de base des télécentres, le débat continue par contre sur la nature des régimes optimaux de propriété, de gestion et de fonctionnement. Selon Fuchs (1997), par exemple, les télécentres devraient avoir pour fonction de fournir «l'accès du public à la communication et à l'information dans la perspective du développement économique, social et culturel...» ; Zongo (1999) va dans le même sens, en affirmant que le télécentre «fournit des services de télécommunications et d'information pour toute une gamme d'objectifs liés au développement».

Il a été avancé que le régime de propriété, le mode de gestion et de fonctionnement évoluent dans le temps, et trois phases ont ainsi été décrites. Fuchs (1997) a identifié les phases suivantes : l'investissement, le contrat et les services payants.

- La phase d'investissement est considérée comme caractérisant l'état primaire où une organisation à but non lucratif forme un partenariat avec une communauté locale pour essayer de bâtir une capacité communautaire, en les encourageant à participer à la société de l'information. Dans cette phase, l'organisation finance les initiatives de technologie de l'information, fournit le matériel et assure la formation des partenaires locaux, des personnes et du personnel clés, pour en démontrer l'utilité pratique.

- Dans la **phase du contrat**, le télécentre est devenu autonome par rapport aux organisations «mères» et commence à conclure des accords contractuels avec d'autres agences telles que les départements ministériels ou d'autres organismes encore, tels que les hôpitaux, les écoles, etc. Ces derniers constituent une clientèle à laquelle il fournit des services ainsi qu'un appui technique pour la mise en place de leurs installations.

- Lorsque le télécentre atteint la **phase des services payants**, la dépendance par rapport aux bailleurs de fonds s'atténue progressivement. En effet, les communautés connaissent alors les produits fournis par le télécentre et les avantages qu'ils peuvent en retirer, ce qui les dispose favorablement à payer les services.

Cette vision évolutionniste suppose qu'il suffit de laisser faire le temps et la maturité pour que les télécentres deviennent indépendants, autonomes ou viables. Cependant, cette position ne va pas sans poser quelques interrogations. En effet, cette thèse évolutionniste n'accorde que très peu d'attention aux questions de motivations ainsi qu'à la grande variété des télécentres. De plus, il semble qu'elle concerne un type de télécentre en particulier, à savoir le télécentre public orienté vers le développement. Pour lui rendre justice, ce sont là les types de télécentres déjà étudiés par Fuchs. La durabilité et l'indépendance économique de ce type particulier de télécentre constituent une préoccupation qui domine constamment les discussions, en partie du fait de l'importance accordée actuellement à la logique du marché et au modèle de gestion. Et pourtant, on ne trouve dans la littérature spécialisée que de rares exemples de télécentres ayant atteint la phase des services payants ; ceci est peut-être la preuve que les télécentres n'ont pas encore disposé du temps nécessaire pour atteindre cette phase, ou encore qu'il faudrait construire d'autres modèles conceptuels et théoriques pour expliquer l'ensemble des expériences vécues. Par ailleurs, l'échec de nombreux télécentres est une réalité qui vient souligner l'importance de la viabilité économique. Comment y parvenir ? La question reste entière. D'autres questions restent également à résoudre.

Extraits de la littérature

Malgré—ou peut-être à cause du caractère récent du mouvement et de la relative pauvreté de la recherche sur les télécentres, les études disponibles font apparaître un certain nombre de questions pertinentes non encore résolues. On s'aperçoit ainsi que la viabilité est multidimensionnelle et qu'elle dépend de facteurs autres que la seule disponibilité de ressources financières. Parmi les facteurs généralement associés à la viabilité figurent l'environnement dans lequel fonctionne le télécentre, le style de propriété et de gestion, la participation communautaire, la pertinence des services et le contenu. Il semble que la logique du marché accorde une importance primordiale à ce qu'on appelle communément l'accès, c'est-à-dire le nombre d'utilisateurs et le type d'utilisation. La logique politique de l'ensemble du mouvement en faveur des télécentres est fondée sur ce critère de l'accès universel. La notion d'accès universel, qui se rattache à la Déclaration universelle des droits de l'homme, en particulier en son article 19, a alimenté l'extension des services d'information et de communication à tous sans discrimination aucune. Les télécentres sont considérés comme des instruments dans la bataille livrée en faveur de l'accès universel au savoir, en particulier dans les pays et les milieux pauvres. Les images que donnent les télécentres indiquent que l'accès est encore limité, c'est-à-dire qu'il n'est pas encore disponible pour tous et que certains groupes sont favorisés tandis que d'autres sont marginalisés. Les femmes sont apparues particulièrement vulnérables (Karelse et Sylla 2000 ; Rathgeber 2000, 2002 ; Hafkin 2002). C'est chez les jeunes hommes instruits que l'utilisation est la plus marquée (Kyabwe et Kibombo 1999). Les études font état de plusieurs facteurs qui affectent l'accès, soit directement soit indirectement. En tout premier lieu figure le coût. Le coût élevé de mise en place des installations et de maintenance des services implique une nette insuffisance des fournisseurs de services par rapport à l'ampleur de la demande. Le coût de la première installation de télécentres en Afrique du Sud atteindrait 40 000 dollars (Benjamin et Dahms 1999). Les crédits, pour des projets de deux ans, se situent entre 100 000 dollars et 150 000 dollars, selon le type et le nombre de matériels. Les coûts de fonctionnement ont souvent été négligés dans les premiers projets (Delgadillo et Borja 1999).

Le coût d'utilisation (services payants) constitue également pour les clients potentiels un obstacle significatif. Les télécentres appliquent généralement des tarifs pour les usagers, et ceux-ci, bien que modiques et subventionnés, donnent l'impression d'être trop élevés pour les utilisateurs à faibles revenus, et en général pour les femmes et les jeunes. Autre aspect qui affecte directement l'accès et l'utilisation : l'emplacement du télécentre.

Comme les écoles et les hôpitaux des villes coloniales, et contrairement aux marchés traditionnels, il est prouvé que les télécentres dont le site n'a pas été judicieusement choisi attirent moins de clients (Kyabwe et Kibombo 1999) du fait de leur inaccessibilité. Outre l'emplacement, il est apparu que la disposition physique des lieux et l'accessibilité psychologique du télécentre ont un impact sur l'affluence des clients. Pour certains utilisateurs, l'intimité est importante, alors que celle-ci n'est pas toujours garantie dans les télécentres et l'importance des dimensions psychologiques de l'utilisation a été soulignée (Baron 1999 ; Harris 1999 ; Cisler *et al.* 1999).

La langue utilisée dans le télécentre est aussi importante que le coût des services en ce qui concerne l'accès. La langue des opérations et la langue des services, c'est-à-dire la langue des documents (livres, sites Web, vidéos, manuels, etc.) est très importante. Il a été avancé que l'anglais (langue utilisée par les TIC) constitue souvent un obstacle à l'apprentissage de nouvelles technologies dans des contextes où la majorité des gens sont illettrés ou semi-alphabétisés (Dandar 1999 ; Delgadillo et Borja 1999). La question de la langue, bien que constituant un obstacle à la compréhension et, en définitive, au changement social, soulève également la question de la pertinence. Étant donné les faibles niveaux de connaissance de la langue anglaise et l'utilisation extrêmement répandue des langues vernaculaires en milieu rural, la pertinence des contenus rédigés en anglais est extrêmement contestable.

Les autres facteurs mis en lumière dans les études et qui affectent la réussite des télécentres sont relatifs à leur fonctionnement, au niveau micro et macro social et politique ; parmi ces facteurs figurent par exemple l'environnement déterminé par la politique nationale ou encore les dispositions sociales prises localement pour contrôler et gérer les installations. Vers la fin des années 1990, la création de nouveaux instruments de politique destinés à appuyer la croissance du secteur à l'échelle du continent a commencé avec l'Initiative pour la société de l'information en Afrique et le Forum du développement en Afrique. Les résultats mitigés des nouveaux projets d'Infrastructures nationales d'information et de communication ou des politiques en matière de TIC dans environ un tiers des pays témoignent de l'évolution effective de la situation. Au niveau des télécentres même, il apparaît que la gestion et l'implication des communautés locales ont un certain impact sur les résultats obtenus par les télécentres ainsi que sur leur avenir. Une gestion saine et un soutien communautaire à un niveau élevé sont autant de clés pour la réussite. Pourtant dans certains endroits l'implication communautaire peut avoir un effet négatif lorsque certains membres de la communauté, qui prennent une part active au fonctionne-ment du télécentre, ont des motivations différentes ou secrètes. On pense également que le régime de propriété communautaire est lié au succès des télécentres ; cependant, les modèles de propriété privée sont rares car les télécentres communautaires, dans leur majorité, ne sont pas véritablement la propriété des communautés, et ne sont pas non plus totalement adminis-trés par elles.

Conclusion

Bien que le mouvement et les études consacrées aux télécentres n'en soient encore qu'à leurs premiers pas, la recherche disponible éclaire certaines des questions tout en indiquant des orientations pour les recherches futu-res. Elle établit les bases de la construction théorique nécessaire pour guider la mise en œuvre pratique et l'installation d'un nombre plus impor-tant de télécentres. D'après Menou (1999) et Gomez et al. (1999), la re-cherche sur les paramètres, les indicateurs et les outils d'évaluation de l'impact des TIC sur le développement est loin d'être achevée. Le plus ur-gent est peut-être l'élaboration d'une théorie solide qui explique le rapport entre les télécentres et le développement (Heeks 2002). S'il y a urgence, c'est qu'il s'agit d'éviter une mauvaise application d'un outil potentiellement porteur, à un moment où le monde semble sur le point de mettre en œuvre le déploiement massif des TIC et promouvoir leur adoption à grande échelle.

Chapitre 3

Télécentre de Tombouctou, Mali

Situé en Afrique de l'Ouest, le Mali est un pays riche en histoire et en culture, même si son entrée dans le vingt et unième siècle est lente et limitée. Faisant partie des pays les plus pauvres au monde avec un PIB de 230 USD par habitant, le Mali a de faibles niveaux d'alphabétisation et de scolarité. Ces facteurs ont largement contribué à l'exclusion de la majorité de la population malienne de l'ère des nouvelles technologies. Les femmes constituent un groupe particulièrement défavorisé. En 1995, le taux d'alphabétisation des hommes était de 39%, celui des femmes de 29%. Dans le même registre, le taux net d'inscription à l'école primaire était de 33% chez les filles et de 47% chez les garçons (UNICEF WCARO 2001).

Ce chapitre présente les résultats d'une étude menée au Mali entre décembre 2000 et février 2001. L'échantillonnage, comprenant des utilisateurs réels et potentiels, des dirigeants communautaires et des dirigeants des organisations locales et d'organismes gouvernementaux, portait sur 135 individus. En plus du TCM (Télécentre communautaire multiservice) de Tombouctou, deux cabines téléphoniques privées et un cybercafé choisis dans la ville ont été sondés.

Contexte des télécommunications

Le Mali a développé une politique de TCM dont le principe est de rapprocher la population des technologies de l'information et des services de communications et d'en réduire les coûts pour garantir l'accès par tout. La politique adoptée en février 2000 lors du forum de Bamako 2000 sur les TIC, organisé par le Président Alpha Konaré, est entrée en vigueur en mai 2001 avec la création de la commission chargée des TIC dont le siège se trouve à la primature. Depuis lors, un programme de connexion de grande envergure a été entamé dans le but de relier 703 communes rurales, en s'inspirant de l'exemple du projet pilote du télécentre communautaire multiservice de Tombouctou.

À l'orée de l'an 2001, le Mali figurait parmi les seize pays africains disposant d'un accès à Internet par réseau commuté au niveau national. La compagnie nationale des télécommunications (SOTELMA) avait créé une stratégie qui permettait l'accès au téléphone local et à Internet à travers le pays, et introduit le système des «indicatifs régionaux» afin que les frais d'accès à Internet soient établis en fonction des tarifs locaux. Cela a permis aux fournisseurs d'accès de mettre sur pied un réseau national à tarifs réduits, qui s'est étendu jusqu'aux endroits éloignés du pays. En février 2001, le pays comptait 31 000 lignes téléphoniques couvrant la totalité de la population, et environ 1 000 abonnés à Internet.

Tombouctou

L'objet principal de cette étude porte sur le télécentre communautaire multiservice (TCM) installé à Tombouctou. Bien que trois structures privées aient également fait l'objet d'une enquête, l'analyse de données et la discussion sont axées sur le TCM. Le télécentre de Tombouctou a démarré en 1998 en tant que projet co-financé par l'UIT, l'UNESCO et le CRDI. Il fait partie de l'ensemble des cinq projets sur le continent. Les autres étaient mis en place en Ouganda, au Bénin, en Tanzanie et au Mozambique. Ceux de l'Ouganda et du Mozambique sont également étudiés dans ce livre. Lorsque l'étude a été lancée, les projets du Bénin et de la Tanzanie venaient à peine de commencer et n'ont pas été pris en compte lors de l'échantillonnage.

Tombouctou est une cité imprégnée d'histoire et son rayonnement remonte au XIIe siècle. Au Nord de la ville, un système dunaire avec des paysages déserts annonce le Sahel ou désert Azaouad. Les ressources limitées de la région et le climat rigoureux ne permettent qu'un mode de vie nomade. Le climat tropical subaride est alterné par de longues périodes de saison sèche et des périodes d'hivernage courtes et irrégulières. Les températures atteignent au maximum 45°C et au minimum 7°C. La pluviométrie dépasse rarement 200 mm par an.

Au sud de Tombouctou, à 18 km, s'étend la vallée de Issa-Ber, une zone habitée, très animée, abondamment arrosée, et verdoyante durant la majeure partie de l'année. C'est le centre des activités culturelles. La vie est sédentaire à Issa-Ber et les habitants sont répartis dans de petits villages le long des points d'eau. La ville de Tombouctou est une petite étendue située au cœur d'un immense pays plat et ouvert. Même si le paysage urbain est parsemé d'habitations construites en pierres ou en terre, les habitations rurales sont souvent faites de huttes en paille ou de tente en peaux d'animaux.

La juxtaposition des milieux naturels du Sahel et de la vallée d'Issa-Ber se reflètent également au niveau des contrastes entre les hommes. Les nomades, les caravaniers arabes et berbères et les éleveurs touareg sont très différents des agriculteurs sédentaires songhaï et des artisans, commerçants et employés du secteur informel.

Tombouctou compte six structures préscolaires, seize écoles d'enseignement élémentaire, un institut de formation professionnelle (pour la formation des enseignants du primaire et du secondaire), quatre madrasas (collèges religieux islamiques, dont l'un dispose d'une école primaire et secondaire), et trente écoles coraniques. L'enseignement est dispensé en langue sonraï, tamachèq et arabe.

Le commerce, l'agriculture (culture maraîchère), l'élevage et l'artisanat constituent les principales activités économiques de Tombouctou. L'ancienne cité est le site touristique par excellence. Le centre de l'administration locale est un carrefour pour les commerçants, les habitants d'Azaouad et ceux des rives d'Issa-Ber. Tombouctou représente également une plaque tournante de l'économie. Cependant, le mauvais état des infrastructures rend la circulation des personnes et des biens difficile. Les habitants ruraux se déplacent souvent à pied, à l'aide de bêtes de somme (cheval, chameau, bétail) ou en pirogue.

À Tombouctou, les infrastructures et la technologie ne sont pas aussi développées que l'on pourrait l'imaginer pour une ville riche d'une telle histoire. Elle se situe à l'intersection d'un réseau routier mais le transport fluvial est très développé durant l'hivernage lorsque le niveau des eaux monte. Le nouvel aéroport a facilité le transport aérien aussi bien vers l'intérieur que vers l'extérieur de la ville.

Quatre stations radio sont implantées dans les zones périphériques de la ville : El Farouk, Lafia, Bouctou et Jamana. Le secteur des télécommunications est constitué par :

- un centre numérique de téléphonie qui assure l'utilisation des téléphones standards et des cabines téléphoniques et certaines transmissions de données. La circonscription dispose d'une capacité de huit cabines téléphoniques, mais seules deux d'entre elles sont équipées et fonctionnelles ;

- un centre de transmission numérique qui passe par la station satellite terrienne pour relier Tombouctou à Bamako et 13 secteurs dans la région. La capacité actuelle de distribution de courant est de 472 abonnés, mais il n'existait que 344 abonnés au moment de l'étude.

Ces systèmes réunis prennent en charge l'infrastructure de télécommunications de Tombouctou, qui assure la téléphonie et la transmission de données sur un réseau téléphonique publique en commutation (RTPC) avec une puissance pouvant aller jusqu'à un maximum de 32 Kbits. En janvier 2001, Tombouctou comptait 640 abonnés au téléphone et plus de 400 demandes de lignes téléphoniques en attente. Le télécentre recevait beaucoup de monde du fait du grand nombre de besoins non satisfaits et de la demande pour les services de TIC.

Résultats

Disposition des lieux et installations

Situé au départ dans les locaux de l'hôpital régional de Tombouctou entre avril et octobre 1999, le télécentre a été transféré à l'hôtel de ville dans des locaux gracieusement mis à disposition par la municipalité. Le télécentre est situé en face de la Place de l'Indépendance et du Haut Commissariat régional, près du poste de police local et à 400 m du Lycée Mahamane Haïdara dans le centre ville. Pourtant, les gérants du télécentre sont à la recherche de locaux mieux adaptés. La construction d'un grand bâtiment (300 m2) devant abriter le télécentre était suspendue au moment de l'enquête. Les locaux en construction sont situés près de la route principale de la ville à environ 500 m de l'Hôtel de Ville, et non loin des autres services publics.

Tableau 3 : Inventaire de l'équipement du télécentre

Équippement	Catégories	Disponibles	Utilisées	Non utilisées	Motif
Ordinateurs					
PC Wave	Pentium II	1			
Dell	Pentium II	4	4		
Authentic AMD	Pentium I	4	3	1	En panne
Laptop Toshiba	Pentium II	1	1		
X86 Family AT	Pentium I	1	1		
PC Express 486	486SX	4	1	3	En panne
	Total	15	11	4	
Moniteurs					
Shamrock		1	1		
APT Provista		4	4		
Dell		6	5	1	Nouveau/défectueux
Autre		3	1	2	Nouveau/en stock
	Total	14	11	3	
Souris					
Microsoft		3	3		
Genius		1	1		
Artec		4	3	1	Ne fonctionne pas
Autres types d'équipement					
Imprimante	HPLaserJet 5L	1	1		
Imprimante couleur	Color LaserJet 4500 DN				
Hewlett Packard		2	2		
Haut-parleur	Microsoft	7	7		
Appar. photo numéri.	Digital DSC-F1	1		1	
Facsimile	Panasonic	1	1		
Fax-modem		1			
UPS		—			
Machine à reliure		1			
Réfrigérateur		1			
Photocopieuse	Canon	1			
Rétroprojecteur		—			

Source: Enquête Télécentre, décembre 2000.

Au moment de l'étude, le télécentre occupait quatre pièces au total. La plus grande (25 m^2) tenait lieu de salle de réception et de formation, la seconde

(24 m²) servait de bureau pour l'Internet et le fax ; et les deux plus petites pièces étaient occupées par le serveur et tenaient lieu en même temps de bureau et de magasin au gérant. Le nombre de pièces n'était pas suffisant pour aménager une salle d'attente ou d'accueil pour les clients. Leur nombre dépassait souvent celui des utilisateurs et il n'y avait aucune intimité pour les utilisateurs des téléphones. Le télécentre disposait quand même d'un mobilier confortable, composé de six bureaux de direction, cinq tables en métal, dix tables en bois, trente chaises de direction et douze chaises en plastique. Toutefois, les employés du télécentre jugeaient le mobilier inadéquat.

Tableau 4 : Inventaire des logiciels

Manuels sur les logiciels

  Manuel de Programmation

  Formation à l'Internet, entretien d'un serveur Internet

  Manuel Norton

  Manuel d'utilisation du CD-ROM

  Manuel d'utilisation du rétroprojecteur numérique

  Complete Excel

  Manuel CDS/ISIS Version 2.3.

CD-ROMs

  UNESCO Sahel Point

  Bibliothèque pour le développement durable et les besoins de base

  Bibliothèque sur l'environnement mondial

  Bibliothèque sur la santé et la nutrition

  Bibliothèque médicale et de la santé

  Microsoft Windows 98

  Access 2000

  Easy Axess Video Conference Software,

  Office Pro

  Formation à l'Internet
  Formation en Word et Excel

Un inventaire des matériels disponibles (voir tableau 3) a montré que le télécentre disposait de 15 ordinateurs, dont quatre étaient inutilisés au moment de l'étude pour cause de «panne». La plupart des ordinateurs étaient de marque Pentium. Sur les quatre 486s disponibles, un seul était en bon état. Un nouveau moniteur présentait une défaillance. Le reste du matériel comprenait trois imprimantes, une machine fax et un appareil photo numérique. Le tableau 3 indique que la plupart des matériels étaient en bon état de marche et que le télécentre était très bien équipé.

Le tableau 4 présente une liste de manuels utilisés en matière de logiciels et de documents électroniques disponibles au télécentre et dont la plupart étaient en français. Le nombre de CD-ROM était assez limité par rapport à la quantité de matériels techniques.

Services et profils d'utilisation

Le télécentre offrait divers services de TIC comprenant la téléphonie, la télécopie, l'accès à Internet et le courrier électronique. Les services les plus demandés étaient le scanner, le téléphone (aussi bien envoi que réception d'appel), le fax, le traitement de texte, l'impression et la photocopie. Ces services étaient un moyen pour les utilisateurs de recevoir ou d'envoyer des informations liées à l'enseignement, aux affaires et au tourisme. La connexion téléphonique est assurée par SOTELMA, le prestataire de services publics de télécommunications et le seul opérateur qu'utilise le télécentre. Les clients du télécentre ont souligné que le fonctionnement de la connexion téléphonique n'était pas fiable.

Le nombre d'utilisateurs a considérablement augmenté depuis que le télécentre a ouvert ses portes en avril 1999 (Tableau 5). Le tableau indique que les femmes représentaient 23,2% du nombre total d'utilisateurs entre avril 1999 et février 2001. Dans les registres des utilisateurs inscrits, les jeunes représentaient 48,5%, les adultes 51,8%, et les personnes âgées moins de 2%. La majorité des utilisateurs (plus de 84%) se rendaient au télécentre dans la matinée. D'après les sondages, peu de femmes (10–29%) s'étaient rendues au télécentre durant la période d'observation. Les données obtenues à partir des autres sources (par exemple, les dirigeants communautaires, les leaders d'opinions, les associations, les ONG et le comité de gestion du télécentre) corroborent la faible utilisation par la clientèle féminine.

Le téléphone et le fax étaient très utilisés. Quarante deux pourcent des utilisateurs appelaient, 37% recevaient des appels et 26% envoyaient des fac-similés. Les services informatiques les plus demandés concernaient : le traitement de texte, la formation et les jeux électroniques. Le télécentre était le plus souvent utilisé pour des raisons sociales—pour communiquer avec la famille et les amis. L'utilisation du courrier électronique et de l'Internet était assez faible. Quarante pourcent des utilisateurs fréquentaient le télécentre pour acquérir des connaissances informatiques, utiliser l'Internet, tandis que 10% seulement accédaient à l'Internet à partir du télécentre.

Graphique 1 : Les clients du télécentre de Tombouctou
pendant quelques mois

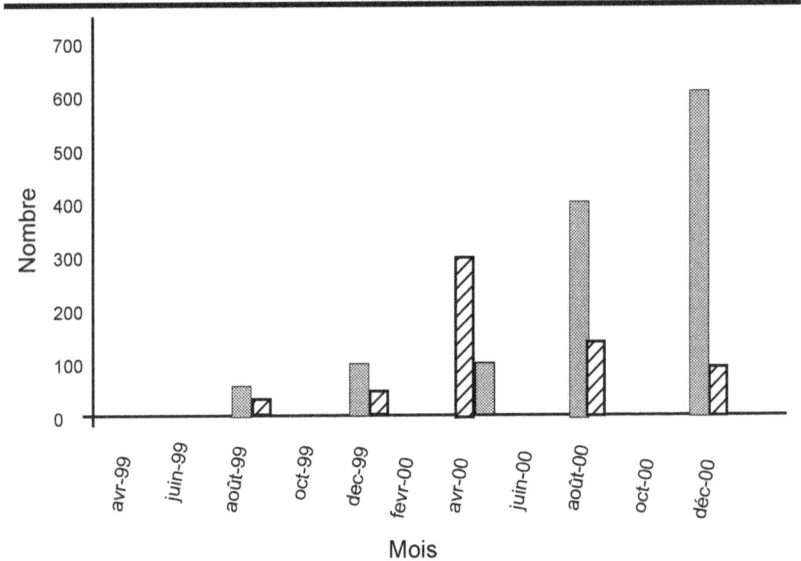

La correspondance s'effectuait souvent par courrier postal ou par téléphone plutôt que par email. Trente et un pourcent des personnes interrogées ont affirmé qu'elles envoyaient «gratuitement» leurs lettres car elles étaient portées de mains en mains, par l'intermédiaire d'un ami ou d'un parent. Dix-huit pourcent des recensés ont récemment payé entre 500 et 1250 FCFA pour des appels téléphoniques vers d'autres villes (Bamako par exemple). Ces personnes interrogées ont essayé d'obtenir des appels à moindres coûts en utilisant d'autres alternatives. Un peu plus de la moitié des gens ont déclaré qu'ils effectuaient rarement des appels longue distance, alors que moins de 10% payent entre 2000 et 3000 FCFA pour les appels longue distance.

Les chiffres figurant dans le tableau 5 donnent une image plus nette de la différence entre les utilisateurs et les utilisatrices, quand ils sont représentés graphiquement, comme l'indique le graphique 1.

En terme d'accès aux TIC, les personnes âgées étaient également désavantagées. Durant 4 journées d'observation continue, pas une seule personne âgée de plus de 60 ans n'a fréquenté le télécentre. Les registres du télécentre ont également montré que sur presque 4000 utilisateurs, seuls 11 (soit 0,3%) avait plus de 60 ans. Un participant à la discussion du groupe témoin a avancé ces propos :

> Les jeunes s'adaptent mieux aux TIC et s'intéressent plus à l'informatique, à l'Internet en particulier, pour accéder à des informations générales. De plus, les écoliers âgés de 15-16 ans, y compris les filles, utilisent fréquemment les TIC. Le soir, lorsque la plupart des clients sont partis, les écoliers viennent utiliser l'ordinateur. L'un d'eux a passé 5 jours consécutifs à étudier une leçon de géographie sur le sujet «Le Mali : étude physique».

Il s'est avéré que la faible fréquentation ou les désavantages ne résultaient d'aucune barrière physique sérieuse puisque le télécentre se situait à une distance raisonnable de la majorité des utilisateurs réels ou potentiels. La plupart (62%) des personnes interrogées habitaient à moins d'1 km du télécentre. Un autre groupe, représentant 31% de l'échantillon, habitait à une distance variant entre 1 et 3 km. Environ trois quarts (74%) prenaient moins de 30 minutes pour arriver au télécentre, et tous les utilisateurs ont indiqué qu'ils se déplaçaient souvent à pied comme ils le faisaient pour se rendre à d'autres endroits (voir Tableau 6).

Profils des utilisateurs

Il existe deux types d'utilisateurs : les particuliers et les personnes morales ou les associations. Parmi les particuliers, 76,8% étaient des hommes et 23,2% des femmes. Les jeunes représentaient 48% du nombre total d'utilisateurs. Ces derniers étaient pour la plupart instruits, et le sentiment que les ordinateurs sont réservés aux gens instruits était omniprésent chez les personnes interrogées. Les services étaient sollicités par une grande diversité de professionnels. Les arabisants venaient rarement au télécentre parce qu'il n'existait pas de logiciels en langue arabe.

Tableau 5 : Nombre d'utilisateurs du télécentre de Tombouctou
(avril 1999–février 2001)

	Nombre total d'utilisateurs	Utilisatrices (%)
Avril 1999	5	2 (40.0)
Mai1999	97	32 (33.0)
Juin 1999	125	65 (52.0)
Juillet 1999	84	29 (34.5)
Août 1999	113	47 (41.6)
Septembre 1999	69	29 (42.0)
Octobre 1999	338	86 (25.4)
Novembre 1999	454	91 (20.0)
Décembre 1999	219	88 (40.2)
Janvier 2000	331	73 (22.1)
Février 2000	534	97 (18.2)
Mars 2000	499	179 (35.9)
Avril 2000	449	128 (28.5)
Mai 2000	384	98 (25.5)
Juin 2000	270	89 (33.0)
Juillet 2000	557	87 (15.6)
Août 2000	672	234 (34.8)
Septembre 2000	650	202 (31.2)
Octobre 2000	741	174 (23.5)
Novembre 2000	921	140 (15.2)
Décembre 2000	721	99 (13.7)
Janvier 2001	891	119 (13.4)
Février 2001	832	116 (13.9)
Total	9956	2304 (23.2)

Tableau 6 : Distance parcourue, mouyen de transport et temps mis pour accéder aux diverses sources d'information à Tombouctou

Catégorie	Distance (km)					Moyens de Transport		Temps (mn.)		
	à la maison	0–0.5	0.5–1	1–3	>3	à pied	à bicyclette	0–10	11–30	31–60
Bureau de poste	—	19	21	20	5	65	—	31	27	7
Téléphone privé	9	28	19	9	3	65	—	47	16	2
Téléphone public	12	28	12	13	0	65	—	43	19	3
Kiosque à journaux	—	34	18	8	5	65	—	42	20	3
Librairie	—	26	25	9	5	65	—	37	21	5
Cinéma	—	—	—	—	—	—	—	—	—	—
Clinique/Hopital	—	19	29	15	2	65	—	33	27	5
Bibliothèque	—	22	29	12	2	65	—	34	27	3
Télécentre	—	20	30	13	2	65	—	30	30	5

Source : Enquête, décembre 2000.

49

Les personnes morales ou associations, qui fréquentaient le télécentre, étaient les associations culturelles, scientifiques, éducatives, profession-nelles, touristiques, de développement et les associations féminines, en plus des membres de la police et des employés de stations radio indépen-dantes. Les différents groupes comptaient 50 à 1000 membres, âgés de 18 à 40 ans. Les dirigeants communautaires constituaient un groupe sé-paré et distinct. Même si le nombre d'associations étaient inférieur aux par-ticuliers, il n'en demeurait pas moins que les employés du télécentre re-cherchaient énergiquement leurs faveurs, compte tenu du volume de la clientèle qu'elles représentaient, et ce également dans le but d'établir une «section clients».

En plus des utilisateurs directs, il existait d'autres utilisateurs secon-daires ou bénéficiaires. Ils regroupaient tous les hommes et les femmes qui entraient dans ce que certains des principaux informateurs désignaient sous le terme «réseaux de contacts et de dialogues». À travers ces réseaux, les utilisateurs directs transmettaient les informations qu'ils avaient reçues à partir du télécentre. Le cercle était élargi et couvrait des amis, des collè-gues et des parents, entre autres.

Les utilisateurs directs transmettaient et échangeaient des informa-tions reçues avec des personnes étrangères. Quatorze utilisateurs interro-gés à leur sortie du télécentre ont déclaré avoir échangé des informations avec 68 autres personnes, parmi lesquelles, leurs papa, maman, frères et sœurs, épouses, tantes, oncles et neveux. Cinquante sept pourcent des utilisateurs interrogés ont affirmé avoir transmis des informations ainsi ob-tenues à d'autres personnes, tels que des amis (41%), des clients (26%) et des collègues (15%). La plupart des bénéficiaires non-utilisateurs avaient entre 31 et 50 ans. Trois catégories d'habitants de Tombouctou étaient con-sidérées comme bénéficiant indirectement des services du télécentre :

● Les membres de la famille de l'utilisateur, ses amis et collègues avec qui il échangeait des informations ;

● Les membres non-utilisateurs des associations et des agences locales avec qui il échangeait des informations ;

● Les relations commerciales, sociales et religieuses.

Dans l'échantillonnage de l'étude de décembre 2000, sur 52 utilisateurs potentiels, 47 étaient des hommes et 5 étaient des femmes. Quarante six pourcent de ces utilisateurs avaient entre 31 et 40 ans, 25% entre 21 et 30 ans et 21% entre 41 et 50 ans. D'après les sondages, sur 14 utilisateurs interrogés, 4 étaient des artisans, 2 des secrétaires, 2 travaillaient dans une station radio, et 6 appartenaient à d'autres milieux professionnels. Parmi les artisans, il y avait un forgeron, un cordonnier, un tailleur et un chauffeur. Dans la catégorie «Autre» il y avait un gestionnaire, un comptable, un technicien en matériel informatique, un enseignant et un éleveur.

Les dirigeants communautaires (comme le président de la chambre de commerce et le président de l'association des jeunes) ont joué un rôle important au niveau du télécentre de Tombouctou en tant que groupe principal d'utilisateurs, mais également en tant que conseillers pour le projet. Quelques différences existaient au niveau des types de services utilisés par les dirigeants. Ainsi, alors que les dirigeants du commerce et des affaires recevaient une formation et utilisaient l'Internet, le chef de l'association des jeunes utilisait davantage la photocopie et le traitement de texte. Il est à noter en particulier que la directrice de l'association féminine n'a utilisé que le fax et le téléphone.

Tableau 7 : Types d'informations, services utilisés et coûts

Nom de l'Association	Type d'Informations recherchées	Service utilisé	Coût par an (FCFA)
CAFO	formation activités féminines	téléphone/facsimile lettres télévision Porte-à-porte	60 000
SAVAMA	scientifiques, culturelles, religieuses	lettres téléphone/facsimile email contacts directs	120 000
Chambre de Commerce	artisanales	Internet téléphone/facsimile email	180 000
GOUNA (Youth)	politique, écono-, mique, culturelle	téléphone/facsimile Lettres Radio	600 000
BOUCTOU	touristique	Internet email téléphone/facsimile	120 000

Source : Enquête Télécentre, décembre 2000.

Motifs d'utilisation ou de non-utilisation

Les principaux motifs de l'utilisation du télécentre sont l'envoi, la réception, le traitement et la recherche d'informations (Tableau 7). La formation représentait également un volet important, tout comme les activités relatives à l'élaboration de dossiers de candidature pour les associations menant à bien leurs propres projets. Le tableau 7 indique également le montant des tarifs payés par les associations pour les services fournis par le télécentre durant l'année 2000.

Les associations et les organisations constituaient d'importantes sources de revenus pour le télécentre. Elles se sont organisées en réseau afin d'appuyer et de faciliter l'échange d'informations entre les membres et les non-membres. Elles échangeaient souvent, entre elles et avec des personnes étrangères, des informations d'ordre général liées à leur profession, à la culture, à l'éducation et au tourisme. Les associations communiquaient avec des partenaires locaux à Bamako, par exemple, et avec des partenaires internationaux en Europe et dans les pays arabes, africains et asiatiques. Les informations communiquées aux partenaires étrangers portaient généralement sur des questions de développement (particulièrement la collecte de fonds pour les projets) et sur des renseignements concernant les partenaires commerciaux potentiels. Les informations sur la culture et le tourisme étaient également beaucoup demandées.

Tableau 8 : Les difficultés techniques quotidiennes du télécentre

Nature du problème	Résolu par		Fréquence du problème
	Employé	Quelqu'un d'autre	
Panne ordinateur	X		1 fois /4 mois
Panne imprimante	X		1 fois /3 mois
Logiciel défectueux	X		chaque mois
Service informat. de routine	X		chaque mois
Photocopieuse en panne		X	1 fois /6 mois
Rupture de stock	X		1 fois /6 mois
Réseau Internet	X		1 fois /6 mois
Coupure d'électricité		X	chaque mois
Téléphone/connection			
Interruption du signal		X	chaque mois
En dérangement		X	chaque mois

Source : Enquête, décembre 2000.

Le problème de connectivité est l'un des obstacles majeurs qui entravaient l'utilisation efficace du TCM. Par exemple, la connexion téléphonique était interrompue au moment où l'équipe d'évaluation arrivait au télécentre dans le cadre de l'étude. Les employés du télécentre ont également signalé que les retards dans l'acquisition et l'installation d'un VSAT pour le télécentre ont causé beaucoup de difficultés dans la mise en œuvre du projet. Les autres difficultés techniques rencontrées par le télécentre sont indiquées dans le Tableau 8.

Le personnel du télécentre a résolu tous les problèmes techniques liés aux ordinateurs, à l'informatique et aux pannes d'imprimante. Sur les 10 types de problèmes, désignés comme étant les plus fréquents, 6 ont été résolus par les employés du télécentre, ce qui reflète leur compétence technique et leur autonomie. Le télécentre offrait également au public des services de maintenance de matériels électroniques. Cependant, le personnel n'avait aucune compétence pour résoudre les problèmes de photocopieuse, d'électricité ou de téléphone et devait faire appel à un service externe. Le plus grand obstacle rencontré lors du traitement des problèmes techniques a été d'obtenir des pièces de rechange pour l'ordinateur et de faire résoudre, par le prestataire de services télécom (SOTELMA), les problèmes liés à la qualité des prestations offertes.

Outre les problèmes techniques, la faible ou non-utilisation des services résultait de leurs coûts. Cinquante sept pourcent des personnes interrogées ont trouvé que les tarifs élevés des services, par rapport au faible pouvoir d'achat des femmes, explique le petit nombre de femmes qui utilisent les TIC. Près de deux tiers des répondants (65%) sont convaincus que si les prix étaient réduits, on observerait une hausse importante du nombre de femmes utilisant les TIC. Pour faire face à la discrimination dont souffrent les femmes, le télécentre de Tombouctou a pris quelques mesures, dont :

- Attribuer des postes de responsabilité importants aux femmes, comme par exemple : membres du comité de gestion ;
- Placer sur la couverture de certains documents des photos de femmes les montrant comme formatrices des hommes ;
- Rédiger les manuels d'utilisateur en collaboration avec les femmes ;
- Accorder une remise de 25 à 50% sur les frais de formation pour les femmes.

Pertinence et satisfaction de l'utilisateur

Les clients du télécentre avaient admis que les services offerts par le télécentre étaient pertinents et utiles pour les raisons suivantes :

- Ils ont permis à Tombouctou de s'ouvrir au monde extérieur ;
- Ils renforcent la vitesse et la fluidité des communications externes car les services sont dorénavant à portée de main ;
- Ils fournissent une communication rapide, sûre et accessible à moindre coût ;
- Ils favorisent la connaissance de la technologie informatique.

Ils pensaient également que les services les plus performants étaient la formation en informatique, la téléphonie et la transmission par fax. Le moins développé étant la création de contenus.

En septembre 2000, le TCM a mené une étude dont l'objectif était d'identifier et de concevoir un contenu et des applications appropriées pour différents projets et associations. Près d'une douzaine de projets ont fait l'objet d'une enquête, mais le contenu et les applications n'avaient pas été créés au moment de l'étude par manque de compétence au sein du personnel du télécentre et par manque de financement. La création d'applications et de contenus paraît plus délicate que l'on ne pouvait le penser.

Compte tenu des difficultés de création de documentation et d'autres problèmes techniques, le degré de satisfaction de l'utilisateur du TCM pourrait être relativisé. Tous les utilisateurs interrogés ont soutenu que les services offerts étaient pertinents et utiles. Les réponses concernant les aspects qu'ils n'appréciaient pas n'étaient pas si unanimes. La liste comportait divers éléments. Par exemple :

- Le manque de connections (43%) — la connectivité est perçue comme étant un problème réel ;
- Des locaux étroits (36%) — le télécentre est situé dans un emplacement temporaire, trop étroit pour contenir plusieurs personnes à la fois ;
- Des machines en nombre insuffisant — ce qui amène les utilisateurs à interrompre les sessions de formation et la formation pratique est inachevée.

Les utilisateurs ont trouvé que les besoins en informations en ce qui concerne le courrier électronique, l'accès à Internet et la formation approfondie en informatique n'étaient pas convenablement satisfaits. Ils ont souligné qu'il existait une très longue liste d'attente de personnes ayant formulé une demande de formation.

Les associations et les groupes étaient également préoccupés par la pertinence et la quantité des informations obtenues, et certains ont porté les appréciations suivantes sur le télécentre : «doit être améliorée», «mauvaise» et «très mauvaise». Il était évident que le télécentre ne satisfaisait pas les besoins de certains utilisateurs et ceux-ci avaient attribué leur mécontentement aux problèmes de connectivité du centre.

D'autres utilisateurs, par contre, ont déclaré que le télécentre avait répondu à toutes leurs attentes et qu'ils avaient réussi à faire la promotion de leurs produits et de leur profession sur le plan international. Il a été observé que le télécentre présentait des lacunes dans les domaines suivants : l'organisation des services et la gestion financière. Une autre question délicate soulevée par les utilisateurs était le retard accusé dans la construction de locaux permanents. Contrairement aux utilisateurs non satisfaits, l'équipe technique et les dirigeants communautaires ont exprimé, dans l'ensemble, une impression favorable sur le télécentre. Selon eux, le télécentre était bien géré et le personnel du télécentre et celui de SOTELMA à Tombouctou ont cité certains points positifs pouvant étayer ces opinions :

- Pour l'équipe des télécommunications : familiarisation avec l'ordinateur, formation des jeunes et l'ouverture de Tombouctou au monde extérieur ;

- Pour les principaux dirigeants communautaires : assistance apportée aux guides touristiques et au domaine du tourisme ; acquisition de nouvelles connaissances et ouverture au monde extérieur, amélioration au niveau de la qualité et de la vitesse des communications (informations authentiques en temps réel), proximité des TIC, en particulier l'Internet et la formation communautaire ;

- Pour le personnel, la direction et le comité de gestion : familiarisation et vulgarisation à la technologie de l'information, gain de temps commercial pour les hommes d'affaires et pour les guides touristiques, création de nouveaux services et changement dans les comportements.

Viabilité

Gestion et propriété

La gestion affecte directement la viabilité des télécentres. Pour ce qui est de la propriété, les actes concernant le projet stipulent que le télécentre : «... reviendra à la collectivité de Tombouctou ... Ce dernier pourra éventuellement céder les droits de propriété ... à un consortium ou coopérative de partenaires locaux ou à un entrepreneur privé».

Le personnel et le comité de gestion ont précisé que la question de la propriété n'était pas une question simple et qu'ils ne pouvaient pas affirmer de façon catégorique que le télécentre était, au moment de l'enquête, la propriété de la communauté. L'équipe a exprimé l'idée que : «Pour le moment, aucune mesure n'a été prise pour résoudre cette question importante qui affecte la viabilité du télécentre». D'autre part, les utilisateurs déclaraient avec enthousiasme que le télécentre appartenait à la communauté de Tombouctou. En réalité, les droits de gestion et de propriété relatifs à la gestion quotidienne du centre, et notamment le recrutement, le contrôle, l'approvisionnement en ressources financières et matérielles et la fixation des tarifs étaient exercés par la direction et le comité de gestion au nom de la commune.

Le comité de gestion local, constitué par les chefs des services techniques gouvernementaux, de l'hôtel de ville et des représentants de la commune et du télécentre, devait normalement assumer la responsabilité de la gestion administrative et financière (contrôle des recettes, contrôle des dépenses quotidiennes et de l'approvisionnement), et du recrutement. Un coordonnateur national, un membre du personnel de SOTELMA, le prestataire de service national, et le directeur étaient pourtant chargés de la supervision et de la gestion financière quotidienne du télécentre. Le fait que les rôles du comité et du coordonnateur national n'aient pas été bien définis a entraîné quelques problèmes. L'adhésion au comité de gestion a également causé des perturbations. Les membres sont souvent des fonctionnaires qui sont fréquemment remplacés, conduisant ainsi à une rotation incontrôlable et continue, qui affecte à son tour la bonne marche du télécentre. L'organe de gestion était connu sous différentes appellations : comité de gestion, comité de gestion local, comité d'orientation, comité de gestion et d'orientation, ce qui a également prêté à confusion. Les membres du comité le désignent comme étant le comité de gestion local.

L'implication de la communauté dans la gestion

Les dirigeants communautaires (le président de la CAFO, le président de la chambre de commerce et le président de l'association des jeunes) ont joué un rôle important dans la gestion du télécentre de Tombouctou. Ils ont montré leur efficacité en tant que comité central, mais également en tant que conseillers du projet. Ils ont servi de conseillers lors de l'installation du télécentre et ont participé activement aux négociations avec les autorités locales à propos du terrain sur lequel le télécentre était construit. Même si tous ceux qui ont été interrogés ont affirmé que le télécentre appartenait à la communauté, l'implication de celle-ci, en tant que propriétaire, dans la gestion quotidienne du télécentre a donné lieu à plusieurs interprétations. Le Tableau 9 semble indiquer que le comité de gestion n'exerçait qu'une petite partie de son mandat et qu'apparemment le directeur avait accaparé la majeure partie des fonctions du comité. Un représentant de la communauté au niveau du comité de gestion a confirmé sa participation personnelle à la supervision et au contrôle des recettes, laissant supposer que le comité fonctionnait comme prévu. Mais cette affirmation était discutable car la nature exacte de la supervision n'était, apparemment ni précise ni reconnue, étant donné que les employés du télécentre étaient soumis au contrôle des agents de SOTELMA, l'agence de télécommunication nationale, chargée de l'exécution du projet.

Tableau 9 : Implication de la communauté dans la gestion du télécentre

Implication	Gérant	Comité de gestion
Recrutement du personnel	X	
Supervision	X	X
Fourniture de ress. financières matériales	X	
Fixation des prix	X	
Administration	X	
Gestion financière	X	
Contrôle des revenues	X	X
Contrôle des dépenses quotidiennes et approvis.	**X**	

Source: Enquête Télécentre, décembre 2000.

57

L'implication plus importante de la communauté dans la collecte de fonds était approuvée et appréciée. Les fonds collectés étaient destinés à achever la construction du télécentre. Les activités de collecte de fonds menées par les membres de la communauté comprenaient l'organisation d'événements artistiques et culturels, la cotisation d'un montant de 100 FCFA par famille et des cotisations et subventions individuelles et collectives.

Même s'ils étaient très impliqués dans la collecte de fonds, les membres de la communauté n'intervenaient pas dans l'organisation, le fonctionnement et l'entretien du télécentre. C'est le personnel de gestion qui assurait pleinement le contrôle de ces tâches. Il a été noté que les membres de la communauté ont de ce fait ressenti un certain mécontentement. Ils se plaignaient de ne pas recevoir régulièrement des rapports ou des explications et en déduisaient que c'était là un signe d'inefficacité. L'implication communautaire dans la gestion avait été limitée au contrôle des recettes, et ce sûrement dans le respect des exigences des bailleurs de fonds. Il était néanmoins reconnu que cette implication par la représentation des différents groupes communautaires sociaux et socioprofessionnels au niveau du comité de gestion, était une donne importante pour la viabilité des télécentres.

Le budget du télécentre

Pour la prise en charge de ses activités, le télécentre s'appuie d'abord sur les contributions des donateurs. En février 2001, la valeur totale des contributions apportées au télécentre par les partenaires s'élevait à un peu plus de 213 millions de FCFA. Cette somme a d'abord été utilisée pour le financement d'un séminaire de lancement du télécentre, le recrutement du coordonnateur et l'acquisition de matériels. Les employés étaient encore payés à partir des fonds du projet, et le télécentre était encore un projet regroupant trois principaux partenaires originaux, l'UNESCO, l'UIT, et le CRDI. Des fonds supplémentaires ont également été fournis par d'autres donateurs. Les recettes concernant les services offerts par le télécentre entre 1999 et 2001 sont indiquées dans le Tableau 10.

Tableau 10: Les recettes du télécentre (de 1999 à 2001)

Mois	Revenus du télécentre (FCFA)
Mai 1999	19 500
Juin 1999	32 850
Juilet 1999	31 250
Août 1999	11 650
Septembre 1999	71 500
Octobre 1999	55 100
Novembre 1999	36 800
Décembre 1999	80 850
Total 1999	**339 500**
Janvier 2000	222 330
Février 2000	142 845
Mars 2000	184 540
Avril 2000	107 510
Mai 2000	254 475
Juin 2000	372 875
Juillet 2000	267 850
Août 2000	426 680
Septembre 2000	189 870
Octobre 2000	418 250
Novembre 2000	483 120
Décembre 2000	300 740
Total 2000	**3 371 085**
Janvier 2001	315 957
Février 2001	595 675
Total 2001	**911 632**
Grand total	**4 622 217**

Source: Enquête ; Archives télécentre.

Même si le télécentre a enregistré d'importantes hausses dans les recettes entre mai 1999 et février 2001, il est impossible de déterminer la viabilité financière du télécentre à partir des informations disponibles car aucun document comptable n'existait au moment de l'enquête. Bien que la viabilité financière n'ait pu être définie comme il se doit, l'étude a effectivement indiqué plusieurs autres facteurs pouvant contribuer à la durabilité éventuelle du télécentre de Tombouctou :

- Un cadre politique et socioculturel favorable. Par exemple, «les partis politiques et la société civile se sont engagés à contribuer à la réussite du télécentre» ;

- Des besoins et des ressources économiques qui justifient l'existence du télécentre. Les activités principales de la ville sont le commerce, l'agriculture (culture maraîchère) l'artisanat, le tourisme et les services d'accueil. Tombouctou constitue un important centre économique, un lieu de rencontre pour plusieurs commerçants et représente un carrefour pour un certain nombre de cultures (berbère, islamique, moderne, africaine et française) ;

- Tombouctou a une importance historique et représente un centre touristique de renommée internationale.

- La ville est techniquement aménagée pour prendre en charge les services.

Les chercheurs impliqués dans cette étude pensent que le contexte de cette ville ancienne reste, dans l'ensemble, propice au développement et à la viabilité du TCM. On affirme que tous les acteurs politiques et ceux du développement local, l'administration, les associations traditionnelles et les ONG, nourrissent de grandes espérances pour le télécentre. Mais encore faut-il que cet espoir soit soutenu par un certain réalisme.

Le personnel et les membres du comité de gestion étaient conscients de la nécessité du caractère viable et ont cité plusieurs facteurs qui affectaient la capacité du télécentre à générer des revenus :

- Les locaux étaient trop étroits pour un télécentre, ce qui signifiait que le gros de la clientèle était regroupée dans le peu d'espace disponible et la discrétion ne pouvait être garantie ;

- Les problèmes de connectivité étaient constants et, en conséquence, il était quasi impossible d'avoir une semaine de connexion téléphonique continue, ce qui décourageait énormément les clients et entraînait alors de lourdes pertes sur les revenus ;

- Le renforcement local des capacités était nécessaire pour améliorer la prestation de services dans les domaines de compétences suivants : Internet, communautés virtuelles et stratégies pédagogiques. Les employés du télécentre ont besoin de formation en gestion de projets, marketing, organisation et assistance des communautés virtuelles, maintenance et entretien de matériels, enseignement, bureautique, création et mise en application d'outils de gestion et de comptabilité, y compris la planification de budget, la gestion comptable des revenus, des dépenses et la préparation de bilans.

En dépit des obstacles cités plus haut, il faut garder à l'esprit que l'intention et l'objectif de départ ne consistaient pas à créer une grande entreprise capitaliste, mais à mettre sur pied un projet pilote exemplaire qui démontrerait les possibilités et les défis relatifs au développement de l'accès public à la technologie dans les pays en développement. Il n'est mentionné nulle part dans les objectifs du projet que celui-ci générerait des bénéfices donnés sur un certain nombre d'années. Le projet devait, au contraire, tester cette initiative et éprouver les technologies mises en place pour favoriser l'accès public. Bien entendu, à un certain moment, les questions liées à la viabilité se sont soulevées. Mais dans la conception initiale du projet, les outils et méthodes permettant à la fois d'en assurer la viabilité et d'en mesurer l'impact, avaient déjà été prévus. Ce qui veut donc dire que la validité du concept des télécentres et la fiabilité des modèles de gestion et de technologie, par rapport aux différents milieux dans lesquels ils ont été introduits, devront constituer les principaux éléments d'appréciation.

Récapitulatif et conclusion

Même si l'on constate l'absence de preuve indiquant la viabilité financière, les signes et impressions recueillis reflètent des effets positifs pouvant être attribués au projet pilote réalisé à Tombouctou. Certains des changements observés semblent avoir été liés, dans une certaine mesure, au télécentre :

- Le télécentre a créé des services de TIC à la périphérie de Tombouctou. L'ouverture de Tombouctou à travers la communication a produit un effet positif sur les affaires et sur le tourisme. La communication a été facilitée ; elle est devenue rapide, accessible à un prix abordable et se fait en temps réel ;

- Le télécentre a contribué à l'utilisation commune des matériels et des services de télécommunications dans la ville ;

- Il a apporté une formation en informatique aux membres de la communauté et cette confrontation aux NTIC a entraîné des changements au niveau du comportement et du savoir ;

- Des compétences connexes ont été développées au niveau des membres de la communauté (par exemple, des bibliothécaires ont été formés à l'utilisation du logiciel de l'UNESCO pour la gestion informatique des bibliothèques).

Les résultats tirés du projet de télécentre communautaire multiservice réalisé à Tombouctou ont montré qu'il reste encore beaucoup de leçons à apprendre et que la prise en charge d'un télécentre nécessite le développement de nombreuses capacités. Cependant, il ne faut pas sous-estimer l'importance des efforts consentis dans la vulgarisation du télécentre et le soutien politique reçu. Le mode de vie des personnes, leur comportement, leur niveau de connaissance et leurs perceptions sont en train d'évoluer. Le jeune forgeron qui, désormais, envoie fréquemment des emails à ses contacts à l'étranger est une preuve suffisante que l'ordinateur est devenu un outil familier dans la vie quotidienne. Ce phénomène n'est pas prêt de changer. Le défi consiste, dorénavant, à faire profiter à d'autres projets de l'expérience du télécentre de Tombouctou et de tirer des leçons quant aux défaillances connues lors de l'exécution de ce projet pilote.

Les utilisateurs étaient interrogés sur les changements intervenus dans leur vie grâce aux connaissances et à l'utilisation des ordinateurs, par exemple s'ils avaient trouvé du travail grâce à la formation informatique reçue au niveau du télécentre.

Questionnaire relatif au télécentre

L'objectif principal de cet outil est d'obtenir des informations détaillées sur le télécentre.

Il rassemble des informations historiques, administratives (nombre, type de personnel) et opérationnelles. Ces informations concernent le type et la taille de l'immeuble, le nombre et le type de matériels, y compris les meubles et la source d'énergie, les services proposés, les problèmes majeurs rencontrés et les solutions apportées. Il est rempli par le personnel du télécentre, généralement le gérant, et un questionnaire est rempli par télécentre.

Chapitre 4

Les télécentres au Mozambique

S'étendant sur une superficie de 801 590 km2 dans le sud-est de l'Afrique, le Mozambique, ancienne colonie portugaise indépendante depuis 1974, fait partie des pays les plus pauvres du monde avec un PIB de 230 USD par habitant en 1999 (Banque mondiale 2000). Environ 78,3% de sa population, sur un total de plus de 17 millions d'habitants, vivent avec moins de 2 USD par jour. Pour la majorité des Mozambicains, le niveau de vie reste bas : le taux de mortalité est de 213 pour 1000 chez les enfants âgés de moins de 5 ans ; l'espérance de vie à la naissance est de 45 ans et demi et le taux d'alphabétisation des adultes est de 58% chez les Mozambicains âgés de plus de 15 ans. La consommation d'éléctricité par habitant était de 47 kilowatt/heure en 1997, et en 1998, seuls 18,7% des routes étaient goudronnées sur l'ensemble du territoire.

La situation actuelle résulte d'une part d'une longue période de guerre civile destructrice qui a ravagé le pays pendant plus d'une décennie et qui a pris fin en 1992. Sa proximité avec le Zimbabwe et l'Afrique du Sud, pays qui ont été soumis au système d'apartheid, a exacerbé la situation. Plus récemment, en 2000, les inondations et les cyclones ont dévasté les parties sud et centrale du pays, anéantissant ainsi les nombreux progrès qui avaient pu être réalisés depuis la fin de la guerre au début des années 1990.

Contexte des télécommunications

Le Mozambique est l'un des 25 pays de l'Afrique à avoir instauré un organe indépendant de réglementation en matière de télécommunications. Vers la fin de l'année 2000, le pays a mis en place une politique informatique et un plan d'infrastructure nationale pour l'information et la communication (NICI) dans le but de stimuler la croissance dans ce secteur sous-développé. Ce plan devait permettre à l'État de subventionner les services de télécommunications et de réduire le coût des matériels informatiques.

Il existe une seule compagnie de ligne fixe (Telecomunicaçies de Mocambique) et une compagnie de téléphone mobile. La densité des lignes fixes téléphoniques était de 0,51 en 2001, tandis que celle des téléphones mobiles était de 0,80. Les services de téléphones cellulaires ont été introduits au Mozambique en 1997. À la fin de l'année 2001, il y avait environ 140 000 abonnés. En 2000, il y avait 1251 téléphones et le nombre d'abonnés à Internet s'élevait à 11948.

Dans l'ensemble, l'accès aux autres formes de TIC telles que la presse écrite, la radio et la télévision reste faible au Mozambique. Les chiffres fournis montrent que sur 1000 personnes, seules 3 avaient accès aux quotidiens en 1996, 40 possédaient des postes radio en 1997 et 5 avaient accès à la télévision.

L'étude, qui fut menée en août 2000 sur une période de deux semaines, porte sur deux télécentres situés à Manhiça et à Namaacha. Deux types de questionnaires ont été élaborés pour collecter des informations auprès de 238 utilisateurs et 976 utilisateurs potentiels (dont les employés et les étudiants). Des entretiens et des discussions de groupe ont été organisés avec le personnel des télécentres, les membres des comités internes de gestion et les représentants des autres organismes présents à Manhiça et à Namaacha.

Contexte des télécentres

En tant que structures permettant l'accès à différents types de TIC, les télécentres ont été introduits pour la première fois au Mozambique par le Centre universitaire d'informatique (CIUEM). En 1999, le CIUEM a mis en œuvre un projet pilote, avec le soutien du Centre de recherches pour le développement international (CRDI), dans lequel deux télécentres ont été implantés dans les communes de Manhiça et de Namaacha.

Les communes de Manhiça et de Namaacha présentaient certaines similitudes. Elles sont de mêmes dimensions et toutes deux sont situées dans la province de Maputo. L'accès par autoroute en bon état y est facile à partir de Maputo, la capitale du Mozambique, située à environ 74 km. Les habitants des deux communes parlent shangana et ronga (les langues locales), ainsi que le portugais, la langue officielle du pays. La plupart des ministères sont représentés dans ces deux communes sous forme de directions communale : les directions de l'éducation, de la santé, de l'agriculture, de la jeunesse et des sports, de l'industrie et du commerce, ainsi que du logement et des travaux publics.

La commune de Manhiça, située dans la partie nord de la province de Maputo, est peuplée de 130 000 habitants et se caractérise par de forts taux d'émigration des hommes vers les mines d'Afrique du Sud. Manhiça dispose de quelques potentialités industrielles dans les zones de Maragara, Xinavane et de Palmeira. Il compte 39 institutions et entreprises, dont 9 institutions gouvernementales, 5 partis politiques, 4 sociétés agro-industrielles, 2 institutions financières, 1 agence de la société des télécommunications du Mozambique (TDM), 1 agence de la société d'électricité du Mozambique (EDM), 7 structures commerciales et hôtels et 10 organisations non gouvernementales (ONG). Manhiça dispose également d'une école secondaire, d'un institut de formation des professeurs de l'enseignement moyen et d'un certain nombre d'écoles primaires.

La commune de Namaacha a une frontière commune avec le Swaziland et se trouve dans la partie sud de la province de Maputo. Avec une population estimée à 31 259 habitants, Namaacha est une région dotée de réelles potentialités touristiques. Les habitants de la commune sont généralement de petits commerçants. Elle compte 28 institutions et entreprises, dont 9 institutions gouvernementales, 5 partis politiques, 2 institutions financières, 1 société agro-industrielle, 1 agence pour la TDM et la EDM, 5 structures commerciales et hôtels et 5 ONG. Namaacha dispose également d'une école secondaire, d'un centre de formation de professeurs de l'enseignement élémentaire et d'un certain nombre d'écoles primaires.

Situation des télécentres

Les télécentres de Manhiça et de Namaacha sont tous deux d'accès facile parce qu'ils se situent au centre de leurs communes respectives. Le télécentre de Manhiça occupe une superficie de 75 m2 dans un bâtiment appartenant au Castro Restaurant, alors que celui de Namaacha occupe une superficie de 120 m2 dans l'école secondaire de Namaacha. Les deux télécentres ne présentent pas la même disposition des lieux. Comme celui de Nakaseke en Ouganda, le télécentre de Manhiça est une pièce unique, sans aucune séparation entre les différentes zones. En revanche, celui de Namaacha est aménagé de manière à permettre une distinction précise des espaces destinés aux différents services offerts. C'est l'un des rares télécentres se présentant sous cette forme.

Profil des utilisateurs

La plupart des utilisateurs vont au télécentre à titre personnel (81,1%), par opposition à ceux qui représentent des institutions (18,9%). Dans l'ensemble, les hommes étaient majoritaires dans la fréquentation des deux télécentres. Sur un total de 222 personnes interrogées, seuls 35,6% étaient des femmes. La différence homme/femme était supérieure à Manhica où les hommes et les enfants constituaient 75% des utilisateurs. En revanche, elle était relativement moins accentuée à Namaacha (Tableau 12).

Même si le télécentre recevait des utilisateurs de toutes les tranches d'âge, la plupart d'entre eux avaient moins de 40 ans (Tableau 13). Le groupe d'âge le plus actif est celui des 17/25 ans. En fait, à Namaacha, ce groupe d'âge constituait plus de 50% de l'ensemble des clients du télécentre.

Par ailleurs, l'étude a montré que près de 50% des personnes interrogées ont reçu une éducation dans l'enseignement secondaire et que 63% des utilisateurs étaient des étudiants. Ces résultats prouvent que la plupart des utilisateurs du télécentre étaient jeunes. Il n'est pas surprenant de constater qu'environ 75% des utilisateurs de Namaacha étaient composés d'étudiants, puisque le télécentre se trouvait dans l'enceinte de l'école secondaire. Les utilisateurs adultes étaient des enseignants des autres écoles de la ville et de quelques autres personnes dont le niveau d'éducation variait de l'analphabétisme à la quatrième année d'enseignement supérieur.

Bien que les utilisateurs de Manhiça étaient également jeunes, ils venaient d'autres secteurs d'activités, et pas seulement de l'enseignement. Cela est peut-être dû au fait que le télécentre était situé le long d'une autoroute nationale, dans une zone assez éloignée de toute institution, et qu'il ne donnait pas l'impression d'être destiné à l'usage exclusif de cette institution. Le télécentre de Namaacha par contre semblait être réservé à l'usage quasi exclusif de l'école.

Tableau 11 : Répartition des utilisateurs des télécentres selon le sexe à Manhiça et Namaacha

Télécentre	Femmes	Hommes	Nombre total
Manhiça	24 (25,8%)	69 (74,2%)	93
Namaacha	55 (42,6%)	74 (57,4%)	129
Total	79	143	222

Source : Enquête, août 2000.

La majeure partie des utilisateurs étaient des citadins résidant dans les centres de Manhiça (76,1%) et Namaacha (94,8%). Pendant la collecte de données, qui s'est déroulée sur deux semaines, un seul visiteur du télécentre provenait d'une autre commune (Moamba), située à une vingtaine de kilomètres. Cela prouve que des utilisateurs venus d'autres communes peuvent aussi faire partie des clients des télécentres. Les discussions que nous avons eues avec le personnel et les partenaires du télécentre à Manhiça ont confirmé le fait que certains des utilisateurs venaient des communes de Magude et de Xinavane.

Tableau 12 : Âge des utilisateurs des télécentres de Manhiça et de Namaacha

Télécentre	0–16 ans	17–25 ans	26–40 ans	Over 40 ans	Total
Manhiça	15 (16,7%)	39 (43,3%)	30 (33,3%)	6 (6,7%)	90
Namaacha	31 (23,8%)	74 (56,9%)	21 (16,2%)	4 (3,1%)	130
Total	46	113	51	10	220

Source : Enquête, août 2000.

Équipement et services offerts

Les deux télécentres disposaient d'équipements et de matériels divers ordinateurs, photocopieuses, télécopieurs, téléphones, téléviseurs, magnétoscopes, et imprimantes. Ils offraient les services suivants : accès à Internet, courrier électronique, traitement de texte, photocopie, scanner, télécopie, téléphonie, téléviseurs, magnétoscopes, services de bibliothèque et formation.

Tableau 13 : Fréquence d'utilisation des services du télécentre par les hommes (H) et les femmes (F)

		5 D/W		3-4D/W		1-2D/W		2D/M		1D/M		Total (%)	
		H	F	H	F	H	F	H	F	H	F	H	F
Manhiça	Email	4	0	0	0	9	0	2	0	2	0	17	0
	Internet	4	0	0	0	3	1	3	0	0	1	10	2
	Ordinateur	13	7	11	2	8	0	3	0	4	0	39	9
	Téléphone	6	3	9	2	10	2	2	1	1	1	28	9
	Fax	1	0	1	1	0	1	1	1	0	0	3	3
	Photocopies	6	1	11	0	6	1	5	2	7	2	35	6
	Total											132 (82)	29 (18)
Namaacha	E-mail	3	1	2	0	2	2	1	0	1	1	9	4
	Internet	1	0	0	2	1	1	1	0	1	1	4	4
	Ordinateur	9	2	1	2	5	5	1	0	1	0	17	9
	Téléphone	12	10	16	8	11	9	3	0	0	1	42	28
	Fax	2	1	0	0	1	2	0	0	0	0	3	3
	Photocopies	12	4	3	6	27	4	4	5	2	9	58	38
	Total											133 (61)	86 (39)
Total		72	29	54	23	83	28	26	9	19	16	265	115
Total %		71	29	70	30	75	25	74	26	54	46	70	30

Source: Enquête sur les utilisateurs, août 2000.

Fréquence d'utilisation

À Manhiça, le télécentre reçoit chaque jour les mêmes clients, dont certains viennent plus de trois fois par jour. Les utilisateurs viennent de la ville, des villages et des communes voisins, certains habitant à une distance de 10 à 30 km. Le Tableau 14 montre la fréquence d'utilisation de chacun des services en fonction du sexe. Les utilisateurs ont été interrogés sur leur fréquence d'utilisation des services sur des périodes prédéfinies d'un jour, d'une semaine et d'un mois. Les utilisateurs devaient préciser s'ils utilisaient un service donné pendant 5 jours par semaine (5 J/S), 3–4 jours par semaine (3–4 J/S), 1–2 jours par semaine (1–2 J/S), 2 jours par mois (2 J/M) ou 1 jour par mois (1 J/M). Les chiffres figurant dans le tableau montrent que le nombre de femmes utilisatrices diminuait au fur et à mesure que la fréquence d'utilisation augmentait. Cinquante quatre pourcent des hommes et 46% des femmes venaient aux télécentres une fois par mois, tandis que 71% des hommes et 29% des femmes s'y rendaient cinq fois par semaine.

En général, le taux d'utilisation était faible chez les femmes. Le nombre de femmes qui utilisaient le télécentre de Namaacha (39%) était deux fois supérieur à celui de Manhiça (18%). Le pourcentage équivalent chez les hommes était de 82% pour Manhiça et 61% pour Namaacha. Les services les plus fréquemment utilisés dans les deux télécentres étaient la photocopie, le traitement de texte et la téléphonie, et les services les moins utilisés étaient la messagerie électronique, la télécopie et l'accès à Internet. Les données concernant l'écart d'utilisation des services montrent que le téléphone était le plus sollicité par les femmes, tandis que pour les hommes, c'était la photocopie et le traitement de texte informatisé.

Graphique 2 : Services utilisés selon le sexe à Manhiça et à Namaacha

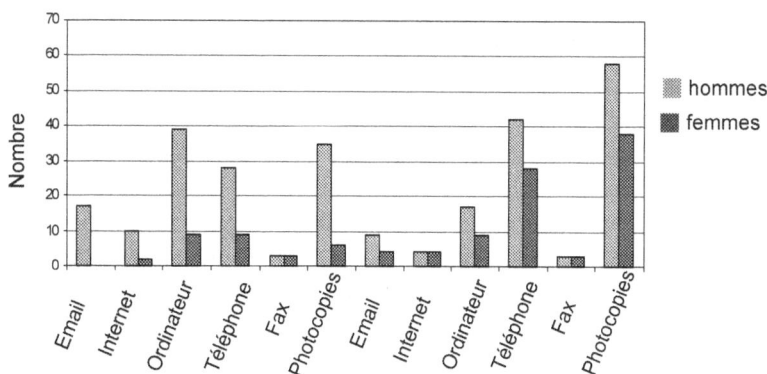

Le classement des services les plus demandés sur la base des chiffres figurant dans les tableaux 13 et 14 montrent que les femmes utilisaient dans l'ordre décroissant le téléphone, la photocopie et le traitement de texte. Chez les hommes, c'était la tendance inverse avec les services informatiques en premier et la téléphonie en dernier.

Motifs d'utilisation

Les services des télécentres (courrier électronique, télécopie et téléphone) étaient utilisés pour communiquer avec des parents, des amis, des partenaires commerciaux et des institutions de coopération. Les ordinateurs étaient destinés à plusieurs utilisations, dont le traitement de texte et de données et les divertissements (par exemple les jeux). La plupart des clients utilisaient la photocopie pour reproduire des documents personnels ou pédagogiques et d'autres documents destinés à des institutions locales ou à des agences économiques et administratives. Au moment de l'étude, seule la banque commerciale du Mozambique disposait d'une photocopieuse sur l'ensemble du secteur.

La plupart des utilisateurs du courrier électronique pouvaient manipuler les systèmes et les logiciels eux-mêmes, mais avaient besoin d'aide parce qu'ils ne maîtrisaient pas la technique du courrier électronique, ne savaient pas utiliser un ordinateur ou étaient illettrés.

Obstacles

Outre les problèmes liés à la connaissance ou à la maîtrise des nouvelles technologies, plusieurs autres facteurs entravant l'utilisation des télécentres avaient été identifiés :

- Manque de publicité : certaines personnes ont déclaré qu'elles n'utilisaient pas les services du télécentre parce qu'elles ignoraient leur existence, d'où un manque de publicité concernant les services offerts par les télécentres.

- Coût d'utilisation assez élevé : certains utilisateurs n'avaient pas les moyens financiers de payer certains services, par exemple les cours de formation en informatique, à cause des faibles niveaux de revenus des habitants des communes de Manhiça et de Namaacha. Le service Internet est rarement utilisé du fait des coûts connexes de téléphone.

- Installations en mauvais état : les toilettes des télécentres étaient en très mauvais état, anciennes et insalubres. Le télécentre de Manhiça utilisait un local très étroit et exigu, rendant l'expérience particulière-ment inconfortable. De plus, il se trouve à côté d'une église qui assure des services de jour. Il dispose de seulement trois ordinateurs pour les clients et d'un seul pour le personnel. Sa bibliothèque n'est pas assez diversifiée.

- Une infrastructure insuffisante : les coupures répétées de courant cons-tituaient la principale source d'interruption de service dans le télécentre de Namaacha et dans la commune en général.

Efficacité

La qualité des services proposés aux communautés de Manhiça et Namaacha était jugée acceptable, malgré les problèmes fréquents de cou-pures d'électricité à Namaacha, qui affectent la qualité de certains servi-ces. La qualité des services Internet était moins appréciée à cause de la lenteur de l'accès commuté. Les autres services répondaient aux besoins et aux attentes des utilisateurs. Les utilisateurs considéraient que les télécentres avaient une grande importance dans leurs activités quotidien-nes. Seuls les télécentres offraient des services de photocopie dans les deux communes. D'autres photocopieuses étaient disponibles dans une banque de Manhiça et dans un hôtel de Namaacha, mais leurs tarifs étaient cinq fois supérieurs à ceux des télécentres. C'était également le cas pour les téléphones : les seuls autres téléphones publics se trouvaient au cen-tral téléphonique.

Les utilisateurs devaient également préciser le type d'informations qu'ils souhaitaient obtenir et exprimer l'importance qu'ils accordaient à ces infor-mations. Les 933 personnes interrogées souhaitaient obtenir des informa-tions concernant, par ordre d'importance, les domaines suivants : l'éduca-tion, les soins, le sport, les informations administratives, le commerce, l'agriculture, la religion, la culture, la météo et le divertissement. Les trois types d'informations les plus importantes identifiés par les utilisateurs po-tentiels étaient l'éducation et la santé, tandis que le sport, la culture, la météo et les divertissements étaient jugés moins importants.

Satisfaction des utilisateurs

Les personnes interrogées ont exprimé leur satisfaction quant à l'accès des télécentres par les membres de la communauté, qui pouvaient désor-mais utiliser les TIC et communiquer avec le reste du monde. Elles se sont également déclarées satisfaites sur l'utilisation efficace des services de photocopie, de téléphone, de télécopie, et d'informatique à des coûts relativement réduits. Les capacités et les compétences du personnel des télécentres étaient également appréciées.

Les utilisateurs représentant des organisations ont souligné les avantages qu'avaient leurs structures à utiliser les télécentres :

- Formation des employés à l'utilisation des ordinateurs ;
- Saisie, photocopie et reliure de documents à des coûts relativement réduits ;
- Réduction des frais postaux grâce au courrier électronique ;
- Réduction des recours aux services de coursiers ;
- Accès aux informations sur les biens et services, tant au niveau régional qu'international ;
- Simplification des échanges d'informations entre partenaires commerciaux.

Gestion, propriété et viabilité

Le CIUEM est resté l'agence de mise en place du projet pilote depuis son démarrage en 1999. Il est considéré comme le titulaire local de l'initiative (Macome et Cumbana 2001). Le CIUEM avait apporté aux télécentres une assistance technique, financière et en matière de gestion.

Deux membres masculins du personnel de chaque télécentre étaient chargés de la gestion quotidienne des télécentres. Ils ont reçu une formation technique, financière et en gestion, ce qui leur permettait de s'occuper de la maintenance de base du matériel informatique. Un comité consultatif local (CCL) a été formé pour chaque télécentre afin d'impliquer des membres de la communauté dans la gestion des télécentres. Les CCL étaient chargés de la supervision et du contrôle des activités du télécentre. Il a été constaté au cours de l'étude que le CCL de Namaacha n'avait pas beaucoup contribué à la réussite du télécentre, parce qu'il n'était pas très dynamique et n'avait pas de domaine spécifique. Au moment de l'enquête, le CIUEM était sur le point de transférer la gestion des télécentres aux CCL et à leur personnel formé, afin d'en faire de véritables projets communautaires.

Pour le télécentre de Manhiça, les éléments considérés comme fondamentaux pour la viabilité à long terme étaient les suivants : Les télécentres doivent être établis dans des espaces qui leur appartiennent ; chacun doit faire l'objet d'une analyse financière approfondie (ce qui n'a pas été fait dans la présente étude) ; des équipes de gestion compétentes doivent être identifiées et mises sur pied pour garantir la continuité ; les subventions gouvernementales sont nécessaires pour réduire le coût des services téléphoniques et du matériel informatique.

Conclusion et recommandations

L'implantation des télécentres de Manhiça et de Namaacha s'est révélée positive. Les télécentres étaient directement responsables de l'introduction des services de formation en informatique, de courrier électronique, Internet et de bibliothèque dans les communes. Les utilisateurs ont exprimé la grande satisfaction que leur a apporté les télécentres, parce qu'ils pouvaient désormais accéder à des services qui auparavant n'étaient disponibles que dans les grandes villes du pays. Les télécentres ont également eu un effet positif dans l'organisation des communes de Manhiça et de Namaacha et dans l'ensemble de la collectivité, parce qu'ils ont permis de réduire la nécessité de se rendre jusqu'à Maputo pour bénéficier de ces services ou pour communiquer avec des parents, des partenaires commerciaux ou autres.

Sur la base des résultats obtenus, nous recommandons :

- Pour assurer des services de courrier électronique et Internet efficaces, une ligne téléphonique dédiée reliant les télécentres au CIUEM ou un serveur de courrier électronique ou Internet doit être installé dans les télécentres ;

- Les télécentres doivent acheter leurs propres locaux parce qu'après la phase pilote, il n'est pas certain qu'ils puissent subsister s'ils doivent payer un loyer en plus des salaires et des autres charges d'exploitation;

- Les prix doivent être révisés, en particulier pour les services comme le traitement de texte et la production de cartes d'invitations, et un système de subvention pour les étudiants et les salariés à faibles revenus devra être mis en place ;

- Les horaires d'ouverture doivent être modifiés pour que les utilisateurs puissent avoir accès aux télécentres en dehors des heures de travail ; les télécentres doivent rester ouverts plus longtemps et organiser des activités de vulgarisation dans les zones excentrées de la commune ;

- Les télécentres doivent produire un journal ou bulletin local, proposer d'autres modules de cours (par exemple la comptabilité, l'anglais, la saisie), installer des scanners, vendre des livres et du matériel pédagogique et acheter une photocopieuse en couleurs.

L'observation porte essentiellement sur les utilisateurs, leur nombre, ce qu'ils utilisent et l'assistance éventuelle qu'on leur apporte.

Guide d'observation du télécentre

Bien qu'il ressemble au guide d'observation de l'utilisation du télécentre, ce guide met surtout l'accent sur l'environnement social et physique du télécentre. Cet outil était utilisé pour guider les observations sur l'organisation et sur la structure du télécentre et de noter les aspects visibles des relations entre les utilisateurs et le personnel. Il comprend 23 rubriques regroupée en 4 sections qui traitent de l'identification du lieu d'observation,

Chapitre 5

Les télécentres en Ouganda

L'Ouganda est un pays enclavé multiracial, multiethnique et multireligieux de 241038 km2, dont la population est estimée à environ 20 millions d'habitants. La densité de la population, d'après le recensement de 1991, serait de 85 habitants au km2, ce qui est de loin supérieur à celle de ses voisins d'Afrique orientale (31 habitants au km2). Seuls 13,4% de la population totale vit dans les centres urbains ; cependant, le taux d'urbanisation croît, principalement du fait de la migration observée durant les guerres civiles et les années qui ont suivi. D'après les projections, la taille de la population urbaine devrait atteindre 8876000 d'ici 2016, ce qui représenterait une augmentation de 370% par rapport à 1991.

En 1992, l'Ouganda, qui faisait partie des pays les plus pauvres du monde, avait un revenu par tête de moins de 170 dollars (Banque mondiale 1993). L'économie de l'Ouganda est dominée par l'agriculture, 80% de la population dépendant directement ou indirectement de l'exploitation de la terre. En 1998-1999, l'agriculture constituait environ 43% du PIB, les cultures vivrières représentant plus de 28% de la production agricole. Cependant, la contribution du secteur agricole à l'ensemble du PIB a connu une baisse, du fait des changements structuraux opérés dans les activités économiques au cours des douze dernières années. Cette tendance traduit une réduction de la dépendance de l'économie sur l'agriculture.

Il y a eu une amélioration remarquable du PIB total. En 1998-1999, le PIB réel a réalisé un taux de croissance de 7,8% par rapport à ceux de 1997-1998 (5,4%) et de 1996-1997 (4,5%). Le PIB par tête est passé de 1,7% en 1996-97 à 5,1% en 1998-99, et le revenu par tête atteint maintenant

300 dollars. Malgré l'impressionnant taux de croissance de l'Ouganda, la pauvreté est omniprésente, et l'inégalité des revenus est toujours de mise.

Devenue une république depuis l'indépendance, en 1962, l'Ouganda est dotée d'une structure administrative décentralisée. Les Conseils locaux de district, avec à leur tête des présidents, sont au sommet de l'administration locale, qui comprend cinq niveaux de gouvernement local liés au gouvernement central. Les cinq niveaux sont généralement appelés : niveau du district (LC5), niveau du comté (LC4), niveau du canton (LC3), niveau communal (LC2) et village ou groupe de villages (LC1).

Le contexte des télécommunications

L'Ouganda est souvent citée comme modèle en matière de développement des télécommunications. Au début des années 1990, le pays était qualifié de «sérieusement sous-développé» en termes de télécommunications, et les services y étaient de loin inférieurs à ceux de la moyenne régionale. La situation a changé de manière significative à l'issue des réformes entamées à partir de 1994, réformes qui ont bouleversé l'environnement des télécommunications, plaçant l'Ouganda devant ses voisins africains en matière d'innovations institutionnelles et de services. C'est ainsi qu'on a assisté au déploiement du RNIS, à la baisse des droits de douanes, ainsi qu'à une hausse non négligeable de la densité des télécommunications. Contrairement à son voisin du nord, l'Ouganda a délivré les VSAT et autres licences de services avec une facilité relative, et le problème du raccordement aux réseaux a été résolu. Le raccordement constitue un problème préoccupant pour de nombreux fournisseurs nationaux de télécommunications, lorsqu'il existe une concurrence au niveau national. Une revue des objectifs des télécommunications, qui s'est tenue en 2000-2001, s'est engagée à faire en sorte que les centres urbains de plus de 500 000 habitants auraient un accès de base à la téléphonie, et qu'un POP Internet serait établi dans chaque district pour améliorer l'utilisation des télécentres et des services similaires. La Commission des communications de l'Ouganda (UCC) est le principal acteur de ces changements positifs.

L'UCC a été mis en place par le gouvernement pour améliorer les services de communications et ajuster les opérations aux évolutions et aux exigences au niveau mondial. La Loi ougandaise sur les communications, votée en 1997, donnait pour mission à la Commission :

- De veiller à la concurrence loyale entre fournisseurs de services ;

76

- D'assurer la protection des clients d'une manière générale ;
- D'éliminer les interférences de la politique dans le secteur des communications ;
- D'améliorer la couverture nationale des services de communications.

En vue de la réalisation de ce dernier objectif, la loi prévoyait la mise en place d'un Fonds de développement des communications rurales (RCDF) destiné à réaliser l'objectif de l'accès universel. Ce fonds est actuellement utilisé pour appuyer les investissements dans les services de communications rurales provenant du secteur privé (fournisseurs de service et investisseurs) et d'organisations non gouvernementales (ONG) sur la base de la concurrence. En 2002, le Fonds a obtenu une subvention de 5 millions de dollars de la Banque mondiale pour soutenir la mise en place de centres téléphoniques publics, de points d'accès ainsi que de POP Internet dans les districts ruraux. Des projets de politique nationale en matière de TIC (UNCST 2001) et de développement des communications rurales (UCC 2001) ont été élaborés, mais doivent encore recevoir l'approbation du parlement pour être adoptés sous forme de lois.

L'Ouganda a libéralisé son secteur des communications assez tôt, lors de l'introduction de Celtel, un opérateur mobile, auquel est venu s'ajouter en 1998 le Réseau de téléphone mobile (MTN). L'Uganda Telecom Limited (UTL) et l'Uganda Posts Limited (UPL) ont été créés à partir de l'ancienne Société ougandaise des postes et télécommunications (UPTC) en 1997, et l'UTL demeure le principal fournisseur de lignes téléphoniques fixes du pays (Tableau 16). Le MTN s'est vu accorder une licence d'opération à la fois pour le service fixe et les services mobiles. Mais contrairement au service mobile, qui s'est étendu aux grandes villes à travers le pays, le service de ligne fixe a été utilisé essentiellement pour les entreprises de Kampala et de ses environs. L'une des principales raisons est l'état des infrastructures. UTL et MTN ont déployé des cercles de fibre optique autour de Kampala, dans le réseau de la zone métropolitaine (MAN), qui utilise également le réseau d'accès en cuivre existant (Hamilton 2002). Au moment de l'étude, il y avait trois opérateurs de téléphonie mobile en Ouganda (MTN, UTL et Celtel), et au cours des deux dernières années, la densité d'utilisation du téléphone mobile a triplé, à l'instar du reste du monde.

À la fin de l'année 1997, UTL avait une capacité installée de 79 825 lignes et de 50 829 abonnés, ce qui représentait une densité téléphonique de 0,28 lignes pour 100 personnes. Soixante treize pourcent de l'ensemble des lignes en service se situent à Kampala. Dans les zones rurales, les usagers doivent se déplacer en moyenne sur 24 km pour accéder au téléphone le plus proche (Bureau des Statistiques de l'Ouganda 2001).

L'Ouganda a une amorce de marché Internet servi par une dizaine de fournisseurs de services Internet (FSI) licenciés, dont la base d'abonnés, qui est actuellement de 6000 environ connaît une croissance de 50 à 100% par an. Presque tous les abonnés sont situés à Kampala. L'Ouganda, comme le Mozambique mais contrairement au Mali et au Sénégal, ne dispose pas d'une politique de tarification d'appel commuté local pour l'accès à Internet.

Le contexte des télécentres

Trois télécentres (TCM) et deux cybercafés ont fait l'objet des enquêtes rapportées dans ce chapitre. Les trois télécentres communautaires à vocations multiples (TCM) étudiés étaient ceux de Nakaseke (réputé pour être la première installation de ce genre en Afrique), de Nabweru et de Buwama. Les cybercafés étaient situés à Bugolobi et à Wandegeya, qui se trouvent tous deux à Kampala. Les données ont été recueillies auprès de 889 individus en janvier 2001, en faisant appel à divers instruments, dont un questionnaire, des interviews, des séances d'observation, des discussions, des guides d'analyse de document, ainsi qu'un sondage fait à la sortie des locaux.

Le cybermarché de Wandegeya

Le Cybermarché de Wandegeya est situé dans l'une des banlieues de Kampala, à environ 2 km au nord du centre-ville. Wandegeya est un petit centre commercial qui comprend quelques magasins, des gargotes, et un assez grand marché de denrées alimentaires. La majorité des personnes qui viennent faire leur marché à Wandegeya habitent dans les bas-quartiers proches de Katanga et de Makerere-Kivulu. À l'est du centre commercial se trouve le lotissement national de Wandegeya, où habite une majorité de fonctionnaires à revenus moyens, et qui abrite également l'Université de Makerere. Cette dernière, avec plus de 20000 étudiants, compte parmi les plus importantes universités d'Afrique orientale. Le cybercafé est situé à quelques centaines de mètres du lotissement et de l'université.

Le centre d'affaires de Bugolobi

Le centre d'affaires de Bugolobi est situé au milieu du centre commercial de Bugolobi, à 3 km environ du centre de Kampala. Le centre commercial est de dimensions très modestes, puisqu'il ne comprend qu'un petit nombre de boutiques et un marché assez important de fruits et légumes. Bugolobi est situé non loin d'une grande cité résidentielle, le Bugolobi National Housing Estate, qui est habitée à la fois par des familles aisées et pauvres.

Le télécentre de Buwama

Le télécentre de Buwama est situé dans le canton de Buwama, dans le district de Mpigi. Le canton couvre environ 39 km², et le chef-lieu, Buwama, est à environ 64 km de Kampala, dans le sud-ouest de l'Ouganda. Le canton comprend 10 communes administratives et 57 villages. L'unique centre commercial d'une certaine importance dans le canton est celui de Buwama, où le télécentre a ouvert ses portes en juin 1999. Le canton a une population de 350 000 habitants; le taux d'alphabétisation est de 30% (d'après le recensement de 1991) et le nombre de ménages est d'environ 6824.

La culture du café, l'horticulture et la pêche dans le lac Victoria sont les principales activités économiques. L'agriculture de subsistance — bananes, patates douces et manioc — est largement pratiquée, et la sécurité alimentaire est généralement assurée dans le canton tout au long de l'année. Le canton ne dispose que de deux centres de santé et d'un service de santé de base.

Le réseau d'information et de communication du canton est peu développé, puisqu'il ne comprend qu'un seul bureau de poste annexe. Les services téléphoniques (par réseau cellulaire) ont été introduits récemment. Le télécentre de Buwama est l'un des deux télécentres ouverts dans le cadre de l'initiative Acacia, l'autre étant situé à Nabweru.

Le télécentre de Nabweru

Le télécentre de Nabweru est situé au chef-lieu du canton de Nabweru, dans le district de Mpigi, à 6 km environ au nord-ouest de Kampala. Il se trouve dans un canton péri-urbain à la lisière de Kampala, et comprend 6 communes, 26 villages, et 3 centres commerciaux d'une certaine importance : Nansana, Kawanda et Kawempe. Le télécentre, qui est situé dans la commune de Kazo-Nabweru, a été ouvert en mai 1999.

Le canton couvre une superficie de 25 km² environ, et comprend près de 53 290 habitants. Nabweru est l'un des cantons à la croissance la plus rapide du district. Les principales activités économiques sont le commerce et l'agriculture, et dans le canton sont éparpillés de nombreux petits centres commerciaux et des petites industries agroalimentaires de traitement du maïs et du café. Il y a dans le canton 1103 magasins (généralement des boutiques de vente de détail), 8000 familles de cultivateurs, 4 centres de santé, 27 cliniques, et 21 pharmacies.

Le télécentre de Nakaseke

Le télécentre de Nakaseke est situé dans le canton de Nakaseke dans le district de Luwero, à 44 km environ au nord de Kampala. Le télécentre de Nakaseke, premier télécentre rural en Ouganda, a été ouvert en mars 1999. Le projet était financé par un certain nombre de bailleurs de fonds nationaux et internationaux : le CRDI Acacia, l'Union internationale des télécommunications (UIT) et l'UNESCO.

Le canton de Nakaseke est divisé en cinq communes administratives, qui comprennent 42 villages et une population estimée à 18 000 en 1998. Le canton a un hôpital et des infrastructures d'éducation relativement consistantes, puisqu'on y trouve 23 écoles primaires, 4 écoles privées secondaires, et une école normale d'instituteurs. Les activités économiques dominantes à Nakaseke sont l'agriculture et l'élevage.

Lorsque le télécentre est devenu opérationnel en 1999, il n'y avait qu'une seule ligne de téléphone fixe à Nakaseke. Deux ans plus tard, au moment de l'enquête, les infrastructures de télécommunications s'étaient développées jusqu'à comprendre 250 lignes ; en outre, il y avait deux téléphones publics dans le canton, en plus des deux à l'intérieur du télécentre. La téléphonie mobile avait également pénétré dans le canton, et 15 individus possédaient alors un téléphone portable.

Résultats

Installations

Les trois télécentres communautaires à vocations multiples étaient tous hébergés gratuitement soit dans des centres communautaires publics (Buwama et Nakaseke), soit dans des bâtiments publics (cas de Nabweru). Les deux cybercafés (Wandegeya et Bugolobi) par contre fonctionnaient dans des structures de location.

Dans toutes les installations (sauf une, le Wandegeya Cyber-Mart), le personnel a déclaré manquer d'espace de travail, en particulier pour le travail administratif. Seules celles de Nabweru et de Nakaseke comprenaient des bureaux à part pour les gérants. L'ameublement était suffisant à Buwama ainsi que dans les cybercafés privés, mais à Nabweru et à Nakaseke le manque de sièges a été signalé (Tableau 16). Nakaseke disposait de cinq fois plus de chaises que les autres télécentres communautaires à vocations multiples, mais le personnel n'en considérait pas moins ce nombre comme insuffisant. Ceci s'explique par la présence de la bibliothèque, qui attire de nombreux usagers. Et ces derniers, contrairement aux usagers des autres services, ont tendance à rester plus longtemps. Le Tableau 16 montre l'espace occupé par chacun des télécentres et dans quelle mesure, selon le personnel, il est adéquat ou pas.

Carte 1 : Situation des télécentres communautaires en Ouganda

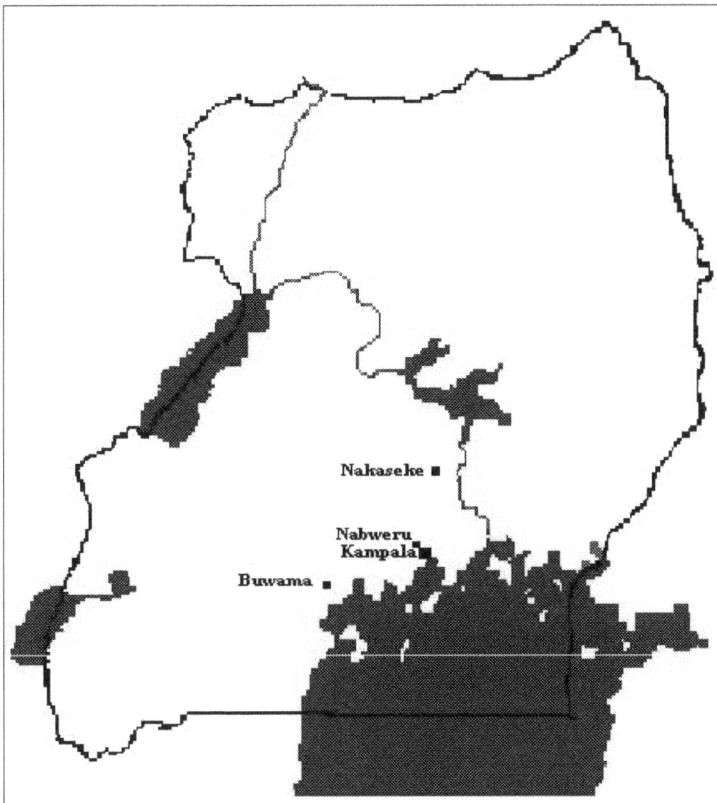

Le matériel

Il y avait 5 à 7 ordinateurs dans chaque télécentre, à l'exception du Wandegeya Cyber-Mart, qui en avait 22. Les ordinateurs étaient en majorité des clones de Pentium II. À Nakaseke, trois des sept ordinateurs étaient des 486. Tous les télécentres et cybercafés avaient au moins une imprimante laser, une ou deux lignes téléphoniques, un fax, une photocopieuse, et un poste téléviseur. Tous, sauf Bugolobi, disposaient d'approvisionnement non interrompu de courant, et au moins d'un rétroprojecteur (Tableau 17). À l'exception de Wandegeya, les télécentres étaient généralement aussi bien équipés que les cybercafés ; cependant, les télécentres ont tendance à disposer d'une gamme plus étendue de matériels, dont certains semblaient sous-utilisés.

Les services proposés

Une grande variété de services était proposée au public dans les télécentres : services téléphoniques, fax, e-mail et accès à Internet, services de bibliothèque, formation. Aucun service de radio ou de bibliothèque n'était proposé dans les cybercafés. Tous les télécentres, sauf celui de Buwama, avaient accès à Internet au moment de l'enquête, c'est-à-dire au début de l'année 2001.

Tableau 14 : Service utilisé selon le sexe à Manhiça et Namaacha

	Procès	M	(%)	F	(%)
Manhiça	Email	17	(100)	0	(0)
	Internet	10	(83)	2	(17)
	Ordinateur	39	(81)	9	(19)
	Téléphone	28	(76)	9	(24)
	Fax	3	(50)	3	(50)
	Photocopies	35	(85)	6	(15)
Namaacha	Email	9	(69)	4	(31)
	Internet	4	(50)	4	(50)
	Ordinateur	17	(65)	9	(35)
	Téléphone	42	(60)	28	(40)
	Fax	3	(50)	3	(50)
	Photocopies	58	(60)	38	(40)

Source : Données receuillies à partir du Tableau 13.

Tableau 15 : Indicateurs de télécommunications, décembre 1996—juillet 2001

Service offert	déc. 1996	oct. 1998	déc. 1999	fév. 2001	juil. 2001
Lignes téléphoniques câblées (UTL)	45145	55749	57913	58880	52054
Lignes fixes non câblées (MTN)	Non opérationnel	148	447	932	1900
Tél. fixes non câblés payants (MTN)	Non opérationnel	0	200	1650	2195
Abonnés à la téléphonie cellulaire	3000	12000	72602	188568	276034
-CELTEL	3000	8100	19074	32934	40000
-MTN	—	3900	53528	146634	185734
-UTL	—	—	—	10000	50300
Abonnés Internet/email	504	1308	4248	5688	5999
Opérateurs nationaux de télécom.	1	2	2	2	2
Opérateurs de téléphonie cellulaire, MTN, UTL)	1	2	2	3	3
Entrées de données internationales VSAT (incluant UTL & MTN)	2	3	7	8	8
Fournisseurs d'accès Internet	2	7	9	11	11
Réseaux de communications publics payants	1	10	30	42	47
Radio FM privées	14	28	37	100	112
Télévisions privées	4	8	11	19	20
Licenses de radios privées	453	530	688	770	800
Opérateur de poste national	1	1	1	1	1
Fournisseurs de services courrier	2	7	11	10	10

Source : UCC 2001.

Tableau 16 : Installations dans les télécentres communautaires
et les cybercafés privés

	Pièces occupées	Espace	Espace adéquat	Nb. de chaises	Chaises fonctionnelles
Buwama	2	88	No	10	Oui
Nabweru	3	72	No	10	Non
Nakaseke	3	178	No	50	Non
Wandegeya	1	60	Yes	2	Oui
Bugolobi	3	82	No	6	Oui

Source: Enquête 2001.

Toutes les installations, sauf le Wandegeya Cyber-Mart, proposaient des services téléphoniques (Tableau 18). Le télécentre de Buwama, dont le fournisseur de services privé MTM assurait la fourniture et la maintenance de la connexion, avait des problèmes pour maintenir ses services téléphoniques en état de marche, du fait de la faiblesse des signaux du réseau. Les services téléphoniques servaient à la fois à envoyer des appels et à en recevoir, mais les appels reçus étaient moins fréquents. Les tarifs téléphoniques des télécentres de Nakaseke et de Buwama étaient plus bas que ceux pratiqués à Kampala. Ces deux télécentres étaient dotés de lignes MTN et avaient reçu de la part de la compagnie une modeste subvention qu'ils répercutaient sur les tarifs appliqués aux clients. Les tarifs des appels à Kampala se présentaient comme suit : appel local (1 minute) : 100 shillings (0,06 dollar) ; longue distance : 230 shillings (0,13 dollar) et appels internationaux : 1450 shillings (0,81 dollar). Les services de téléphonie mobile sont soumis à des tarifs plus élevés ; ils sont également plus facilement saturés, et des tarifs plus élevés sont appliqués aux heures de pointe. Les tarifs appliqués par le MTN étaient les suivants : appel sur le réseau MTN (1 minute) : 170 shillings (0,09 dollars) en période creuse, et 210 shillings aux heures de pointe. Les appels vers d'autres réseaux (1 minute) sont taxés à 250 shillings (0,14 dollar) en période creuse et 325 shillings (0,18 dollar) en période de pointe. Le prix d'un appel vers une ligne fixe, pour la même durée, se situait environ à mi-chemin entre le coût d'un appel sur le même réseau et celui vers un autre réseau mobile.

	Buwama		Nabweru		Nakaseke		Wandegeya		Bugolobi	
Ordinateurs	5	(4)	5	(4)	7	(5)	22	(22)	5	(5)
Imprimantes	1	(1)	1	(1)	2	(2)	3	(3)	2	(2)
Photocopieuses	1	(1)	1	(1)	1	—	—	—	1	(1)
Lignes téléphoniques	1	(1)	2	(2)	2	(2)	1	(1)	2	(2)
Fax	1	—	1	(1)	1	(1)	—	—	1	—
Onduleurs	2	—	2	—	2	(2)	8	(7)	—	—
Graveurs CD	—	—	—	—	—	—	1	(1)	—	—
Haut-parleurs	5	(2)	5	—	3	(3)	14	(14)	3	(1)
Écouteurs	—	—	—	—	—	—	8	(4)	—	—
Appareils photo numérique	—	—	1	(1)	—	—	—	—	—	—
Projecteurs	2	(2)	2	(2)	1	(1)	1	(1)	—	—
Téléviseurs	1	(1)	1	(1)	1	(1)	—	—	1	(1)
Radio	1	(1)	1	(1)	1	(1)	—	—	—	—
Magnétophone	1	—	1	(1)	1	(1)	—	—	—	—
Machine à reliure	—	—	—	—	—	—	—	—	2	(1)
Broyeur	—	—	—	—	—	—	—	—	1	(1)
Scanner	—	—	—	(1)	1	(1)	1	(1)	1	(1)
Groupe électrogène	1	(1)	1	(1)	—	(2)	—	—	—	—
Inverseurs	—	—	—	—	2	(2)	1	(1)	1	(1)

Source : Enquête 2001.

* Le nombre d'appareils effectivement utilisé est mis entre parenthèses. Le tableau présente l'équipement disponible au moment de l'enquête. Malheureusement, la situation à Nakaseke a radicalement changé après qu'un incendie ait ravagé le TC. Celui-ci a détruit tout le matériel, à l'exception d'un des ordinateurs, et d'autres types de matériel électrique. Un appel international avait été lancé, et quelques fonds avaient été réunis pour remplacer le matériel perdu. Environ la moitié du nombre total d'ordinateurs et autres types d'équipements a été remplacée six mois plus tard. Le bâtiment, qui avait été sérieusement endommagé, a été entièrement réhabilité grâce aux efforts des membres de la communauté locale.

Tableau 18 : Services proposés dans chacun des télécentres et cybercafés*

Service	Buwama	Nabweru	Nakaseke	Wandegeya	Bugolobi
Photocopie	✓	✓	✓	—	✓
Email	—	✓	✓	✓	✓
Internet	—	✓	✓	✓	✓
Traitement de texte et composition	✓	✓	✓	✓	✓
Formation en informatique	✓	✓	✓	✓	—
Serv. de biblio.	✓	✓	✓	—	—
Téléphone	✓	✓	✓	—	✓
Facsimile	✓	✓	✓	—	✓
Télévision	✓	✓	✓	—	✓
Services vidéo	✓	✓	✓	—	✓
Radio	✓	✓	✓	—	—
Scanner	—	—	✓	✓	✓

Source : Enquête 2001.

Note : Buwama, Nabweru, Nakaseke télécentres de Wandegeya et cybercafé de Bugolobi.

Les tarifs des services téléphoniques mobiles prépayés sont encore plus élevés, et pourtant ces services ont beaucoup plus de clients. Dans tous les télécentres communautaires, les services téléphoniques prépayés étaient disponibles à partir d'appareils généralement situés dans l'enceinte du télécentre, par exemple fixés au mur extérieur. De ce fait, ces appareils étaient disponibles pour le public à n'importe quel moment, même pendant les heures de fermeture officielle du télécentre.

Seuls les télécentres de Nakaseke, Nabweru et Bugolobi fournissaient des services de télécopie. Bugolobi était le seul à proposer des services de télécopie basés sur Internet. Les services de télécopie proposés à Nakaseke et à Nabweru étaient limités à l'Afrique orientale. Cette couverture limitée était source de réclamations constantes de la part des usagers de ces deux sites. Le personnel du télécentre a déclaré qu'il y avait une très forte demande de services de télécopie à destination de l'Europe et de l'Amérique du Nord, mais sans fournir d'explication concernant l'absence de ces services. Les télécentres de Nakaseke et de Nabweru rencontraient des difficultés techniques considérables pour recevoir les messages en télécopie, mais la raison n'a pu être établie. À Buwama, le télécopieur n'a jamais fonctionné depuis son installation ; c'est ce que le personnel qualifiait «d'incompatibilité de technologie». Toutes les installations, à l'exception de celle de Bugolobi, assuraient la formation de base aux ordinateurs et à l'utilisation de logiciels tels que Microsoft Word ou Excel, ou encore aux applications e-mail et Internet. Aucun des télécentres ne proposait de formation ou de soutien technique à leurs clients, comme c'est le cas du TCM de Tombouctou. Tous les centres, sauf le Wandegeya Cyber-Mart, proposaient également des services de photocopie.

Le Tableau 19 montre que, d'une manière générale, les télécentres proposaient une gamme de services plus étendue que les cybercafés. Il est difficile d'affirmer si c'est là un aspect positif ou non. Les cybercafés se sont spécialisés dans des domaines spécifiques et ne cherchent pas ou peu la diversification (par exemple la photocopie, déjà très répandue en ville). Les télécentres par contre étaient polyvalents. Ils étaient tenus de remplir des fonctions multiples parce qu'ils étaient généralement les seules installations de ce type dans les zones géographiques. Les concepts sur lesquels se fondent ces deux types d'installations sont également très différents. Alors que les télécentres se justifient par le besoin de doter les communautés des compétences sociales et économiques nécessaires à leur développement, les cybercafés sont avant tout des projets à vocation lucrative. Il semblerait donc illogique que ces derniers fournissent des services dispersés sur une large gamme de services.

Accès

Utilisation et utilisateurs des télécentres

Les résultats de l'étude indiquent que l'utilisation d'ordinateurs, d'après un échantillon d'utilisateurs potentiels et effectifs pris au hasard, avait progressé entre le début du projet et le moment de l'étude. En 1999, lorsqu'une étude de base était menée peu après le lancement des projets de Buwama et de Nabweru, seuls 13,6% des répondants avaient déclaré n'avoir jamais utilisé un ordinateur. En 2001, sur 505 personnes interrogées, 41% ont déclaré avoir déjà utilisé un ordinateur. Cependant, moins de la moitié (44,2%) des personnes interrogées utilisait les télécentres ou les cybercafés (Tableau 19). Ce résultat montre la faible utilisation de ces installations par les populations rurales. En effet 76% des personnes interrogées ont déclaré n'utiliser ni le télécentre ni le cybercafé, et ont indiqué que pour envoyer et recevoir des informations, ils préféraient le faire directement, par l'intermédiaire de messagers et d'informateurs humains. Ceci semble indiquer que pour une importante partie de la population rurale, le téléphone ou d'autres formes plus modernes d'information et de communication ne sont pas encore entrés dans les mœurs. Il y a là une différence marquée par rapport au Sénégal, où le téléphone est perçu comme un outil de tous les jours. Contrairement à l'ensemble de l'échantillon, au centre rural de Nakaseke, un grand nombre de répondants (61,1%) utilisaient le télécentre, alors qu'à Nabweru ils n'étaient que 30% et dans le milieu urbain de Bugolobi, 33,3%. Le télécentre de Nakaseke était celui qui jouissait du taux de fréquentation le plus élevé, suivi de celui de Wandegeya (55%). On pense que le taux d'utilisation du cybercafé de Wandegeya est fonction de sa localisation : il est proche du campus de l'université de Makerere, or les étudiants constituent une partie importante de la population des usagers.

Graphique 3 : Utilisation (en %) des services proposés dans les trois télécentres

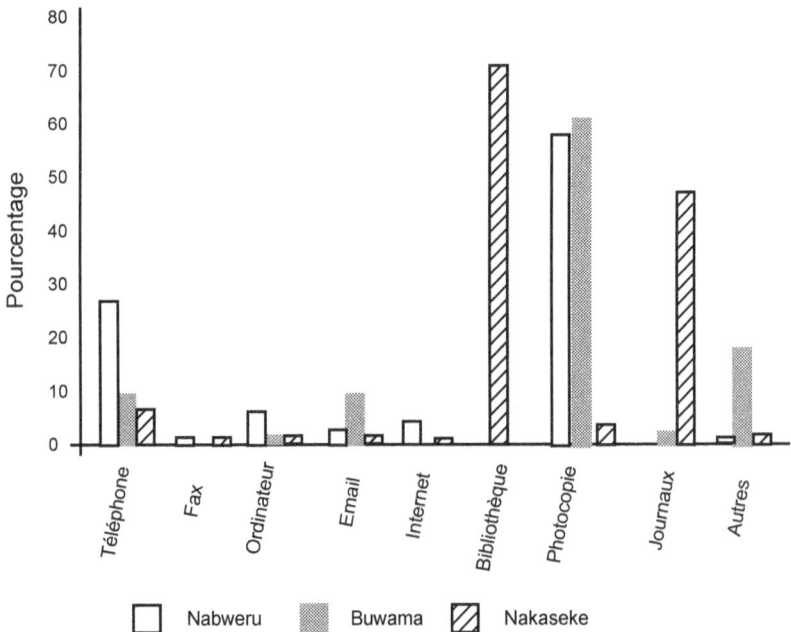

Les ordinateurs des télécentres communautaires sont en majorité sous-utilisés, et les études effectuées ont montré que leur utilisation est en grande partie limitée au traitement de textes et de documents. Les données obtenues des sondages effectués à la sortie confirment le fait que les logiciels de traitement de texte sont très largement utilisés dans la majorité des télécentres. Le traitement de texte était l'unique service proposé dans les cinq télécentres de l'échantillon. Le cybercafé de Wandegeya faisait exception, puisque 91,7% de ses clients ont indiqué avoir utilisé Internet. Le taux élevé d'utilisation d'Internet et du courrier électronique dans les cybercafés (en particulier celui de Wandegeya) est confirmé par le fait que, durant les 4 jours d'observation, les 19 personnes qui sont venues ont toutes utilisé Internet ou le courrier électronique.

L'utilisation des ordinateurs pour le courrier électronique ou Internet était faible dans deux des trois télécentres ruraux, et la situation n'a guère évolué entre 1999 et 2001. À Buwama par exemple, en 1999, 1,5% des répondants avaient déclaré avoir utilisé un ordinateur pour le courrier électronique ou Internet. En 2001, le pourcentage correspondant était de 5,5%. La situation dans les télécentres urbains et périurbains était très différente. À Bugolobi, Wandegeya et Nabweru, le pourcentage des répondants qui avaient utilisé le courrier électronique une fois dans leur vie était respectivement de 42,9%, 78,3% et 42%. Par ailleurs, 17,5%, 61,8% et 44,4% avaient utilisé Internet. Il est clair que l'utilisation du courrier électronique et des services Internet à Nabweru a connu une hausse spectaculaire en 2 ans. En 1999, les pourcentages pour le courrier électronique et Internet étaient respectivement de 6,7% et 5,1%. Ce faible taux d'utilisation d'Internet dans les télécentres ruraux s'explique par deux raisons : un mauvais approvisionnement en électricité et une connectivité à la fois faible et coûteuse. À Buwama, le coût de la connectivité sans fil de MTN était exorbitant, et pourtant elle n'était même pas toujours garantie. D'abord, il aurait fallu une ligne de visée pour palier à l'insuffisance de l'infrastructure sans fil. De plus, il était fréquent de devoir trouver le meilleur point/emplacement, généralement sur un promontoire, pour pouvoir obtenir ou recevoir la meilleure qualité de relais de la voix. À Nabweru, bien que la situation de l'approvisionnement électrique n'aie pas été aussi mauvaise qu'à Buwama, le montant exorbitant des factures de téléphone constituait un obstacle constant. Sur les trois télécentres (Buwama, Nakaseke et Nabweru), seul ce dernier a déclaré avoir utilisé le courrier électronique et Internet. Nabweru est situé dans les faubourgs de Kampala, et a donc accès

Tableau 19 : Pourcentage des services utilisés

	Bugolobi	Wandegeya	Nabweru	Buwama	Nakaseke	Total
	(n=99)	(n=100)	(n=100)	(n=100)	(n=108)	(n=507)

Utilisez-vous un télécentre ou un cybercafé ?

Oui	33,3	55,0	30,0	40,0	61,1	44,2
Non	66,7	45,0	70,0	60,0	38,9	55,8

Où effectuez-vous vos appels téléphoniques ?

	(n=97)	(n=99)	(n=98)	(n=97)	(n=101)	(n=492)
Télécentre	—	—	0,3	32,0	34,7	16,1
Cybercafé	16,5	22,2	—	—	—	7,7
Aucun	83,5	77,8	86,7	68,0	65,3	76,2

Où recevez-vous vos appels téléphoniques ?

	(n=96)	(n=99)	(n=98)	(n=93)	(n=90)	(n=476)
Télécentre	—	—	6,1	24,7	15,6	9,0
Cybercafé	5,2	4,0	—	—	—	1,9
Aucun	94,8	96,0	93,9	75,3	84,4	89,1

D'où envoyez-vous vos fax ?

	(n=96)	(n=99)	(n=96)	(n=80)	(n=87)	(n=458)
Télécentre	—	—	7,3	—	2,3	2,0
Cybercafé	9,4	24,2	1,0	—	—	7,4
Aucun	90,6	75,8	91,7	100	97,7	90,6

Où recevez-vous vos fax ?

	(n=96)	(n=97)	(n=96)	(n=80)	(n=88)	(n=457)
Télécentre	—	—	4,2	—	2,3	1,3
Cybercafe	3,1	7,2	1,0	—	—	2,4
Aucun	96,9	92,8	94,8	100	97,7	96,3

Où consultez-vous vos emails ?

	(n=95)	(n=99)	(n=96)	(n=92)	(n=85)	(n=465)
Télécentre	—	—	7,3	10,9	—	3,6
Cybercafé	14,7	40,4	1,0	—	1,2	12,0
Aucun	85,3	59,6	91,7	89,1	98,8	84,4

(suite)

Tableau 19 (suite)

	Bugolobi (n=99)	Wandegeya (n=100)	Nabweru (n=100)	Buwama (n=100)	Nakaseke (n=108)	Total (n=507)
Où utilisez-vous l'internet ?						
	(n=94)	(n=99)	(n=95)	(n=91)	(n=84)	(n=463)
Télécentre	—	—	7.4	7.7	—	3.0
Cybercafé	8.5	33.3	2.1	1.1	1.2	9.7
Aucun	91.5	66.7	90.5	91.2	98.8	87.3
Où écoutez-vous la radio ?						
	(n=93)	(n=98)	(n=93)	(n=96)	(n=90)	(n=470)
Télécentre	—	—	2.2	34.4	2.2	7.9
Cybercafé	8.6	6.1	—	—	—	3.0
Aucun	91.4	93.9	97.8	65.6	97.8	89.1
Où regardez-vous la télévision ?						
	(n=92)	(n=99)	(n=98)	(n=98)	(n=88)	(n=475)
Télécentre	—	—	13.3	35.7	14.8	12.8
Cybercafé	6.5	10.1	—	—	—	3.4
Aucun	93.5	89.9	86.7	64.3	85.0	83.8
D'où écoutez-vous les cassettes audios ?						
	(n=92)	(n=99)	(n=90)	(n=93)	(n=92)	(n=466)
Télécentre	—	—	2.2	29.0	10.9	8.4
Cybercafé	6.5	10.1	—	—	—	1.3
Aucun	96.7	97.0	97.8	71.0	89.1	90.3
Où regardez-vous les vidéos ?						
	(n=91)	(n=99)	(n=93)	(n=96)	(n=92)	(n=471)
Télécentre	—	—	4.3	35.4	33.7	14.6
Cybercafé	3.3	8.1	—	—	—	2.3
Aucun	96.7	91.9	95.7	64.6	66.3	83.0

Source : Enquête 2001.

à des infrastructures de télécommunications plus développées. À l'instar des télécentres à vocation commerciale du Sénégal, celui de Buwama met son groupe électrogène en location pour augmenter ses recettes.

L'utilisation des services montre une concentration des services de téléphones et de télévisions dans les télécentres ruraux, et une utilisation accentuée du courrier électronique et d'Internet dans les cybercafés urbains. À Buwama, 30% des répondants passaient et recevaient leurs appels téléphoniques au télécentre, tandis que 35,7% regardaient la télévision au télécentre (Tableau 19). À Buwama, la télévision et la vidéo étaient appréciées pour les loisirs, en particulier chez les jeunes de moins de 16 ans, qui représentaient 51,5% de l'ensemble des utilisateurs (Graphique 4). On a pu observer un flot ininterrompu de téléspectateurs au télécentre durant les 4 jours de collecte de données. La radio et les cassettes audio connaissaient aussi un grand succès au télécentre de Buwama. Au télécentre rural de Nakaseke, la bibliothèque était de loin le service le plus prisé, chez les adultes comme chez les enfants, suivi par la photocopie et les journaux. En 4 jours de collecte de données à Nakaseke, 76 enfants de moins de 16 ans (54% des visiteurs) sont venus à la bibliothèque. C'est à Buwama et Nakaseke que les services étaient les plus utilisés sur place, les cassettes vidéo et audio ne faisant pas l'objet de prêts, comme c'est souvent le cas en milieu urbain.

Profils des utilisateurs

La présente étude démontre une fois de plus qu'il y a plus d'hommes que de femmes qui utilisent les installations des télécentres. L'enquête a montré que 48,1% des hommes, contre 39% des femmes utilisaient l'ensemble des télécentres et des cybercafés au moment de l'étude. Cette tendance a été confirmée par deux autres sources d'information, le sondage à la sortie et l'analyse documentaire, qui ont montré que les femmes constituaient environ 30%, sinon moins, de l'ensemble des utilisateurs. Les registres tenus par les trois télécentres ont montré qu'un pourcentage plus faible de femmes (29,0%) figurait parmi les utilisateurs des télécentres que le nombre d'utilisatrices était le plus faible à Buwama (19,6%), à Nabweru, il était plus important (39,0%), tandis qu'à Nakaseke on avait enregistré 27,0% de femmes.

La majorité des utilisateurs (71,4%) avaient entre 18 et 50 ans. Près du tiers des utilisateurs (27,1%) étaient des enfants de moins de 16 ans.

Tableau 20 : Fréquence des problèmes techniques et moyen de résolution

	Buwama		Nabweru		Nakaseke		Wandegeya		Bugolobi	
	R	F	R	F	R	F	R	F	R	F
Ordinateur en panne	autre	2 fois	autre	2 fois	autre	1fois en 6 mois	employé	2 fois	non précisé	non précisé
Imprimante en panne	person.	2 fois	autre	jamais	autre	rarement	employé	plusieurs fois	autre	1fois
logiciel défectueux	person.	2 fois	person.	1 fois	employé et autres	rarement	non précisé	non précisé	employé	rare
Service au niveau du matériel	autre	2 fois	person.	1 fois (/an)	autre	—	employé	1fois	employé	rare
Rupture du stock	person.	plusieurs fois	person.	1 fois	autre	rarement	employé	dépend de l'usage	—	—
Problèmes d'électricité	autre	plusieurs fois	autre	plusieurs fois	autre	plusieurs fois	plusieurs autre fois	—	autre	4 fois
Problème de téléphone et de connection	autre	2 fois	autre	2 fois	autre	plusieurs fois	NA	NA	autre	1fois

Source : Enquête 2001 (R = résolu par ; F = fréquence mensuelle).

Graphique 4 : Utilisateurs masculins et féminins des télécentres communautaires

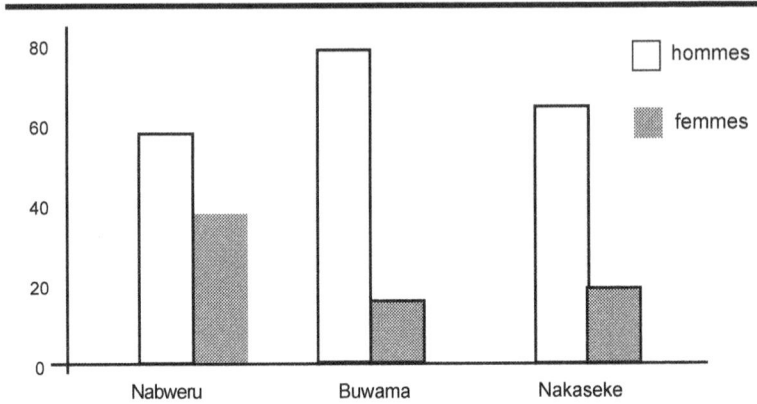

Les enfants utilisaient surtout la bibliothèque (54,3%) à Nakaseke, et regardaient la télévision au télécentre de Buwama (51,5%). C'est à Nakaseke qu'on a trouvé les utilisateurs les plus jeunes, et à Buwama les plus âgés. C'est également dans ce dernier qu'on a trouvé les tranches d'âge les plus variées (Graphique 5). Les personnes âgées utilisaient très rarement les

Graphique 5 : Utilisation observée des télécentres

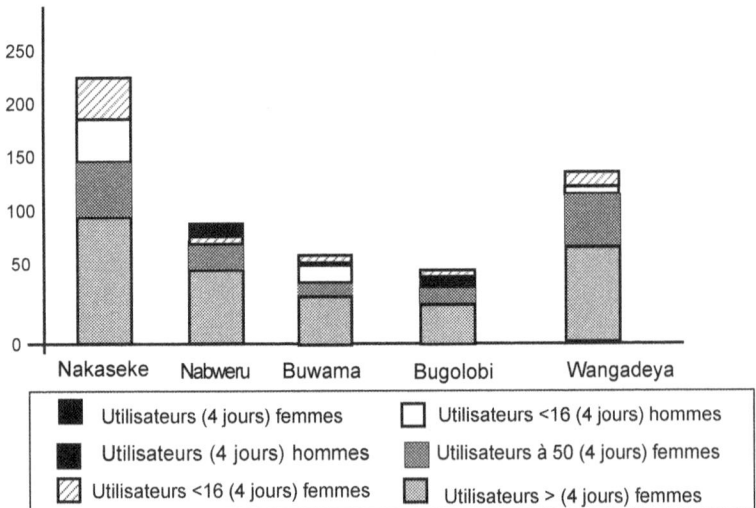

▪ Utilisateurs (4 jours) femmes	☐ Utilisateurs <16 (4 jours) hommes
▪ Utilisateurs (4 jours) hommes	▨ Utilisateurs à 50 (4 jours) femmes
▨ Utilisateurs <16 (4 jours) femmes	▨ Utilisateurs > (4 jours) femmes

télécentres, et aucun individu handicapé n'a été vu utilisant l'un des télécentres communautaires pendant les quatre jours d'observation continue.

Prestation de services

La qualité des services était directement liée à l'état du matériel et à d'autres facteurs tels que la disponibilité de l'électricité et la qualité de la connectivité téléphonique. Les coupures de courant constituaient une source constante de mécontentement. Plusieurs éléments d'équipement étaient hors d'usage dans les télécentres. Le contraste était frappant par rapport à la situation dans les cybercafés. Malgré le fait que le Wandegeya Cyber-Mart disposait d'un nombre plus important d'ordinateurs que les trois télécentres réunis, ses ordinateurs étaient tous en état de marche ; par contre, 4 ordinateurs sur les 17 que comptent les autres télécentres étaient en panne. Un certain nombre de raisons ont été avancées ; par exemple, les télécentres ruraux auraient des difficultés pour faire venir de la ville les techniciens capables de résoudre les problèmes techniques. Autre raison avancée : la bureau-cratie à laquelle les télécentres sont obligés de se plier pour régler les pro-blèmes qui apparaissent généralement avec l'agence d'exécution du pro-jet. Les réparations tardives du matériel ont pour conséquence la non-fiabilité et l'inefficacité des services, ce qui oblige les clients à chercher d'autres solutions (généralement auprès des cybercafés privés).

À part le matériel inutilisable pour cause de panne, d'autres matériels, tels que les onduleurs, étaient sous-utilisés. À Buwama comme à Nabweru, ceux-ci n'avaient jamais été mis en service. Ces deux télécentres dispo-sent d'un groupe électrogène de secours qu'ils peuvent utiliser en cas de coupure de courant, mais le personnel, à Buwama comme à Nabweru, a déclaré que les groupes électrogènes étaient rarement utilisés non seule-ment à cause des coûts supplémentaires dus au carburant, mais égale-ment à cause de leur capacité trop faible pour faire fonctionner tout le ma-tériel électrique. En conséquence, pour le cas de Buwama, le groupe électrogène est souvent mis en location pour générer des recettes pour le télécentre. Les cybercafés et le télécentre de Nakaseke utilisaient des onduleurs plutôt que des groupes électrogènes. Les onduleurs, contraire-ment aux groupes électrogènes, ne consomment pas de carburant et sont pratiquement silencieux.

Le personnel des télécentres a été interrogé sur le type de problèmes techniques qu'ils rencontrent, leur fréquence, et les solutions qu'ils y appor-tent. Les télécentres ont plutôt tendance à faire appel à des techniciens extérieurs, tandis que les cybercafés font confiance à leur propre personnel pour résoudre les problèmes techniques (Tableau 20). Ceci indique que le personnel des cybercafés est techniquement plus compétent que celui des télécentres communautaires. Les coupures d'électricité de l'Uganda Electricity Board étaient fréquentes. Les services téléphoniques tombaient également assez souvent en panne, ce qui avait des répercussions non seulement sur la téléphonie mais aussi sur les services de courrier électronique et Internet. Le Wandegeya Cyber-Mart constituait une fois de plus l'exception, parce qu'il utilisait une technologie d'accès sans fil ; par contre, les autres télécentres utilisaient l'accès commuté à la toile mondiale. L'accès commuté était lent, peu efficace et avait tendance à se déconnecter fréquemment. Le télécentre de Bugolobi envisageait d'abandonner le système commuté pour adopter l'accès sans fil, et celui de Nabweru d'installer une connexion ou un réseau sans fil. Celui de Buwama, bien que doté d'une connexion sans fil, connaissait malgré tout quelques difficultés, comme indiqué plus haut.

À Buwama et à Nakaseke, d'après les déclarations du personnel, les distances que les techniciens venus de Kampala devaient parcourir pour venir résoudre leurs problèmes techniques semblaient constituer une contrainte majeure. Les déplacements étaient coûteux, et il est arrivé que le matériel soit endommagé s'il devait être transporté jusqu'à Kampala pour réparation. Le personnel du télécentre déplorait le fait que les sociétés sous-traitantes chargées de résoudre les problèmes techniques et de maintenance n'étaient pas efficaces. Autre objet de récrimination généralisée : la piètre qualité du travail fourni par les techniciens. Dans de nombreux cas, le travail était bâclé et les problèmes réapparaissaient très vite.

Ce sont les télécentres ruraux de Nakaseke et de Buwama qui connaissaient les problèmes de connectivité les plus sérieux. Pendant une bonne partie de la durée du projet, Nakaseke et Buwama n'ont pas pu proposer de services de courrier électronique, ni Internet, principalement à cause de la mauvaise connectivité. Ces deux télécentres étaient bien connectés à leurs fournisseurs de services par technologie cellulaire, mais ces fournisseurs étaient concentrés dans le centre de Kampala, où les réseaux sont les plus efficaces. Les réseaux sans fil ruraux sont en voie de développement, mais à un rythme plus lent à cause des difficultés physiques du terrain, et des coûts qui y sont associés.

La fourniture d'énergie – c'est-à-dire, d'électricité – constituait un problème majeur. Tous les télécentres, sauf celui de Wandegeya, ont déclaré avoir connu des problèmes électriques plusieurs fois par mois (Tableau 20), et ces cinq installations dépendaient toutes principalement de l'Uganda Electricity Board pour la fourniture d'électricité. Bien que Buwama et Nabweru possédaient chacun un groupe électrogène de secours, celui-ci était inefficace et inutilisable à cause du coût élevé du carburant. D'ailleurs, la production d'électricité était trop faible pour faire fonctionner tout le matériel et en particulier les photocopieurs, qui rapportent le plus de recettes. Les groupes électrogènes étaient par conséquent rarement utilisés aux fins auxquelles ils étaient destinés. Ceci implique que chaque fois qu'il y avait coupure ou interruption de courant (ce qui arrivait et arrive encore fréquemment), les services fonctionnant à l'électricité étaient indisponibles jusqu'au rétablissement du courant. Lorsque les coupures de courant se prolongeaient, les onduleurs n'étaient pas particulièrement utiles. Bien que les coupures d'électricité fussent banales, les utilisateurs ne s'en sentaient pas moins frustrés.

- «Ici, les coupures de courant durent parfois deux jours, et pendant ces deux jours, on n'a rien à faire» (Nakaseke, Groupe de discussion dirigée) ;

- «Je suis allé au centre pour faire des photocopies, mais la photocopieuse était en panne depuis une semaine, alors j'ai décidé d'aller à Semuto, à plus de 10 km d'ici» (Kyamutakasa–Nakaseke, Groupe de discussion dirigée).

Contrairement à Buwama et à Nabweru, le télécentre de Nakaseke et les cybercafés utilisaient des batteries pour alimenter leurs systèmes et leur matériel pendant les coupures de courant. Les batteries seraient plus avantageuses que les groupes électrogènes parce qu'elles ne consomment pas de carburant.

Obstacles liés à l'utilisation

Plusieurs facteurs ont été cités au cours des groupes de discussions dirigées (GDD) comme étant obstacles liés à une utilisation plus large des télécentres.

- Une gamme de services limitée : il a été noté que les gérants de télécentres ne fournissaient pas les services adéquats pour satisfaire pleinement les besoins d'informations des membres de la communauté locale. Par exemple, certains participants aux groupes de discussions dirigées ont fait remarquer qu'ils auraient trouvé utile de proposer un service d'annonces personnelles sur les chaînes de radio FM qui passerait par les télécentres. D'après un participant à un GDD : «Les affaires que nous menons sont d'ordre local, et les gens avec lesquels nous avons à faire sont des gens sur place, alors nous utilisons les annonces à la radio. En quoi est-ce que les télécentres nous sont utiles ?»

- Des télécentres mal situés : les résultats des GDD indiquent que l'emplacement des trois télécentres communautaires avait des répercussions sur l'accessibilité et l'utilisation des installations. Le télécentre de Nabweru est situé dans le centre administratif du canton, là où sont aussi situés le commissariat de police, la prison, et le tribunal du canton. Ces trois institutions, organismes responsables du maintien de l'ordre, constituent une véritable menace aux yeux de certains usagers, même lorsqu'ils sont innocents. À Buwama, le télécentre est situé loin de la route principale, ce qui le rend invisible et d'accès peu commode. Par contre, le télécentre de Nakaseke est situé sur la rue principale, mais cela ne va pas non plus sans créer des problèmes. Le bruit des véhicules qui passent dérange les utilisateurs de la bibliothèque, et il n'y a aucune discrétion pour les utilisateurs du téléphone, qui peuvent être vus de la rue.

- Accessibilité : contrairement aux télécentres en milieu rural, les cybercafés sont relativement faciles d'accès parce qu'ils sont situés à Kampala. Les cybercafés se trouvent à moins de 500 m des habitations de 37,0% des usagers à Bogolobi, et de 17,0% d'entre eux à Wandegeya. Les télécentres ruraux de Buwama et de Nakaseke sont situés loin des habitations de leurs utilisateurs. À Buwama, 21,9% des utilisateurs devaient faire entre 1 et 5 km pour se rendre au télécentre, et 34,0% devaient parcourir plus de 5 km. La situation à Nakaseke était encore plus grave : 47,0% devaient parcourir entre 1 et 5 km et 36,1% devaient faire plus de 5 km. Alors que la majorité des utilisateurs du télécentre urbain et des cybercafés (41,3 – 65,6%) n'avaient pas à dépenser de l'argent pour accéder aux services. À Buwama c'est 30% des utilisateurs, et à Nakaseke 12,0%, qui étaient obligés de dépenser entre 1001 et 5000 shillings ougandais (1 dollar US = 1700 UGS) pour aller jusqu'au télécentre et avoir accès aux services. Certains utilisateurs ont déclaré que c'était là l'une des raisons pour lesquelles ils n'allaient pas plus souvent aux télécentres. Les membres des communautés ont affirmé au cours des groupes de discussions dirigées qu'il était difficile pour les clients potentiels qui ne vivaient pas à proximité du télécentre d'avoir accès aux services, surtout s'ils étaient obligés de payer les frais de transport à l'aller comme au retour.

- Des services non fonctionnels : certains matériels, dans les télécentres, ne fonctionnaient pas parce qu'il fallait du temps pour faire venir les techniciens capables de régler les problèmes, ou pour faire venir les pièces détachées de Kampala. Ceci décourageait les utilisateurs, qui n'y retournaient plus, parfois même définitivement, comme l'ont déclaré deux participants aux groupes de discussions dirigées : «Je suis allé au centre (Nakaseke) pour faire des photocopies, mais la photocopieuse était en panne depuis une semaine entière, et j'ai donc décidé d'aller au centre commercial de Semuto. Il y a des moments où les ordinateurs ne marchent pas bien, parfois c'est la souris qui refuse de fonctionner».

Lors d'une visite de suivi à Nabweru, en octobre 2000, il a été observé que l'imprimante n'était pas utilisée, et ne fonctionnait pas depuis plus d'une semaine «parce qu'il n'y avait pas de cartouche». Il s'est avéré que le télécentre attendait de l'agence d'exécution, l'Uganda National Council for Science and Technology, l'autorisation d'achat et d'approvisionnement en cartouches.

- Publicité insuffisante en faveur des services des télécentres : les télécentres étaient mal connus, surtout à Nabweru. Vingt sept pourcent des personnes interrogées ne connaissaient pas du tout l'existence du télécentre de Nabweru. Les autres vingt sept pourcent, qui avaient entendu parler du télécentre, ne savaient pas à quelle distance de chez eux il se trouvait. Il est difficile d'établir si cela est dû à une publicité insuffisante pour faire connaître le télécentre et les services qu'il propose, ou s'il s'agit d'une simple caractéristique de la vie urbaine, où les alternatives sont nombreuses et l'anomie une façon de vivre. D'après certains participants aux GDD, ceci serait dû à l'insuffisance de la publicité et de la sensibilisation. Selon les participants, on pourrait remédier à cette situation par des actions visant le grand public, des séminaires de sensibilisation, et une publicité utilisant à la fois les médias électroniques (la radio) et la presse écrite.

- Discrétion : dans pratiquement toutes les installations, la discrétion n'était pas assurée, en particulier lors de l'utilisation des téléphones. Cette observation a été confirmée durant les GDD, où les points suivants ont été soulevés :

> La disposition des lieux ne nous permet pas de nous sentir libres : par exemple, étant donné l'emplacement du téléphone, il est impossible de parler de choses confidentielles, à moins de demander au réceptionniste de sortir. Il y a des moments où on aurait besoin de se quereller avec quelqu'un au téléphone, mais c'est impossible quand tout le monde autour de vous écoute.

- Des horaires peu commodes : les télécentres communautaires (Nakaseke, Buwama et Nabweru) pratiquaient les journées de 8 heures des bureaux de l'administration. Ceci limitait considérablement les heures d'ouverture des installations au public. Les télécentres ne fonctionnaient pas la nuit, le dimanche, et les jours fériés. Et pourtant, ce sont précisément les moments où le public souhaite le plus utiliser les installations. Les cybercafés avaient des heures d'ouverture plus longues.

- Coût des services : les participants aux GDD, tout en trouvant difficile de suggérer des tarifs raisonnables et abordables pour les différents services, pensaient que les télécentres devaient pratiquer des tarifs inférieurs à ceux du marché. La raison pour laquelle les membres des communautés avaient ce sentiment est qu'ils percevaient les télécentres comme étant des projets communautaires. La même opinion a été exprimée durant l'enquête de base de 1999. Certains des participants aux GDD ont affirmé :

> On n'a pas les moyens de s'offrir la formation en informatique. Par exemple, le module «Introduction à l'informatique» coûte 15000 UGS, et quand on a appris à peu près quatre logiciels, on aura dépensé 150000 UGS environ. Le coût des services est assez élevé, et pourtant certains d'entre nous habitent très loin d'ici, ce qui veut dire qu'il faut encore ajouter les frais de transport au prix des services... Il faudrait réduire les tarifs étant donné les revenus des gens par ici».

- Une gestion défaillante : le télécentre de Buwama avait souffert de difficultés de gestion, qui ont eu un impact négatif sur les prestations de service. Des désaccords sont apparus parmi les membres du personnel, ainsi qu'entre le personnel et le comité local de gestion, ce qui a porté atteinte au bon fonctionnement du télécentre. Un beau jour le gérant s'est tout simplement enfui, mais heureusement, il avait laissé le matériel.

Ces difficultés seraient dues en grande partie à l'absence d'indications précisant les rôles et les responsabilités respectifs du personnel et du comité local de gestion.

100

Tableau 21: Raison de la dernière visite (exprimée en pourcentage)*

	Bugolobi	Wandegeya	Nabweru	Buwama	Nakaseke	Total
Appel téléphonique;						
motif	(n=16)	(n=22)	(n=15)	(n=31)	(n=36)	(n=120)
Social : famille/amis	31.3	50	53.3	77.4	63.9	52.9
Éducation/formation	18.8	22.7	—	6.5	11.1	11.7
Santé	12.5	4.5	—	3.2	5.6	5.0
Affaires/Commerce	31.3	18.0	46.7	12.9	16.7	21.7
Urgence	6.3	4.5	—	—	2.8	2.5
Réception d'appel;						
motif	(n=5)	(n=4)	(n=7)	(n=23)	(n=15)	(n=54)
Social : famille/amis	40.0	50.0	28.6	60.9	60.0	53.7
Éducation/formation	20.0	—	14.3	21.7	21.7	16.7
Santé	20.0	—	—	4.3	4.3	3.7
Affaires/Commerce	20.0	50.0	42.9	13.0	3.0	24.1
Infos officielles	—	—	14.3	—	—	1.9
Envoi de fax:						
motif	(n=9)	(n=24)	(n=8)	—	(n=2)	(n=43)
Social : famille/amis	55.6	54.2	37.5	—	50.0	51.2
Éducation/formation	—	25.0	2.5	—	50.0	18.6
Santé	—	12.5	—	—	—	7.0
Commerce	33.3	4.2	50.0	—	—	18.6
Infos officielles	11.1	4.2	—	—	—	4.7
Réception de fax:	(n=3)	(n=8)	(n=5)	—	(n=2)	(n=18)
Social : famille/amis	—	75.0	60.0	—	50.0	55.6
Education/formation	—	12.5	—	—	50.0	1.1
Commerce	66.7	12.5	20.0	—	—	22.2
Infos officielles	33.3	—	20.0	—	—	11.
Envoi d'email:						
Motif	(n=14)	(n=40)	(n=8)	(n=10)	(n=1)	(n=73)
Social: famille/amis	57.1	62.5	62.5	40.0	—	57.5
Éducation/formation	2.4	20.0	—	20.0	100	19.2
Santé	—	5.0	—	10.0	—	4.1
Affaires/Commerce	21.4	10.0	12.5	30.0	—	15.1
Divertissement	—	2.5	12.5	—	—	2.7
Autres	—	—	12.5	—	—	1.4

Tableau 21 : (suite)

	Bugolobi	Wandegeya	Nabweru	Buwama	Nakaseke	Total
Utilisation Internet:						
Motif	(n=8)	(n=33)	(n=9)	(n=8)	(n=1)	(n=59)
Social: famille/amis	2.5	36.4	22.2	25.0	100	30.5
Éducation/formation	37.5	30.3	2.2	—	—	25.4
Santé	—	3.0	—	37.5	—	6.8
Affaires/Commerce	12.5	6..0	11.1	37.5	—	11.9
Infos. officielles	12.5	3.0	—	—	—	3.4
Informations	12.5	9.1	—	—	—	6.8
Sports	—	—	11.0	—	—	1.7
Divertissement	12.5	12.1	33.3	—	—	13.6
Utilisation radio:						
Motif:	(n=7)	(n=5)	(n=4)	(n=33)	(n=2)	(n=51)
Social: famille/amis	—	20.0	50.0	24.2	—	19.6
Éducation/formation	—	—	—	3.0	—	3.9
Santé	—	—	—	3.0	—	2.0
Infos officiellles	—	—	25.0	—	—	2.0
Informations	14.3	—	25.0	27.3	—	21.6
Sports	—	—	—	3.0	—	2.0
Divertissement	71.4	80.0	—	39.4	100	47.1
Urgence	14.3	—	—	—	—	2.0
Watching television:						
Motif:	(n=6)	(n=9)	(n=13)	(n=35)	(n=13)	
(n=76)						
Social: famille/amis	—	—	7.7	5.7	—	3.9
Éducation/formation	—	—	23.1	8.6	23.1	0.8
Santé	—	—	—	5.7	—	2.6
Infos officiellles	—	—	—	—	7;7	1.3
Informations	—	—	—	22.9	7.7	11.1
Sports	—	—	30.8	2.9	23.1	10.5
Divertissement	100	100	38.5	54.3	30.8	56.6
Urgence	—	—	—	—	7.7	1.3

* Raison pour laquelle les utilisateurs ont eu recours à ces services la dernière fois qu'il se sont rendus dans un télécentre (à Nabweru, Buwama et Nakaseke) et un cybercafé.

Pertinence

Pour pouvoir en déterminer la pertinence, on a demandé aux usagers pourquoi ils utilisaient les télécentres et les cybercafés. La principale raison pour laquelle plus de la moitié des usagers se rendaient dans les télécentres et les cybercafés était d'ordre social, pour garder le contact avec les membres de la famille et les amis. L'utilisation du téléphone pour des raisons sociales était beaucoup plus fréquente dans les télécentres en milieu rural (77,4% à Buwama et 63,9% à Nakaseke) que dans les cybercafés. Cependant, l'utilisation de la télécopie, du courrier électronique et d'Internet pour des contacts sociaux était plus fréquente dans les cybercafés que dans les télécentres. À Wandegeya, 54,2% ont utilisé la télécopie, 62,5% le courrier électronique, et 36,4% Internet pour communiquer avec des amis et des membres de la famille, contre une personne seulement à Nakaseke qui a utilisé le courrier électronique et Internet pour la même raison. Les résultats présentés au Tableau 21 indiquent que les TIC avaient une pertinence plus grande en termes d'activités sociales qu'en terme d'action orientée vers le développement. La raison la plus fréquente d'émission et de réception d'appels téléphoniques, ou d'envoi et de réception de fax et d'e-mails, était d'ordre social — pour contacter la famille et les amis. Entre 1,0 et 20,0% des utilisateurs se sont rendus au télécentre pour raison d'affaires ou commerciale. Plus de 50% se sont rendus dans les télécentres pour se distraire ; par contre, très peu de visites dans les télécentres ont été motivées par la recherche d'informations officielles.

Au premier rang des besoins d'information exprimés par les membres des communautés, on trouve l'éducation et l'acquisition de nouvelles compétences, suivies de l'information sanitaire, de l'information sur la production, de l'information sur la gouvernance et les informations officielles. Cependant, les sources préférées d'information des communautés étaient rarement les télécentres. Une analyse des sources d'information utilisées par les membres des communautés révèle une forte dépendance par rapport aux sources extérieures aux télécentres ou aux cybercafés, encore que les télécentres soient mieux placés que les cybercafés à cet égard.

Les groupes de discussions dirigées montrent que les communautés desservies par les télécentres appréciaient les services offerts et leur proximité. Ces services sont encore plus appréciés dans les télécentres ruraux de Buwama et de Nakaseke où de tels services n'existaient pas avant les projets

- «Le télécentre nous a permis d'entrer en contact avec ce que nous ne savions pas auparavant. Par exemple, je ne savais pas que la photocopieuse pouvait agrandir ou rétrécir ce qu'on veut photocopier» (Groupe de discussions dirigées de Bongole-Buwama).

- «Avant l'arrivée de la photocopieuse, nous allions à Mitala Maria, à 3 km d'ici, pour les photocopies» (Groupe de discussions dirigées de Mbizzinya-Buwama).

- «Il y a des gens qui ne savaient rien des ordinateurs, mais qui ont appris ce que c'était, et il y en a même qui ont acheté leur propre machine, inspirés par l'idée des télécentres» (Groupe de discussions dirigées de Nakaseke).

L'utilité des télécentres est également démontrée par le pourcentage de répondants qui ont déclaré ne disposer d'aucune autre solution s'il n'y avait pas de télécentre. Près du tiers des usagers à Nakaseke (33,3%) et à Nabweru (29,2%) n'avaient soit aucune solution de rechange, soit ne savaient pas où obtenir les services proposés par le télécentre. Considérés en tant que groupe, 52,2% des personnes interrogées au moment où elles sortaient des installations, ont déclaré qu'elles iraient dans d'autres télécentres ou d'autres cybercafés si ceux qu'ils utilisaient maintenant n'existaient pas. À Nakaseke, 73,7% des utilisateurs auraient été obligés de parcourir plus de 20 km pour obtenir les mêmes services, et ils ont souligné que le coût de ces services aurait été plus élevé qu'au télécentre. Le coût d'utilisation de services alternatifs aurait aussi été plus élevé à Buwama et à Nabweru ; par contre, en milieu urbain les alternatives auraient été facilement accessibles, et à bon marché.

Les participants aux groupes de discussions dirigées ont été interrogés sur les avantages directs qu'ils auraient obtenus de l'utilisation des télécentres et des cybercafés. Parmi ces avantages figuraient : la facilité de communication; l'économie d'argent et de temps ; la possibilité de dupliquer des documents (par la photocopie) rapidement et à bon marché ; l'accès aux divers types d'informations, surtout sur les techniques modernes d'agriculture ; l'information sur des événements d'actualité, par la lecture des journaux ; les offres d'emploi pour les membres des communautés (volontaires) ; l'acquisition de nouvelles compétences grâce à la formation en informatique ; le traitement de documents ; et l'accès à l'information à l'échelle planétaire grâce à la toile.

Tableau 22 : Là où il n'y a pas de télécentre*

	Buwama (n=17)	Nabweru (n=24)	Nakaseke (n=24)	Wandegeya (n=24)	Bugolobi (n=24)	Total (n=113)
Qu'aurait fait la personne interrogée si le télécentre/cybercafé n'existait pas?						
Rien	—	12.5	25	20.8	—	12.4
Ne sait pas	11.8	16.7	8.3	8.3	—	8.8
Utilisat. d'autres infrastructures	58.8	37.5	8.3	70.8	87.5	52.2
Se rendre à une autre ville	29.4	33.3	58.3	—	12.5	26.5
S'il existait d'autres infrastructures combien coûterait le même service?						
Plus cher qu'au TC	52.9	72.2	84.0	6.3	4.3	43.0
Moins cher qu'au TC	—	—	15.8	12.5	4.3	6.5
Le même qu'au TC	47.1	27.8	—	81.3	91.3	50.5
Quelle distance la personne interrogée serait-elle prête à parcourir pour se procurer un autre service?						
Moins de 5km	47.1	68.4	5.3	100	11.1	40.2
de 6–10 km	—	31.6	10.5	—	11.1	12.2
de 11–15 km	—	—	5.3	—	—	1.2
de 16–20 km	—	—	5.3	—	—	1.2
Plus de 20 km	52.9	—	73.7	—	—	28.0
Sans objet	—	—	—	—	77.8	17.1

Source : Enquête 2001.

* Alternatives (en pourcentages) concernant l'accès à des services disponibles dans les télécentres et les cybercafés.

À Buwama, la majorité des participants a déclaré que les séminaires de développement des compétences en matière d'entreprenariat organisés dans les télécentres et dirigés par l'ONG «Conseil pour l'habilitation économique des femmes en Afrique» avaient revêtu à leurs yeux une importance particulière.

Le télécentre organise des séminaires qui vous apprennent les bonnes méthodes d'agriculture, d'élevage, d'aviculture, d'artisanat, de commerce et de comptabilité. Tout cela est très utile à la communauté (Jalamba-Buwama, Groupe de discussions dirigées). Grâce aux séminaires, les femmes ont appris à bénéficier mutuellement de leurs expériences et à améliorer leurs activités (Bongole-Buwama, Groupe de discussions dirigées).

À Nakaseke, le service bibliothèque était apprécié au plus haut point par les participants aux groupes de discussions dirigées :

La bibliothèque a aidé de nombreux étudiants, surtout ceux qui habitent tout près. D'autres membres de la communauté y vont pour lire les journaux, et les enfants y vont pour jouer aux jeux sur ordinateur et regarder les films vidéos. Les services ne sont pas discriminatoires, il y en a pour tous les âges, et tous les sexes (Nakaseke, Groupe de discussions dirigées).

Les études de cas individuels menées sur tous les sites — télécentres et cybercafés — ont montré que ces installations avaient des impacts significatifs sur la vie de certains des usagers :

● Après avoir vu au télécentre une cassette vidéo sur la culture du maïs en Tanzanie, où le sol est dur et rocailleux, j'ai eu envie de relever le défi parce que le sol ici est meilleur. Je me suis lancé dans un sérieux programme d'amélioration de la qualité et de la quantité de mes cultures. Depuis, j'ai connu une amélioration de ma production de maïs, ce qui m'a aidé à augmenter mon revenu et à nourrir ma famille. Mon champ de maïs est très productif, il est presque devenu un modèle pour les autres cultivateurs de la région (Steven Kityo, Buwama).

● Grâce aux connaissances que j'ai acquises en regardant les cassettes vidéos au télécentre, j'utilise maintenant des pratiques modernes d'agriculture dans ma plantation de bananes. Je respecte l'espacement qu'il faut entre les plants et entre les cultures ; je mets la quantité d'engrais qu'il faut, et je recouvre le sol de paillis pour favoriser la rétention d'eau et prévenir l'érosion du sol. Au début, je n'ai pas essayé ces méthodes parce que je pensais qu'elles ne donneraient pas de meilleurs rendements... mais je suis heureux maintenant... Je ne suis plus obligé de débourser de l'argent pour acheter des denrées alimentaires pour la famille (M. Katwele Kintu, président du conseil communal, commune de Mbizzinnya, Bawama).

● Avant de suivre les cours d'informatique au télécentre, je concevais mes travaux à main levée. Cela prenait beaucoup de temps, et le résultat n'était pas très net. À l'ouverture du télécentre, je me suis inscrite au cours d'informatique pour le traitement de texte et Excel. Avec cette compétence, je peux maintenant concevoir mes croquis sur ordinateur.

106

L'informatique m'a aidé à améliorer la qualité de mon travail et m'a permis de travailler plus vite et plus facilement. Cela m'a également permis d'élargir ma clientèle…À part l'ordinateur, j'utilise la photocopieuse pour mes documents… Parfois je fais des modèles trop grands pour le support prévu, alors je les réduis en utilisant la photocopieuse… Maintenant nous n'avons qu'à appeler nos fournisseurs à Kampala en utilisant le téléphone du télécentre pour leur donner nos instructions sur les articles dont nous avons besoin. Les fournisseurs perçoivent l'argent auprès des chauffeurs de taxi-brousse auxquels ils remettent les articles. Cela a permis à notre entreprise d'économiser de l'argent et de gagner du temps sur le transport (Mme Namayania Joyce, de Nakaseke, qui fabrique des badges scolaires, des banderoles et des panneaux indicateurs).

Les données du sondage effectué à la sortie des télécentres montrent que, d'après 55,6% des répondants, l'apprentissage de l'ordinateur avait changé leur vie. Ils auraient bénéficié de deux avantages directs : l'économie de temps et d'argent (60,8%) et la capacité de mener leur travail en toute indépendance (35,3%). Un répondant à Wandegeya avait trouvé un emploi grâce à la capacité de manipuler un ordinateur, faculté qu'il avait acquise au cybercafé ; 16 répondants espéraient décrocher un bon emploi après avoir suivi une formation en informatique. La question n'est pas simplement de savoir si ces attentes sont réalistes ou pas, mais le fait est qu'elles suscitent l'espoir, et évoquent la possibilité d'une nouvelle profession.

Élaboration du contenu

Il est de notoriété publique qu'une très grande partie des contenus disponibles sur la toile mondiale est d'origine nord-américaine et européenne et serait, d'après certaines estimations, de plus de 90%. Le contenu africain, généré par des Africains ou à partir du continent, ne constituerait que moins de 2% de la toile mondiale. Les télécentres doivent relever dès maintenant l'important défi qui consiste à fournir et à créer des contenus qui soient adéquats et pertinents. Le défi n'est pas facile. Contrairement aux cybercafés, les télécentres ont fait certes quelques tentatives de création de contenus locaux. Ces initiatives consistaient en majorité à re-conditionner les informations disponibles, en en convertissant la forme, par exemple en produisant des vidéos à partir de matière textuelle de second degré. Le gérant du Wandegeya Cyber-Mart a affirmé qu'il n'avait pas investi dans la création de contenus locaux parce que, dit-il, «nous pensons que ce ne serait pas rentable». Les trois télécentres avaient créé principalement des documents imprimés (des prospectus, des brochures ou des posters) sur un nombre limité de sujets liés à l'agriculture, à la santé, etc. Les membres du personnel du télécentre de Nakaseke avaient produit quelques vidéos sur l'agriculture, le commerce et la santé au moment de l'enquête ; un annuaire des sites web utiles et des coupures de presse relatant les événements importants du pays avait également été fabriqué et conservé sous forme de dossiers, essentiellement à des fins de référence.

Les tentatives pour adapter l'information aux besoins et aux environnements locaux ne sont pas nombreuses. Les contenus disponibles, quoique limités, sont la preuve d'une certaine compétence. À Nabweru, des informations sur les méthodes modernes d'agriculture avaient été collectées puis re-conditionnées sous forme de posters. Ces informations avaient été recueillies auprès de nombreuses institutions et sources diverses: des institutions de recherche à Kawanda (l'Institut de recherche agricole); des Associations de cultivateurs telles que l'Association nationale des cultivateurs ougandais (UNFA) et l'association des cultivateurs du district de Kampala (KADIFA) ; le ministère de la Santé ; le Centre d'information sur le SIDA ; la Chambre nationale de commerce ; le British Council ; l'ONG Straight Talk ; et le centre pour adolescents de Naguru.

Cette tentative d'élaboration de contenus s'est heurtée aux difficultés suivantes : absence de fonds, manque de compétences et d'évaluations pertinentes, et recouvrement significatif des coûts auprès des populations paysannes pauvres. D'autres activités pilotes de création de contenu sont actuellement en cours. Les télécentres seront les principaux collaborateurs et bénéficiaires. Un projet actuellement en cours d'exécution par l'Organisation nationale de recherche agricole, en collaboration avec les trois télécentres communautaires, a produit six vidéos, essentiellement sur l'agriculture, et une bonne douzaine de posters (voir www.agricinfo.ug). Un autre exemple est celui du CD-ROM intitulé «Rural Women in Africa: Ideas for Earning Money» (Femmes rurales d'Afrique : des idées pour gagner de l'argent), qui connaît un très grand succès, sur le plan national et international. Le projet a créé un CD-ROM multimédia qui ciblait les femmes, parce que les études montraient que les femmes n'avaient que très peu accès aux services des télécentres. La stratégie consistait à créer un produit ciblant spécifiquement les femmes (et les femmes pauvres, nouvellement alphabétisées ou analphabètes en particulier). Ce produit était une réponse à l'une des questions primordiales soulevées par les femmes elles-mêmes au cours de réunions de discussion du projet, à savoir : «Comment puis-je faire pour gagner davantage ?». À l'issue d'une série de réunions, de discussions, de collecte de données et d'informations, de rédactions et de re-formulations, la Tribune internationale des femmes de New York, en collaboration avec des chercheurs, et des experts en TIC de Kampala ont créé/produit un CD-ROM interactif avec possibilité d'utilisation audio. Le CD-ROM intitulé «Rural Women in Africa : Ideas for Earning Money » montre des histoires réelles de femmes ougandaises qui ont mis en place des petites entreprises et les gèrent avec succès. À partir de ces histoires, des informations pratiques sur le commerce et d'autres opportunités d'affaires sont présentées dans le CD-ROM. Celui-ci est en anglais et en luganda, langue ougandaise couramment utilisée à Kampala et dans ses environs.

Le CD-ROM jouit d'une immense popularité auprès des communautés autour des télécentres, et surtout, à l'origine, auprès des femmes, créant un puissant mouvement d'attraction vers les télécentres. « Maintenant les femmes font la queue aux télécentres pour utiliser les ordinateurs à cause du CD-ROM». Une veuve de 70 ans a fait la une de l'actualité nationale et internationale, grâce à sa faculté de manipulation du CD-ROM et de ses aptitudes à utiliser le support qui l'accompagne, et qu'elle utilise pour former d'autres femmes dans le canton. Le CD-ROM peut être visualisé sur le site : www.wougnet.org/news/cdupdate.html

Propriété, gestion et viabilité

La question de la viabilité financière se trouve au centre des débats concernant les télécentres et les points d'accès publics en général. Sont-ils suffisamment viables pour s'autofinancer ? C'est le marché qui décide ! À la question de la viabilité sont étroitement liées celles de la propriété et de la gestion. Qui est propriétaire du télécentre, et comment est-il géré ? On pense que ces questions participent de manière cruciale à la viabilité financière.

Au moment de l'enquête, les télécentres de Buwama et de Nabweru, à l'instar des autres télécentres communautaires, menaient leurs opérations presque exclusivement grâce aux fonds des donateurs. Nakaseke commençait à couvrir une partie de ses coûts opérationnels, mais dépendait encore en grande partie du financement des bailleurs de fonds. La grande question, source d'anxiété collective pour les acteurs locaux, mais aussi, dans une certaine mesure, pour les bailleurs de fonds, était la suivante : qu'arriverait-il lorsque les projets atteindraient leur date de clôture définitive ? Les projets sont par nature destinés à se tenir sur des périodes

109

définies, par exemple deux, trois ou quatre ans, au bout desquels ils doivent prendre fin ou se renouveler. Les projets de télécentres, objets de ce chapitre, étaient initialement prévus pour durer trois ans, et ils en étaient à leur troisième année d'opération au moment des enquêtes, de sorte que les questions relatives à la nature future du financement (et de la viabilité) étaient une préoccupation majeure.

Les télécentres étaient gérés par les membres du personnel et supervisés d'une part par les comités locaux de gestion, et d'autre part par les institutions respectives qui faisaient fonction d'agences d'exécution du projet. La gestion était caractérisée par l'empiètement et la confusion des rôles et des responsabilités. Au niveau du télécentre, l'absence d'une liste des services proposés et de leur prix, des horaires d'ouverture ou d'organisation des prestations de service était révélatrice d'une organisation défaillante. Les membres du personnel et des comités locaux de gestion n'avaient pas reçu une formation très poussée, et manquaient de compétences techniques. Il a été observé que la fourniture des services semblait avoir fait l'objet davantage d'attention dans les deux télécentres gérés par des hommes. Mais le fait que seul le télécentre géré par une femme ait souffert de conflits prolongés entre le comité de pilotage et la gérante rend hasardeuse toute conclusion relative aux rapports entre genre et gestion.

Recrutement

Le recrutement est directement lié à la viabilité. Un personnel pléthorique entraîne de lourdes charges, tandis qu'un personnel insuffisant manque d'efficacité. Il y avait en moyenne six membres du personnel à assurer les opérations quotidiennes dans chacun des télécentres et des cybercafés. Le télécentre de Nakaseke et le Wandegeya Cyber-Mart avaient le nombre le plus élevé de personnel (8 chacun). Il y avait au total 20 membres du personnel dans les cinq installations objets de l'enquête, dont 9 étaient des femmes. Il n'y avait pas de différence significative dans la répartition par genre du personnel. Le déséquilibre entre les genres n'a été signalé qu'au télécentre de Buwama, où un seul membre du personnel était un homme (Tableau 24). Contrairement aux cybercafés, les télécentres dépendaient en grande partie de volontaires qui faisaient principalement fonction de formateurs en NTIC ou d'initiateur. Les volontaires, généralement titulaires de certificats d'études secondaires, recevaient une modeste indemnité mensuelle pour couvrir une partie de leurs dépenses (le transport et le déjeuner entre autres). Les volontaires étaient généralement formés au télécentre et profitaient de leur présence pour améliorer leurs compétences personnelles et leurs chances de trouver un emploi. La majorité des employés salariés avaient des certificats ou des diplômes dans des domaines autres que l'ingénierie ou l'informatique, et bien que certains cours aient été organisés pour eux, par exemple en matériel informatique et en logiciels, la plupart n'avaient ni qualification technique, ni expertise, ni compétences significatives.

Chacun des télécentres communautaires disposait d'un agent d'information, non prévu dans l'organigramme des deux cybercafés. Le télécentre de Buwama avait un poste supplémentaire, celui de cadre chargé des opérations. Il y avait d'autres différences, du point de vue du personnel, entre les télécentres et les cybercafés. Le personnel des cybercafés comptait généralement plus de femmes, et les cybercafés avaient des directeurs au lieu de gérants (Tableau 23).

Participation communautaire

Contrairement aux cybercafés, dont les opérations étaient supervisées et dirigées par un directeur, les télécentres communautaires étaient supervisés par les comités locaux de gestion, également connus sous le nom de comités de pilotage. Les comités, à Buwama comme à Nabweru, avaient la même mission : conseiller et superviser les opérations du télécentre. Ils étaient composés de membres des communautés qui représentaient différents intérêts ou groupes communautaires. Le comité local de pilotage de Buwama comprenait 13 membres, tandis qu'à Nabweru, le comité local de gestion en comprenait 8, dont 2 femmes. À Nabweru, les membres du comité représentaient les villages du canton. Cependant, la représentation à Buwama était differente parce que les critères de sélection des membres n'étaient pas transparents, et les villages du canton n'étaient pas tous représentés.

Contrairement à Buwama et à Nabweru, Nakaseke avait trois comités différents. Il y avait un comité de gestion, un comité local de pilotage, et un comité représentant les utilisateurs. Chacun des trois comités avait des rôles et des responsabilités clairement définis et énoncés dans les termes de référence du projet. Le comité local de pilotage de Nakaseke comprenait en majorité des représentants locaux (basés en Ouganda) des agences de financement impliquées dans le projet, telles que l'UNESCO, le CRDI, l'UTL et le Conseil d'administration de la bibliothèque nationale. Bien que leur rôle soit expressément défini comme «relatif aux questions techniques»,

Tableau 23 : Configuration du personnel dans les télécentres et les cybercafés (M = masculin, F = féminin)

	Buwama	Nabweru	Nakaseke	Wandegeya	Bugolobi
Personnel salarié					
Gérant télécentre	1 F	1 M	1 M	1 M	—
Assistant télécentre Gérant	—	—	1 M	1 F	—
Responsable de l'information	1 F	1 M	1 F	—	—
Assistant à l'information Attaché d'administ.	—	—	1 F	—	—
Responsable des opérations	1 F	—	—	—	—
Formateurs en NTIC, guides, et secrétaires	—	—	—	3 F, 2 M	3 F, 1 M
Total (Salariés)	3 F	2 M	4 (2 M, 2 F)	7 (3 M, 4 F)	4 (3 F, 1 M)
Bénévoles					
Formateurs en NTIC, guides, et secrétaires	1 M, 1 F	1 M, 2 F	3 M, 1 F	—	—
Directeur-général	—	—	—	1 F	1 M
Total (bénévoles)	2 (1 M, 1 F)	3 (1 M, 2 F)		4 (3 M, 1 F)	— —
Grand Total	5 (1 M, 4 F)	5 (3 M, 2 F)	8 (5 M, 3 F)	8 (3 M, 5 F)	5 (3 F, 2 M)

Source : Enquête 2001.

il est difficile de distinguer ce rôle de celui du comité de gestion. Ce dernier, qui est chargé des questions de politique, est composé de représentants de haut rang de divers groupes parties prenantes dans le projet, tels que l'UTL, l'UNESCO et le CRDI. Le comité représentant les utilisateurs était composé de membres de la communauté locale, utilisateurs effectifs ou potentiels des services du télécentre (par exemple, des cultivateurs, des commerçants, des médecins, des jeunes). Leurs principales missions consistaient à définir les besoins d'information et de communication de la communauté ; faire connaître les préoccupations et les opinions de la communauté concernant le télécentre et les services qui y sont proposés ; et assurer la liaison avec le personnel du télécentre au profit de la communauté. La composition initiale des comités n'avait connu aucun changement depuis leur création, bien que de nombreux membres de la communauté (en particulier à Buwama) en aient exprimé le souhait.

Les membres du comité à Buwama et à Nabweru n'étaient pas impliqués dans la gestion du personnel (recrutement et licenciement). À Nakaseke, le comité local de gestion pouvait administrer le personnel technique, tandis que les autorités du canton géraient le personnel d'appui, comme les femmes de ménage et les agents de sécurité, parce que c'était là leur contribution au fonctionnement du télécentre. Comme à Nakaseke, les autorités du canton à Nabweru et à Buwama sont chargées d'assurer la sécurité des télécentres. Le Conseil national ougandais pour la science et la technologie (l'UNCST), l'agence d'exécution du projet, recrutait tous les autres membres du personnel à Buwama et à Nabweru. Le rôle des comités de gestion et de pilotage se limitait au conseil de recrutement ou de licenciement. Cependant, le président du comité ou l'un de ses assistants représentait généralement le comité local de gestion et de pilotage lorsque l'UNCST prenait des décisions importantes concernant les télécentres. Par contre, les directeurs des cybercafés avaient le pouvoir absolu de recruter ou de licencier leurs employés.

Les présidents (tous des hommes) des comités de gestion ou de pilotage à Buwama et à Nabweru sont co-signataires, avec les gérants du télécentre, des comptes bancaires de leurs télécentres. Les autres membres du comité ne sont pas impliqués dans les décisions concernant les finances du télécentre et ne sont impliqués ni dans la confection, ni dans l'approbation des budgets du télécentre ; ils sont simplement informés de temps en temps sur les performances financières des télécentres (Tableau 24). L'UNCST, agence d'exécution du projet, est l'unique responsable des budgets des deux télécentres et de toutes les évaluations financières, y compris de l'audit des documents financiers.

Tableau 24 : Nature de l'implication de la communauté dans la gestion des télécentres communautaires

Implication de la communauté	Buwama	Nabweru	Nakaseke
Recrutement du personnel	Non	Non	Oui
Supervision du personnel	Oui	Oui	Oui
Fourniture de resources	Oui	Oui	Oui
Détermination des tarifs des services	Non	Non	Oui

Source : Enquête 2001.

À Nakaseke, le comité local de gestion était chargé de l'approbation des budgets du télécentre. À l'origine, le comité était chargé de la majorité des achats. Au moment de l'étude, cependant, le gérant du télécentre était chargé d'établir les estimations budgétaires trimestrielles qui étaient ensuite approuvées par le comité. Ce dernier est également responsable des audits financiers. Cependant, le comité local de pilotage demeurait responsable de l'approbation des dépenses quotidiennes dont les montants sont prélevés sur les revenus du télécentre. Le gérant a le pouvoir de dépenser une partie de l'argent généré par le télécentre, à condition que la dépense soit approuvée par le comité de pilotage. La participation communautaire traduite par l'implication des membres du comité local de gestion paraissait plus élevée à Nakaseke qu'à Nabweru ou à Buwama.

À Nakaseke, concernant un certain nombre d'activités du télécentre, la participation communautaire était plus importante. Les membres de la communauté étaient impliqués dans le recrutement du personnel, la supervision des activités du télécentre, l'apport de ressources financières et matérielles, ainsi que la fixation des prix des services du télécentre (Tableau 25). À Buwama et à Nabweru, l'implication communautaire était limitée à la supervision des activités du télécentre et à l'apport de ressources supplémentaires.

Les communautés locales apportaient une contribution significative dans tous les télécentres. Les trois télécentres étaient hébergés dans des bâtiments publics ou communautaires, et les locaux étaient mis gratuitement à leur disposition. Le télécentre de Buwama était hébergé dans un centre construit pour la communauté par l'ONG World Vision. Le télécentre de Nakaseke occupait la salle des fêtes de la communauté, tandis que celui de Nabweru était hébergé dans trois pièces à l'intérieur des bureaux du conseil communal. Les autorités locales fournissaient les locaux et le mobilier, garantissaient la sécurité.

À Nakaseke, comme dans les autres télécentres, on avait la conviction largement partagée que le modèle de gestion n'était pas de nature à assurer la viabilité. Il a été souligné que le succès relatif du télécentre de Nakaseke était en grande partie tributaire de l'engagement des dirigeants politiques locaux. Ces dirigeants avaient contribué considérablement à la mobilisation de la communauté, en particulier pendant les phases initiales du projet. Les résidents s'inquiétaient donc de l'avenir du télécentre, en cas de changement des dirigeants politiques après les élections générales. Un membre du comité local de gestion de Nakaseke a fait la remarque suivante :

> ... le facteur le plus important, pour déterminer le succès ou l'échec de toute entreprise, est le charisme et le sens des affaires de ses gérants. J'ai vu de nombreuses agences privées ouvrir leurs portes pour fermer quelques mois plus tard. Cela est dû aux défaillances de gestion et au manque de compétence en administration d'entreprise.

À Nabweru, le président du comité local de gestion a suggéré le maintien de l'organisation actuelle, «parce qu'elle crée des emplois pour les membres de la communauté»; il a cependant reconnu que les choses fonctionnaient mal et qu'il était question de donner le télécentre en sous-traitance. Cependant, il n'était pas sûr de la position du comité parce que celui-ci ne s'était pas réuni depuis au moins 8 mois.

La situation à Buwama était encore moins claire : en effet le comité local de gestion avait été empêtré dans d'interminables querelles avec le personnel. Résultat : le comité avait pris ses distances par rapport au télécentre jusqu'à ce que «les choses s'arrangent». Commentaire du responsable du projet Acacia :

> ... Si je devais reprendre ce projet, je préfèrerais certainement que les télécentres soient gérés comme de véritables entreprises depuis le début... Par ailleurs, dès que le feu vert aurait été donné, j'impliquerais l'administration locale (les conseils communaux) dans la mise en œuvre du projet.

Propriété du télécentre

Les membres des comités interrogés ont tous affirmé que les télécentres appartenaient aux communautés, et que les bailleurs de fonds et les agences d'exécution (l'UNCST, dans le cas de Buwama et de Nabweru) étaient là simplement pour aider à court terme, avant la prise en main totale des projets par les communautés. Les projets ont toujours été décrits comme étant des projets communautaires et qualifiés comme tels. Comment peut-on dire que les communautés sont propriétaires des télécentres si elles ne peuvent pas recruter le personnel ou fixer les prix ? Les membres des comités locaux étaient persuadés que les communautés deviendraient propriétaires des installations à la fin du projet, et que c'était là une raison suffisante pour les définir ainsi – c'est-à-dire, comme biens de la communauté. Cependant, si le fait d'être propriétaire confère le pouvoir de contrôle, dans une certaine mesure, alors il serait juste de dire que les propriétaires des télécentres étaient non pas les communautés locales de Buwama et de Nabweru, mais l'UNCST. Ce dernier serait un propriétaire absent ou un fiduciaire, comme l'est la Commission nationale pour l'UNESCO par rapport au télécentre de Nakaseke.

Revenus des télécentres

Le profit constitue une dimension significative de la viabilité. Les discussions avec la direction des cinq installations ont confirmé le fait que celles-ci enregistraient bien des recettes, mais qu'aucune d'entre elles ne générait suffisamment d'argent pour couvrir tous les besoins.

Il y avait une différence significative entre les modes de dépense des télécentres et ceux des cybercafés. Le Tableau 26 présente les réponses à la question de savoir : «Quelles» sont les dépenses que vous effectuez ?» À Nabweru et à Buwama, le personnel du télécentre ne dépensait d'argent sur aucun des postes identifiés. Il n'avait aucune autorité pour effectuer des dépenses de quelque nature que ce soit. Le personnel de tous les télécentres a révélé que, d'après la politique du télécentre, il devait remettre à la banque toutes les recettes provenant de la vente des produits et des services. Les fonds des donateurs étaient utilisés par les agences d'exécution, à savoir l'UNCST et la Commission nationale pour l'UNESCO, pour couvrir toutes les dépenses, sauf en cas d'urgence, par exemple lorsqu'il y avait retard dans la réception de l'argent liquide en provenance des agences d'exécution du projet. La politique du projet stipulait des niveaux

116

prédéfinis de dépenses pour Nabweru et Buwama. Par exemple, ils n'étaient pas censés dépenser plus de 80 000 shillings ougandais en matériel de bureau, ou 100 000 shillings ougandais (1 US $ = 1700 shillings ougandais) par mois pour le téléphone. Le personnel, à Buwama et à Nabweru, déplorait cette politique, et a fait remarquer qu'elle les faisait paraître inefficaces parce qu'ils ne pouvaient pas dépenser au-delà de certaines limites, alors que c'était souvent nécessaire. Ils ont affirmé par exemple que pour le téléphone et la photocopie, services particulièrement demandés, ces restrictions sur les dépenses avaient un effet négatif sur la prestation de services.

Tableau 25 : Responsabilité du personnel concernant les dépenses

	Buwama	Nabweru	Nakaseke	Wandegeya	Bugolobi
Coûts de fonctionnement	–	–	partielle	oui	oui
Équipement					
*remplacement	–	–	non	oui	oui
*maintenance	–	–	non	oui	oui
Tarifs téléphone, eau et électricité	–	–	oui	oui	oui
Salaires	–	–	oui	oui	oui
Dotations (Comité/bénévoles)	–	–	oui	na	na
Heures supplém.	–	–	oui	oui	non
Programme de vulgarisation	–	–	oui	oui	non
Publicités	–	–	partielle	non	non

Source : Survey 2001.
(na = non applicable)

Ce sont la photocopie, les services téléphoniques et la formation en informatique qui rapportaient le plus dans les installations où étaient proposés ces services (Tableau 26). Les recettes, et parfois les tarifs, variaient d'une installation à l'autre. Au Bugolobi Business Centre, par exemple, les recettes dérivées de la photocopie étaient de l'ordre de 100%, alors qu'à Nabweru le même service était déficitaire. À Nabweru, le plus gros client des services de photocopie était l'administration locale ; or celle-ci n'était pratiquement pas solvable. À Nakaseke, les services téléphoniques étaient source de recettes substantielles, mais ceci était lié au fait que les services téléphoniques étaient subventionnés à Nakaseke, alors qu'ils ne l'étaient pas à Nabweru ni à Buwama. Seul le Wandegeya Cyber-Mart a fait des profits sur les services de courrier électronique et Internet. Le personnel des cybercafés déplorait que pour les services e-mail et Internet, qui rapportaient beaucoup auparavant, les recettes étaient en baisse et qu'ils atteignaient péniblement le seuil de rentabilité. Le nombre des clients avait diminué à cause d'une forte concurrence de la part des nombreux cybercafés qui venaient d'ouvrir à Kampala. Le Wandegeya Cyber-Mart envisageait donc une réduction spectaculaire de ses tarifs Internet, de 100 UGS à 50 UGS seulement la minute. Le service e-mail et Internet à Nabweru par contre était déficitaire non à cause de la concurrence, mais à cause de la faiblesse de la demande.

Il était couramment dit que les télécentres faisaient des bénéfices, et les membres du personnel indiquaient qu'ils aimeraient bien mettre en place des entreprises similaires s'ils disposaient du capital nécessaire ; pourtant, les chiffres concernant les recettes ne sont pas convaincants. Sur 12 des 18 mois sur lesquels les données étaient disponibles, le revenu mensuel n'aurait pas suffi à couvrir le salaire mensuel du gérant de télécentre (425000 UGS, soit 250 dollars). La tendance globale montrait une baisse des revenus des télécentres. Il est curieux que les membres du personnel des télécentres aient indiqué qu'ils n'ouvriraient des télécentres que s'ils croyaient en leur viabilité. Mais si c'était le cas, pourquoi les télécentres ne marchaient-ils pas mieux ? En supposant qu'il n'y a pas eu d'irrégularités financières dans les opérations (et il n'y a guère de raison de croire qu'il y en a eu), la réponse se trouve peut-être dans le type de gestion. Les cybercafés privés, qui ne sont pas du tout subventionnés mais situés dans des quartiers caractérisés par une forte concurrence, font des bénéfices, ou du moins parviennent à se maintenir au-dessus du seuil de rentabilité, d'un mois sur l'autre (voir Tableau 26).

Tableau 26 : Estimation des revenus et dépenses mensuels (en UGS) par type de service
(SND = service non disponible, NP = non précisé, 1USD=1700)

	Buwama		Nabweru		Nakaseke		Wandegeya		Bugolobi	
	Revenu	Coût	Revenu	Coût	Revenu	Coût	Revenu	Coût	Revenu	Coût
Photocopies	70000	20000	120000	122000	141000	42000	SND	SND	550000	280000
Traitement de texte	40000	—	NP	NP	8,000	1000	SND	SND	400000	160000
Téléphone	150000	100000	280000	200000	150000	20000	SND	SND	SND	SND
Demo. Video	2400	—	—	—	—	—	SND	SND	SND	SND
Location groupe électrogène	15000	—	SND	SND	SND	SND	SND	SND	SND	SND
Services bibliothèq.	—	—	—	—	20,000	15000	SND	SND	SND	SND
Formation informatique	35000	10000	200000	40000	120000	90000	100000	NS	SND	SND
Email et Internet	SND	SND	32000	100000 (ISP)	SNA	SNA	2 million	1785 million	300000	500000
Fax	SND	SND	500	NP	3,000	6000	SND	SND	NS	NP
Diffusion	NP	NP	NP	NP	—	70000	SND	SND	SND	SND

Source : Enquête 2001.

Conclusion

D'après les témoignages des citoyens lambda, les télécentres auraient changé la vie des Ougandais de manière significative, particulièrement mais non exclusivement pour ceux qui vivent dans les zones rurales où sont situés les télécentres. La nature et le degré de l'impact ont été faibles pour certains, mais essentiels pour d'autres. La question n'est pas de savoir s'il y a eu changement ou pas, mais plutôt de savoir dans quelle mesure le type de changement souhaité a eu lieu, et si ce changement sera durable. Pour que le changement dans le sens souhaité soit durable, il faudra que les télécentres continuent à recevoir une subvention. Les différences observées entre cybercafés privés et télécentres communautaires indiquent les changements nécessaires pour rendre les télécentres communautaires plus viables. Ou alors, comme le suggère la thèse évolutionniste, ne s'agit-il que d'une question de temps ?

Ces projets de télécentres étaient de nature exploratoire, expérimentale, et de courte durée. Bien que tous soient encore en cours d'exécution au moment de l'enquête, ils vivaient déjà leur dernière phase, en tant que projets financés par des bailleurs de fonds, en attente de changements imminents vers un statut plus permanent et peut-être un changement de propriétaire. Deux des télécentres, celui de Buwama et de Nabweru, ont été pris en charge par l'administration locale en décembre 2002, et leur avenir était incertain. Cependant, il est évident que les télécentres ont donné à des hommes, des femmes et des enfants un aperçu de certains des outils contemporains d'information et de communication devenus courants dans le monde développé. Les projets ont démontré qu'il était possible de briser l'isolement des communautés rurales. Mais il y a encore beaucoup à apprendre et à faire pour que l'expérience des télécentres satisfasse les attentes relatives à un accès universel et raisonnable pour tous les groupes communautaires des zones rurales d'Afrique.

Chapitre 6

Télécentres
en Afrique du Sud

L'Afrique du Sud s'étend sur une superficie de 1,2 million de km². Depuis la fin officielle de l'apartheid en 1994, un gouvernement démocratique dirigé par l'ANC tente de partager et d'étendre les richesses du pays à la majorité de la population. Près de 48% des 42 millions d'habitants vivent dans la pauvreté (moins de 1000 ZAR soit 83 USD par habitant par mois). L'Afrique du Sud reste une société divisée : la communauté blanche (11% de la population totale) vit généralement dans l'aisance, tandis que la majorité des Noirs Africains (72% de la population totale) vit dans la pauvreté. Cinquante huit pourcent des ménages ont accès à l'électricité, 45% à l'eau et 34% au téléphone.

L'étude des télécentres s'était axée sur la Province du Nord considérée par le gouvernement sud-africain comme une zone prioritaire de développement, souffrant d'un déficit important en services de communication. Six télécentres implantés dans la région ont été sélectionnés dans le cadre de l'étude : Botlokwa, Phalala, Makuleke, Mankweng, Bakgaga-ba-Mothapo et Thakgalane. Menée entre mars et octobre 2000, l'étude consistait en un atelier de formation, de réflexion et de diffusion au niveau local et régional, ainsi que d'une enquête de terrain de 7 à 10 jours au niveau de chaque site.

Contexte des télécommunications

L'Afrique du Sud compte de loin le plus grand nombre de lignes fixes (estimées à 4,9 millions en 2002) et mobiles en Afrique et possède le secteur des technologies de l'information et de la communication (TIC) le plus avancé du continent avec près de trois millions de comptes Internet en 2001.

Cependant l'accès aux TIC en Afrique du Sud tend à suivre le schéma des inégalités existantes qui s'est solidement répandu du fait de l'héritage de l'apartheid.

Promulguée en 1996, la Loi sur les télécommunications a déclaré l'accès universel à la téléphonie comme étant la pierre angulaire de la politique du gouvernement. Cette loi a créé l'Independent Communications Authority of South Africa (ICASA) en juillet 2000 pour réglementer les télécommunications. L'ICASA est le fruit de la fusion entre le South African Telecom Regulatory Authority (SATRA) et l'Independent Broadcasting Authority (IBA). Elle a également créé l'Universal Service Agency (USA), agence qui représente le mécanisme principal dans l'accès aux télécommunications à travers le pays.

Le principal opérateur de télécommunications est l'ancienne société publique Telkom, qui détient toujours le monopole de la téléphonie fixe. L'exclusivité de Telkom et l'apparition d'un second opérateur réseau ont été rendues possibles grâce à la Loi d'amendement des télécommunications de 2001. Le gouvernement a créé des licences spéciales destinées aux petites, moyennes et micro-entreprises pour exploiter les réseaux téléphoniques publics commutés (PSTN) dans les zones rurales. Le pays comptait 2,1 millions d'abonnés pour la téléphonie fixe en 2001 contre 9 millions pour la téléphonie mobile (BMI-Technologies 2002:403). La part de marché de la téléphonie cellulaire a connu une augmentation rapide au cours des dernières années, avec la présence de trois fournisseurs : Vodacom, MTN et le tout nouveau Cell C. Il existe actuellement un nombre plus important de lignes mobiles que de lignes fixes en Afrique du Sud, comme en Ouganda d'ailleurs, au Sénégal et dans la majeure partie du continent.

D'autres programmes et services gouvernementaux sont également axés sur les TIC, et plusieurs initiatives sont consacrées à la promotion des TIC. Le service chargé de la communication et de l'information, par exemple, a participé à la création de «centres communautaires multiservices» pour fournir des services intégrés dans les zones défavorisées. Schoolnet South Africa a pour sa part lancé des projets dans des centaines d'établissements scolaires.

L'USA s'est largement impliquée dans la création de centres TIC généralement appelés en Afrique du Sud télécentres et cybercafés. Parmi les télécentres créés par l'USA, douze ont bénéficié de l'assistance du CRDI.

À la fin de l'année 2001, l'USA avait implanté 81 télécentres dans différentes parties du pays.

Le coût d'installation d'un télécentre en Afrique du Sud avoisinerait 200 000 ZAR (16 600 USD). Dans la plupart des cas, la construction de nouveaux bâtiments n'est pas nécessaire. Il suffit de rénover des locaux existants ou des conteneurs de transport, de les protéger contre les effractions et de les peindre aux couleurs d'USA (blanc, violet et gris). Le matériel installé comprend un à quatre téléphones, et deux à cinq ordinateurs Pentium. La plupart des télécentres en Afrique du Sud offrent des services de base tels que le téléphone, la photocopie, l'impression et le traitement de texte.

Zones d'investigation

Les six télécentres ayant fait l'objet de cette étude sont situés dans la Province du Nord, zone choisie pour plusieurs raisons :

- Les télécentres USA installés sont plus nombreux dans la Province du Nord que dans les autres provinces du pays (neuf télécentres au total, dont quatre ont été financés conjointement avec le CRDI) ;

- C'est la province qui enregistre le plus faible accès au téléphone et aux services connexes ;

- Le président de la République d'Afrique du Sud, Thabo Mbeki, a désigné la Province du Nord comme faisant partie des trois provinces où des projets de développement étaient prioritaires ;

- L'Université du Nord possède un département des sciences de l'information qui a manifesté son intention et sa volonté de contribuer à l'étude sur les télécentres ;

- La province est relativement proche de Gauteng (la Silicon Valley de l'Afrique en pleine expansion), des bureaux du CRDI, de l'USA et de l'Université de Wits. Cette proximité a favorisé l'implication des principaux partenaires dans le processus d'évaluation.

L'USA a sélectionné les six zones d'investigation pour veiller à ce que les anciens comme les récents télécentres soient pris en compte dans l'étude. Les anciens télécentres créés entre 1998 et le milieu de l'année 1999 étaient Botlokwa, Phalala, et Makuleke ; alors que les télécentres implantés récemment (au cours de l'année 2000) étaient Mankweng, Bakgaga-ba-Mothapo et Thakgalane. À l'exception du télécentre de Mankweng situé dans un township, tous les autres télécentres sélectionnés pour l'étude étaient installés dans des zones rurales (Phalala, Makuleke et Thakgalane) ou semi-rurales (Botlokwa et Bakgaga-ba-Mothapo).

- Thakgalane est un village fondé en 1975. Sa population s'élève à 9646 habitants avec environ 1290 familles. Thakgalane s'étend sur 11 000 ha dans la partie ouest de Tzaneen, à 90 km de Pietersburg et à 18 km de Soekmekaar, la ville la plus proche. Il se caractérise par un taux de chômage élevé. De nombreuses personnes licenciées par les usines en faillite à East-Rand vivent dans cette zone. La principale source de revenus pour la population est l'agriculture de subsistance, qui génère de faibles revenus nettement inférieurs au seuil de pauvreté. Le gouvernement est le principal créateur d'emploi. Chaque famille cotise 70 ZAR (environ 6 USD) pour le développement communautaire. Les principales langues parlées dans cette localité sont le Sotho du nord et le Xitsonga. Le télécentre a été créé à la fin de l'année 1999 dans les locaux de l'autorité tribale.

- Makuleke, où la langue la plus parlée est le Xitsonga, se situe dans l'ancienne localité de Gazankulu prés du parc national Kruger, à environ 80 km de Thohoyandau et à 140 km à l'ouest de Louis Trichardt. C'est un village de taille moyenne qui compte environ 19000 habitants. Près de 60% de la population est au chômage et beaucoup migrent vers la province de Gauteng à la recherche d'un emploi. En général, les foyers ne disposent pas de ligne téléphonique privée et la population compte sur les services de télécommunication offerts par des fournisseurs de services privés comme Vodacom, MTN, et le télécentre. Peu de personnes possèdent des téléphones cellulaires. La banque, le centre commercial et les autres structures les plus proches se trouvent à 45 km du quartier résidentiel de Malamulele. Le télécentre de Makuleke a été lancé en août 1999.

- Bakgaga-ba-Mothapo, où la langue la plus parlée est le Sotho du nord, se situe dans le village de Mothapo, à 40 km à l'est de Pietersburg et à 10 km de Mankweng. La population totale est estimée à 159000 habitants. Il est très difficile d'accéder à l'information et aux télécommunications. Pour remédier à cette situation, South Africa Telkom est sur le point d'installer des téléphones automatiques dans le village. Peu de villageois possèdent des téléphones cellulaires.

124

- Botlokwa est une zone semi-rurale près de l'autoroute du Nord, située à 56 km au nord de Pietersburg sur la route menant à Louis Trichardt. Elle compte 10 villages répartis sur une zone de 65000 habitants. Le télécentre est situé à proximité des autres services publics tels que le poste de police, le bureau de poste, les bureaux de l'autorité tribale, la station de radio communautaire, le bureau de la circonscription et Eskom Point qui fournit de l'électricité aux habitants. Le télécentre de Botlokwa a été créé en février 1999.

- Composé de 42 villages, Phalala compte 333 615 habitants. Cette zone est située à la frontière avec le Botswana, à environ 150 km de Pietersburg et 80 km d'Ellisrus, la ville la plus proche. Le Setswana et le Sepedi sont les langues parlées dans cette région. Les taux de chômage et d'illettrisme y sont très élevés. Les services de transport, d'information et de communication sont insuffisants. Le taux d'abandon au lycée est élevé et la pauvreté ne cesse d'augmenter. Le premier télécentre d'USA y a été installé en mars 1998.

- Mankweng est un quartier résidentiel situé à 30 km à l'est de Pietersburg, à proximité de l'Université du Nord (UNIN) et de l'hôpital de la province. Ce lotissement destiné aux classes moyennes comprend plusieurs centres commerciaux et d'affaires. Il se caractérise par un niveau d'alphabétisation assez élevé (80%), et la majorité des résidents travaillent ou étudient à l'université. Les services de télécommunications sont faciles d'accès comparés aux autres localités. Le télécentre du quartier résidentiel de Mankweng a été créé par un groupe de femmes qui a reçu une formation en gestion de micro-entreprises une fois que leur demande a été acceptée par l'USA. Une salle a été aménagée et équipée dans un centre d'apprentissage et les activités ont démarré en février 2000. Le télécentre était situé dans le même bâtiment que le centre d'apprentissage, qui attirait aussi bien les enfants que les adultes et proposait plusieurs autres projets. Cependant, le télécentre a cessé ses activités en mars 2000 suite à un vol de matériel. Au moment de l'étude, le télécentre possédait trois ordinateurs et six lignes téléphoniques. Avant d'être cambriolé, il disposait de quatre ordinateurs et d'une imprimante intégrant des fonctions de télécopie, téléphone, photocopie, impression et scanner. Un scanner en panne et une photocopieuse figuraient également parmi le matériel. En dehors du télécentre, beaucoup de foyers avaient accès au téléphone et deux centres de formation en informatique ont été ouverts dans la zone. Une station de radio locale émettait à partir de l'Université du Nord (UNIN).

Résultats

Trois des six télécentres ne fonctionnaient pas au moment de l'étude. Au télécentre de Mankweng, le vol de matériel, à peine un mois après son lancement en février 2000, avait paralysé les activités. À Thakgalane, le télécentre ne disposait pas du matériel requis (y compris d'une ligne téléphonique en état de marche) et le personnel n'avait pas reçu de formation adéquate. Au moment de l'étude, le télécentre de Makuleke avait cessé ses activités à cause d'une importante facture téléphonique impayée. Par conséquent, l'analyse qui suit est en grande partie basée sur les informations provenant des télécentres implantés à Phalala, Bakgaga-ba-Mothapo et Botlokwa, qui fonctionnaient au moment de l'étude.

Équipement

Les TIC disponibles dans les télécentres englobaient des ordinateurs, des imprimantes, des télécopieurs, des téléphones, des scanners, des téléviseurs et des magnétoscopes.

Les ordinateurs, téléphones, télécopieurs et photocopieuses représentaient l'équipement TIC le plus courant dans les télécentres. Avec sept ordinateurs, le télécentre de Botlokwa comptait le plus grand nombre d'ordinateurs comparé aux autres télécentres qui n'en disposaient que de quatre chacun. En ce qui concerne les téléphones, six lignes téléphoniques devaient être installées dans le télécentre de Thakgalane au moment de l'étude, Botlokwa possédait cinq lignes, Bakgaga-ba-Mothapo en avait quatre et Phalala deux. Telkom fournissait toutes les lignes téléphoniques. Chaque télécentre disposait d'une photocopieuse et d'un télécopieur.

Services offerts

Le matériel disponible dans les télécentres reflétait le type de services offerts aux membres de la communauté. À Botlokwa par exemple, la photocopie était le service le plus fréquemment utilisé par les clients (49,1%), suivi des appels téléphoniques (28,3%), de l'informatique (11,3%) et de l'impression (9,4%). A Phalala, le modèle d'utilisation était différent, avec une majorité de demande pour les appels téléphoniques (43,8%) et la photocopie (14,6%) ; l'informatique et l'impression n'étaient pas très utilisées, avec seulement 6,3% d'utilisateurs pour chaque service. À Bakgaga, le téléphone était très utilisé (47%), suivi de la photocopie (36%), de la télécopie (9%), de l'informatique (8%) et de l'impression (4%). À Thakgalane, peu de services étaient disponibles à cause du manque de lignes téléphoniques. Quelques photocopies étaient effectuées et les ordinateurs disponibles ne pouvaient pas être utilisés à cause d'un problème de logiciels. Le télécopieur et l'imprimante ne fonctionnaient pas non plus au moment de l'étude.

Motifs d'utilisation

L'enquête a révélé que les services offerts dans les télécentres étaient utilisés pour diverses raisons : pour des raisons sociales et liées à la santé (Botlokwa, Phalala, Bakgaga-ba-Mothapo), pour l'éducation et la formation (Botlokwa et Phalala), pour des informations commerciales et administratives (Botlokwa et Bakgaga-ba-Mothapo), pour l'emploi, la formation en informatique, l'hébergement de projets, les services funèbres et les informations locales (Botlokwa). À Mankweng, avant le cambriolage, le centre offrait des services de saisie pour les étudiants (pour les devoirs) et pour la préparation de Curriculum Vitae . Il permettait également aux enseignants de préparer leurs emplois du temps et aux membres de la communauté de créer des cartes de visite, des cartes de vœux, ainsi que des documents pour les mariages, funérailles, soirées, cérémonies et réunions entre amis. Aucune connexion Internet n'était disponible à Mankweng, même avant le cambriolage.

Phalala avait développé une gamme de services plus vaste que les autres télécentres. Ces services englobaient un bureau de poste et un service hebdomadaire d'affaires internes. Le personnel du télécentre était plus impliqué dans la fourniture de services d'information, étant donné qu'aucun journal ou station de radio local n'existait dans la localité. C'est ainsi qu'une équipe dirigée par le personnel du télécentre a été mise sur pied dans le but de créer le premier journal de la localité.

Profils des utilisateurs

Dans les télécentres de Bakgaga-ba-Mothapo et de Phalala, la majorité des utilisateurs se situait dans la tranche d'âge 17-40 ans (73,0% à Bakgaga-ba-Mothapo et 88,7% à Phalala). Les tranches d'âge de moins de 16 ans et de plus de 40 ans ne participaient pas souvent aux activités des deux télécentres. Il existait une différence considérable dans la tranche d'âge des utilisateurs à Botlokwa, où 48% d'entre eux étaient âgés entre 26 et 40 ans et 32% avaient plus de 40 ans. Aucune donnée concernant les utilisateurs de moins de 25 ans n'avait été collectée.

Les données sur le genre provenant des télécentres de Botlokwa et de Phalala n'ont pas révélé de différences pertinentes. À Botlokwa, la disparité entre les sexes était faible puisque 50,9% des utilisateurs étaient de sexe masculin et 49,1% de sexe féminin. Cet écart était plus marqué à Phalala, où 42,2% des utilisateurs étaient de sexe masculin et 57,8% de sexe féminin. Même si des données systématiques n'ont pas été collectées pour Bakgaga-ba-Mothapo, les chercheurs ont constaté que les téléphones étaient plus utilisés par les femmes.

Les informations sur les professions des utilisateurs des télécentres à Botlokwa et Phalala fournissaient des indications intéressantes. À Botlokwa, plus de 30% des utilisateurs travaillaient dans le sous-secteur de l'éducation, les travailleurs non qualifiés (domestiques, chauffeurs de taxi, etc.) représentaient 20,5%, et les chômeurs et fonctionnaires représentaient chacun 10% des utilisateurs. À Phalala, les chômeurs constituaient la plus grande proportion des utilisateurs (35%) et les éducateurs se plaçaient loin en seconde position (18%) suivis des étudiants (14%). À Mankweng, les enseignants et les hommes d'affaires utilisaient essentiellement les services de photocopie, tandis que le télécopieur était plus utilisé par les étudiants qui en avaient besoin pour envoyer des formulaires de demande ou des documents urgents.

Obstacles

Un grand nombre de facteurs entravant l'accès et l'utilisation des installations et services offerts ont été identifiés :

- Le coût constituait un obstacle majeur. Plusieurs des personnes interrogées ont affirmé que le coût des services, surtout pour la téléphonie et la transmission de télécopie, était trop élevé et devait être réduit pour être compétitif et abordable pour la majorité des utilisateurs potentiels. Cela était particulièrement vrai dans les localités où existaient des concurrents (Botlokwa, Mankweng, Makuleke et Bakgaga-ba-Mothapo). En revanche, lorsque la concurrence était faible ou inexistante (Phalala), la question des prix n'était pas très importante.

- Les infrastructures constituaient également un obstacle. À Botlokwa, le problème concernait les dimensions et la qualité des locaux. Parmi les autres obstacles liés à l'infrastructure, on peut citer : l'absence d'électricité

(Mankweng) ou la distribution irrégulière de courant (Botlokwa et Phalala), l'absence de lignes téléphoniques (Thakgalane), le manque de fonctionnalité du matériel (Mankweng, Thakalage et Bakgaga-ba-Mothapo) et l'inadéquation ou l'insuffisance de matériel (Botlokwa). Seuls les télécentres de Phalala et Bakgaga étaient connectés à Internet au moment de l'évaluation.

● Le problème de la sécurité a été soulevé dans presque tous les télécentres. Celui de Mankweng avait déjà perdu un ordinateur et des imprimantes à la suite d'un cambriolage. Même avec les trois ordinateurs restants à Mankweng, il ne pouvait plus continuer à offrir des services d'impression à crédit.

● Les problèmes de personnel étaient de deux types : le nombre et le comportement. Si le personnel était insuffisant (par exemple, à Mankweng) il ne pouvait pas satisfaire les besoins de la clientèle. Le comportement du personnel a également une grande influence sur la réussite ou l'échec des télécentres.

● Le manque de publicité entraînait le fait que : «Beaucoup de personnes connaissent le télécentre, mais ne savent pas à quoi il sert et de quelle manière il peut les aider» (membre d'une organisation cliente, télécentre de Phalala).

● Accessibilité : Bien que la direction du télécentre de Mankweng ait pris l'initiative d'installer un panneau d'affichage dans un marché voisin pour indiquer la direction du télécentre, d'après les chercheurs impliqués dans l'étude, les indications fournies étaient si complexes que : «même certains membres du conseil d'administration qui connaissaient parfaitement le lieu, semblaient perdus à cause des indications». En plus des difficultés pour trouver le télécentre, certaines personnes interrogées à Bakgaga-ba-Mothapo ont souligné que la distance constituait également un obstacle à l'accès aux services.

● Un mauvais emplacement (par exemple, à Mankweng) signifiait l'inaccessibilité des services pour les groupes les plus défavorisés. Ce télécentre était situé dans une zone où la plupart des résidents avaient accès à plusieurs autres structures et réseaux de communication.

Pertinence

Dans l'ensemble, plusieurs groupes communautaires ont soutenu que les télécentres leur ont permis de rester en contact et de communiquer avec les membres de leurs familles et leurs amis. La proximité des télécentres a aussi permis un gain de temps considérable

Les établissements scolaires de Botlokwa utilisaient beaucoup les téléphones, les télécopieurs, les photocopieuses, ainsi que les ordinateurs pour le traitement de texte. Cependant, d'autres organisations ont estimé que le télécentre de Botlokwa était mal géré. Un membre de la Maison des jeunes a déclaré : «C'est une première occasion pour nous d'apporter une contribution au télécentre ... Il a été géré comme une entreprise privée et ne profite pas aux jeunes ...». Beaucoup d'autres organisations ont exprimé des réserves sur la façon dont le télécentre était géré. Ils ont déploré le manque de concertation et le fait que le télécentre profitait à des personnes plutôt qu'à la communauté.

À Phalala, toutes les personnes interrogées avaient une opinion favorable sur le télécentre et y voyaient un signe de progrès et de développement de la localité. Un employé des pompes funèbres a affirmé : «nous sommes impressionnés par les services offerts par le télécentre». La communauté de Mankweng a estimé que le centre devrait créer de nouveaux services comme le bulletin d'informations de la communauté. Le télécentre pourrait aussi devenir un centre d'informations locales et dispenser des formations en informatique ou dans d'autres matières.

Propriété, gestion et viabilité

Les télécentres «appartenaient» à différents groupes et associations, même si les personnes interrogées n'avaient pas une idée précise de la notion de propriété parce que l'USA avait installé les télécentres sur le modèle de la franchise.

Appartenant à une organisation civile locale qui fait partie du South African National Civic Organization (SANCO), le télécentre de Phalala était installé dans un bâtiment du stade, prêté par le conseil. Il était géré par une équipe de trois personnes et générait des bénéfices d'environ 2000 ZAR (166 USD) par mois. Les recettes étaient régulièrement versées à la banque et gérées par la SANCO. Une partie de l'argent a été investie dans l'achat de matériel (appareil photo) afin que le télécentre puisse offrir ce service très prisé et rentable.

Le télécentre de Bakgaga-ba-Mothapo appartenait à la communauté, qui avait créé par le biais de l'autorité tribale un comité de neuf membres pour diriger les activités. Le télécentre de Thakgalane disposait d'un directeur très compétent et dynamique et bénéficiait du soutien d'une grande partie de la communauté.

Le télécentre de Makuleke appartenait aux habitants de Makuleke qui en avaient confié la gestion à un directeur et un groupe de bénévoles. Un conseil d'administration composé de six membres était chargé de garantir la survie et la viabilité du télécentre. Mais ce dernier aurait été jugé incompétent et inefficace face aux problèmes de technique et de gestion rencontrés par le télécentre.

Le télécentre de Mankweng était rattaché à une garderie et à la bibliothèque communautaire. Il appartenait au comité des femmes qui géraient la garderie. Le télécentre était bien géré ; cependant, en raison de la présence à Mankweng de nombreuses cabines de téléphone et d'un centre de formation en informatique, le télécentre souffrait de la concurrence.

Le télécentre de Botlokwa appartenait au Forum de sensibilisation sur les communications de Botlokwa. La communauté était représentée par un comité de gestion composé de huit membres, qui se réunissait chaque mois pour contrôler le fonctionnement du centre et prendre des décisions concernant les activités quotidiennes. L'étude a indiqué qu'une tension permanente régnait au sein du comité, certaines personnes estimant que le télécentre était mal géré. Lors de l'atelier provincial qui s'est tenu dans le cadre du processus d'évaluation pour marquer la fin du cycle de recherche, des suggestions visant à garantir le succès et la viabilité des télécentres ont été émises :

- Fournir du matériel adéquat pour de meilleures conditions de travail: le manque de matériel pour assurer les services crée une inactivité qui conduit rapidement à la frustration et la perte de clientèle.

- S'assurer que les services correspondent aux besoins locaux : le télécentre doit être installé dans une zone où il existe une demande locale pour ses services. Si la plupart des habitants d'une localité ont déjà accès aux téléphones et aux ordinateurs (par exemple, à Mankweng), le télécentre sera confronté à une concurrence féroce. Dans ce cas, il doit trouver d'autres services adéquats. Il a été suggéré que, pour rester efficace, le télécentre devait intégrer des services de fourniture et de diffusion d'informations.

- Des gérants compétents et une bonne gestion : il s'agissait peut-être du facteur de réussite le plus important. Le choix d'un gérant dynamique, ayant l'esprit d'entreprise et jouissant de la confiance de la communauté était primordial. Par ailleurs, le gérant devait recevoir une formation adéquate sur les aspects techniques, financiers et commerciaux du fonctionnement d'un télécentre. Une mauvaise gestion entraînerait inévitablement la faillite du télécentre (par exemple, à Makuleke). Il a également été suggéré d'adopter de bonnes pratiques de gestion, par exemple en fonctionnant à plein temps. Cette suggestion impliquait plus de personnel.

- Soutien communautaire : les télécentres qui ont impliqué les groupes communautaires existants dans leurs activités ont obtenu des résultats plus positifs (par exemple à Phalala, et dans une moindre mesure à Botlokwa). Le soutien communautaire est également utile pour la collecte de fonds et la mobilisation.

- Stratégie marketing adéquate : pour réussir, le télécentre doit être bien connu et apprécié du public. Cela implique de développer et maintenir des relations avec les organisations communautaires, les établissements scolaires et les églises, et de renforcer la promotion par la publicité.

- Développer de nouveaux services et rester innovateur : les télécentres les plus rentables ont développé de nouveaux services pour satisfaire les besoins des membres communautaires. On peut citer : la création d'un bureau de poste et d'un service d'affaires internes à Phalala, la formation en informatique à Botlokwa, Phalala, et Bakgaga-ba-Mothapo, la vente d'articles de papeterie ainsi qu'une collaboration avec une station de radio locale à Botlokwa. Il a également été proposé de dispenser à moindre coût des cours d'initiation en informatique.

- Tarification appropriée : il est plus facile pour les télécentres détenant le monopole de réaliser des bénéfices (par exemple, à Phalala), mais lorsque les télécentres sont confrontés à une concurrence, la baisse des prix devenait primordiale (par exemple, à Bakgaga-ba-Mothapo). À Makuleke par contre, les personnes interrogées ont estimé que si les tarifs des services téléphoniques étaient plus bas, le télécentre marcherait mieux. Les télécentres communautaires doivent également faire face à la concurrence émanant des téléphones publics payants de MTN et de Vodacom dont les coûts sont réduits.

- Sécurité : le cambriolage qui a eu lieu au télécentre de Mankweng a montré qu'il était nécessaire de prendre des mesures de sécurité afin d'éviter que les matériels soient volés ou détruits par le feu, par exemple.

Conclusion

Cette étude visait à collecter des informations qui permettraient aux gérants de télécentres locaux d'améliorer les performances de leurs télécentres. Un système d'apprentissage devait également être créé dans le but de favoriser l'auto évaluation et l'appréciation. Certaines indications ont montré que ce fut le cas à Phalala et Bakgaga-ba-Mothapo. Dans ces deux télécentres, l'étude a conduit à une plus grande implication communautaire dans les décisions de gestion et à une plus grande responsabilisation. À Botlokwa, la recherche a soulevé des tensions communautaires entre la direction du télécentre et les autres organisations présentes dans la communauté. À Makuleke, l'étude a révélé un réel besoin de local et les conséquences désastreuses d'une mauvaise gestion (dans ce cas, la quasi-faillite du télécentre). À Thakgalane et Mankweng, la recherche a mis en évidence des problèmes stratégiques ou d'organisation, comme par exemple la non-livraison du matériel et le mauvais choix des sites.

Les résultats présentés dans ce chapitre suggèrent que la viabilité et les effets positifs d'un tel projet ne dépendent que de la volonté des communautés. La création et la pérennité d'un télécentre n'est pas chose facile, en dépit de l'implication de la population, et/ou de la disponibilité de compétences et de matériels. La réussite du télécentre communautaire de Phalala renforce la thèse évolutionniste du développement des télécentres. Le premier télécentre de l'USA, lancé en 1998, est entré dans sa phase indépendante de rentabilité.

133

Chapitre 7

Télécentres au Sénégal

Le Sénégal est un pays sahélien situé à l'extrême ouest du continent africain. Il est bordé par la Mauritanie au nord, le Mali à l'est, la Guinée et la Guinée Bissau au sud. La Gambie, pays souverain, est confinée à l'intérieur du Sénégal. Peuplé de 9,58 millions habitants en décembre 2000, la densité de la population y est de 35 habitants au km2. Le taux annuel de croissance de la population est de 2,9%, et 85% de la population a moins de 20 ans. Les femmes représentent environ 51% de la population totale, 58% des habitants vivent dans les zones rurales, les musulmans représentent 94% de la population et plusieurs groupes ethniques cohabitent au Sénégal (Wolof, Sérère, Toucouleur, Peul, Diola, Mandingue, Balante et Bassari).

La croissance économique est soutenue par les secteurs secondaire et tertiaire. Le secteur primaire, dominé par l'agriculture, représentait 17,8% du PIB en 1998. Les principales ressources sont l'arachide, les produits halieutiques et le phosphate. Les secteurs des transports et des télécommunications ont contribué à hauteur de 62% dans le PIB en 1998.

Le taux national d'alphabétisation (82% chez les femmes et 63% chez les hommes) est très élevé au sein de la population âgée de plus de 15 ans. Le pourcentage cumulé d'enfants scolarisés à plein temps (maternelle et primaire) s'élève environ à 84,2%. On compte 5793 établissements d'enseignement général et professionnel pour un total de 1 393 730 élèves.

Contexte des télécommunications

Malgré les dispositions de lois sur les télécommunications de 1996, l'Agence de régulation des télécommunications (ART) a été créée assez tardivement, à la fin de l'année 2001. Le secteur des télécommunications est dominé par la SONATEL (Société nationale des télécommunications du Sénégal), fournisseur de services publics privatisé en 1997, et partiellement détenu par France Télécom. Créée en 1985 suite à la scission entre l'Office des postes et télécommunications et TéléSénégal, la SONATEL détient le monopole jusqu'en 2006 pour les services suivants : téléphonie fixe, télex, télégraphie, accès aux opérateurs internationaux et transmission de données par paquets commutés. Elle représente l'unique opérateur national de téléphonie fixe et fournit également des services de téléphonie mobile. Alizé, l'opérateur de téléphonie cellulaire de la SONATEL, qui a été rejoint par SENTEL pour fournir des services GSM en 1999, détient le monopole jusqu'en 2004. Le groupe Alizé comptait environ 273 000 abonnés en 2001 contre 100 000 pour SENTEL à la même période.

Le système des télécommunications au Sénégal présente les caractéristiques suivantes :

- Les 30 divisions du pays sont connectées au réseau général par une liaison numérique, qui garantit une transmission totalement numérique (ISDN). Vingt-deux divisions sur les 30 sont reliées au réseau général grâce à une liaison par fibre optique.

- Le réseau cellulaire numérique (GSM) mis en place par la SONATEL couvre les principales villes et routes du pays et est interconnecté avec des réseaux étrangers (Espagne, Grande Bretagne et Italie).

- Deux mille kilomètres de fibres optiques appartenant à la SONATEL traversent le pays.

- La SONATEL constitue la principale source de bande passante internationale (passerelle), avec une liaison de 64 Mb/s avec les États-Unis via MCI. Elle a également créé une liaison de 45 Mb/s avec la France, de 3 Mb/s avec Téléglobe au Canada et de 4 Mb/s avec la Gambie.

- L'infrastructure des télécommunications de la SONATEL a connu un changement spectaculaire en 2002 avec le lancement des câbles Atlantis-2 et SAT-3/WASC à Dakar, qui permettent une liaison directe avec d'autres pays côtiers, l'Amérique latine, l'Europe et l'Asie via des liaisons par fibre optique de plusieurs giga bits. Celles-ci seront étendues au Mali et à la Mauritanie par fibre terrestre.

135

- Il existe 15 fournisseurs d'accès Internet (FAI) au Sénégal, la plupart étant située à Dakar et quelques-unes à Saint-Louis. On peut citer entre autres Métissacana, Arc Informatique, Point Net, Université de Saint-Louis, Primature, ORSTOM, AfricaOnline, etc.

- Le nombre total de lignes téléphoniques est passé de 81 000 en 1998 à plus de 223 474 en juin. Près de 70% des abonnés résident à Dakar. En juillet 2001, le nombre total d'abonnés à la téléphonie cellulaire s'élevait à 360 000 dans le pays.

- Toutes les communautés rurales ont accès à la téléphonie fixe et plusieurs d'entre elles disposent désormais d'un accès à la téléphonie cellulaire, notamment celles situées le long des routes nationales.

En septembre 2000, la SONATEL dénombrait 8200 télécentres opérationnels au Sénégal. Le dernier recensement effectué par la SONATEL en 1999 a identifié 20 cybercafés et 80 télécentres connectés à Internet dans tout le pays. Avec une augmentation de la bande passante pouvant atteindre 42 Mb/s annoncée par la SONATEL (*Sud Quotidien* du 26 décembre 2000), l'utilisation d'Internet devrait se renforcer. La taille des télécentres au Sénégal varie énormément, allant du magasin composé d'une pièce unique et muni d'un seul téléphone au vaste cybercafé équipé de plusieurs appareils. Bien qu'ils portent tous le nom de télécentre, il serait plus approprié de décrire la majorité d'entre eux comme des kiosques ou des cabines téléphoniques, selon la typographie proposée par Gomez *et al.* (1999:15).

Le secteur des télécommunications a connu des changements significatifs qui ont commencé à porter leurs fruits. Dans les années 1980, les investissements annuels moyens dépassaient 18 milliards de FCFA. En 1996, ce secteur a directement contribué à une hausse de 2,6% du PIB. En outre, il a servi de catalyseur pour les autres activités économiques nationales. Environ 10 000 emplois ont été créés dans ce secteur entre 1992 et 1998.

En dépit de ces statistiques impressionnantes, les coûts de télécommunication demeurent élevés et les services ne sont pas accessibles à tous en raison du faible niveau de développement des infrastructures dans les zones rurales et de la pauvreté, qui privent certaines catégories de la population de l'accès à ces services. Les frais de raccordement varient entre 9 600 et 15 000 FCFA pour une ligne de téléphone, un appel local coûte 60 FCFA (par unité de 2 minutes) et un appel national coûte environ le même prix pour 1 minute. Le Sénégal privilégie la baisse des prix pour l'accès à Internet et les appels internationaux.

Vingt télécentres ont été sondés au Sénégal. Les données ont été collectées entre novembre 2000 et février 2001 à l'aide de cinq types d'instruments de collecte de données : observation, guides de discussion et analyse de documents, calendriers d'interviews et questionnaires individuels et institutionnels. L'échantillon était composé de 1019 personnes interrogées, 220 utilisateurs, 27 dirigeants d'organisations, 13 gérants de télécentres, 14 chefs communautaires, 4 membres des autorités locales et 5 fonctionnaires des télécommunications. Des groupes de discussion ont été organisés avec les membres des comités de gestion, les jeunes et les femmes.

Contexte des télécentres

Les 20 télécentres sondés dans l'étude sont situés dans les régions du centre et du nord du Sénégal. Ils sont répartis en trois catégories institutionnelles : ceux administrés par Enda et appelés télécentres Enda-Cyberpop qui font partie d'un projet TIC lancé en 1998, ceux gérés par Trade Point Sénégal (TPS), projet du CNUCED lancé en 1999 en partenariat avec le CRDI, et les télécentres privés.

Télécentres ENDA-Cyberpop

Enda-Cyberpop mène des activités dans les zones et quartiers urbains et périurbains défavorisés de Dakar, où il fournit une assistance technique et institutionnelle aux télécentres. Chaque télécentre est associé à un Centre de ressources communautaires (CRC) géré par un comité de gestion. Les CRC regroupent un réseau d'organisations non professionnelles installées dans les quartiers entourant le centre. Quatre des huit télécentres sondés sont situés dans les quartiers du centre : Félix Éboué, Médina, Sicap et Colobane. Ces îlots de pauvreté côtoient l'opulence si visible dans d'autres quartiers du centre. Les autres télécentres sont situés dans les banlieues de Dakar, à Pikine et Yeumbeul, et plus loin à Rufisque et Yarakh.

Enda-Cyberpop est impliqué dans la mise en œuvre d'activités intégrées dans le domaine de la santé, de l'éducation, de l'hygiène, de microprojets et de micro-financement dans les communautés où sont basés leurs projets. Elle travaillait en partenariat avec l'Initiative Acacia pour le projet de télécentres au Sénégal.

137

Télécentres TPS

Trade Point Sénégal (TPS) fournit une assistance technique et administrative à plusieurs télécentres régionaux. La municipalité ou la Chambre de commerce locale abrite tous les télécentres TPS. Les structures hôtes siègent dans les comités de gestion des télécentres en tant que principaux partenaires locaux. Les télécentres TPS sont situés à Guédiawaye, Mboro, Joal et Saint-Louis, villes à environnement socioculturel hétérogène.

Guédiawaye est un quartier suburbain en périphérie de Dakar caractérisé par une forte population, un niveau de pauvreté élevé, des infrastructures insuffisantes, un taux d'analphabétisme très élevé et un secteur informel florissant. La ville de Mboro à Thiès possède une infrastructure développée car elle est située à proximité de la première industrie minière du pays (Industries chimiques du Sénégal). Le télécentre de Joal est situé dans un nouveau quartier de pêcheurs. Les principales activités économiques, et dans une certaine mesure, sociales sont liées à la pêche. À Saint-Louis, une des plus anciennes villes du Sénégal, le télécentre est installé dans la Chambre de commerce, d'industrie et d'artisanat local, qui est située dans le quartier administratif de la ville. Son emplacement lui confère une certaine solennité, qui influence à son tour la dynamique de la communauté vivant autour du télécentre.

Résultats

Installations des télécentres

En général, les télécentres n'étaient pas installés dans les locaux initialement prévus. Ils étaient situés dans des locaux appartenant aux communautés, associations ou Chambres de commerce locales, comme à Mboro, Saint-Louis, Yarakh, Pikine et Yeumbeul, ou dans des endroits loués qui étaient destinés à d'autres types d'usage, comme à Joal.

Les télécentres paraissaient très exigus car la plupart des locaux étaient étroits et peu confortables. Cependant, certains gérants avaient réussi à aménager l'intérieur de leurs télécentres afin de créer des salles d'attente équipées de chaises et ventilées. Les télécentres de Saint-Louis et Joal disposaient de l'air conditionné.

La plupart des télécentres ne garantissaient pas la confidentialité. Les téléphones et les ordinateurs étaient généralement installés dans une pièce qui servait également de salle d'attente. Très peu d'entre eux proposaient

138

de la documentation (journaux, et revues) aux clients qui attendaient, et quelques rares télécentres disposaient de toilettes exclusivement réservées aux utilisateurs. La qualité du mobilier et du matériel variait d'un télécentre à l'autre, mais en général, elle était convenable. Néanmoins, le matériel informatique était moins performant. Les utilisateurs mettaient beaucoup de temps pour se connecter à Internet ou effectuer des tâches simples.

En général, l'espace occupé par les télécentres était insuffisant et ne respectait pas la superficie standard de 12 m2 spécifiée par la SONATEL. En raison des limitations d'espace, les télécentres ne pouvaient pas fournir aux utilisateurs et au personnel des services de qualité et des environnements confortables pour les salles d'attente et les espaces de travail. La plupart d'entre eux ne garantissaient pas la confidentialité et un quart des télécentres sondés dans l'étude ne comportait qu'une pièce unique.

Services offerts

Les télécentres offraient une gamme de services variés : téléphone, accès à Internet, courrier électronique, conception de pages Web, traitement de texte et formation. En plus de ces services offerts, certains télécentres privés ont créé d'autres services et produits qui n'étaient pas directement liés aux TIC, tels que la vente de produits cosmétiques, de boissons et bien d'autres articles. Les produits et services spécifiques offerts par les divers télécentres étaient les suivants :

- Production de reçus, factures, bons de livraison, affiches, en-têtes de lettres avec logos, cartes de visite, d'invitation et de vœux ;

- Envoi et réception de messages ;

- Recherche de partenaires (locaux et étrangers) et de marchés pour les produits locaux ;

- Création d'adresses et de comptes électroniques ;

- Accès aux informations sur les expositions commerciales dans le monde (dates, lieux et conditions de participation) ;

- Conseils et recherche d'opportunités pour les élèves et étudiants qui souhaitent poursuivre leurs études à l'étranger (assistance aux étudiants étrangers) ;

- Production de documents publicitaires (affiches et étiquettes pour les produits transformés et non transformés) ;

139

● Formation et outils pour la gestion financière, l'hygiène, la teinture et le traitement de produits locaux.

Chaque type de télécentre offrait des services spécifiques, qui dépendaient parfois de son emplacement. Par exemple, dans les sites TPS, les télécentres se chargeaient de la traduction d'informations sur les opportunités commerciales diffusées par le réseau mondial du CNUCED auquel TPS est affilié. Ces services spécialisés n'étaient pas fournis dans les télécentres Enda-Cyberpop, tandis que les télécentres privés proposaient, contrairement aux autres télécentres, des services de fac-similé.

Dans les télécentres Enda-Cyberpop, comme dans la plupart des autres télécentres, le téléphone était un service très utilisé, tandis que dans les télécentres privés et les télécentres TPS, Internet et, en particulier, la messagerie électronique, remportaient un franc succès. Certains télécentres privés disposaient de vidéothèques en plus d'autres services commerciaux. Bien que les télécentres privés soient clairement orientés vers la recherche du profit, les activités dans les télécentres Enda-Cyberpop étaient liées à la communauté et visaient à fournir une assistance en matière d'épargne et de crédit, de gestion de l'eau et de l'électricité au sein de la communauté, de conseils aux organisations sur la création de fichiers électroniques sur les membres, de gestion financière et de gestion de bases de données électroniques.

Tableau 27 : Durée de fréquentation des télécentres

	TCs ACACIA	Télécentre témoin	Total
3 mois	21 (75.0%)	7 (25.0%)	28
6 mois	18 (81.8%)	4 (18.2%)	22
Moins d'un an	43 (67.2%)	21 (32.8%)	64
1 à 2 ans	51 (77.3%)	15 (22.7%)	66
2 à 5 ans	7 (43.8%)	9 (56.3%)	16
5 ans et plus	2 (40.0%)	3 (60.0%)	5
Non précisé		1 (100.0%)	1
Total	170 (70.5%)	71 (29.5%)	241

Utilisation

Les télécentres sont récents au Sénégal. Les premiers ont été créés en 1992 et les douze télécentres Acacia sondés dans l'étude ont été installés en 1998. Les télécentres font l'objet de multiples utilisations. Au moment de l'étude, en 2000–2001, seuls 5% des utilisateurs fréquentaient les télécentres depuis plus de 2 ans et 65% des personnes sondées s'y rendaient depuis moins d'un an.

Le téléphone était le service le plus populaire dans la plupart des télécentres. Dans les télécentres Enda-Cyberpop et les télécentres privés, il représentait le service le plus fréquemment utilisé. En raison de son utilisation accrue, il est devenu un outil ordinaire mais important.

Les télécentres Enda-Cyberpop servaient également de lieux de rencontre dans un contexte socio-économique difficile. Ils fournissaient des structures permettant de maintenir les liens entre la communauté urbaine et la communauté rurale. Les téléphones étaient utilisés comme répondeurs pour l'ensemble de la communauté, et les membres qui n'avaient pas les moyens de payer en bénéficiaient presque gratuitement. À Barakh, par exemple, la communauté avait installé, à ses propres frais, une ligne destinée aux appels entrants. Ce service s'est révélé très bénéfique pour certains groupes. Les femmes de ménage des quartiers défavorisés avaient l'habitude de se regrouper aux coins des rues, exposées, en général, aux éléments (soleil brûlant, poussière épaisse et averses intermittentes), dans l'attente d'être embauchées par des citadins aisés. Elles étaient souvent exposées à de réels dangers, et ce service s'est avéré extrêmement utile. Le téléphone est devenu un outil de promotion pour ce groupe grâce au projet Enda-Cyberpop. Les femmes utilisaient les télécentres pour faire la promotion de leurs compétences et de leur disponibilité. Elles disposaient ainsi de moyens plus sécurisés pour leurs recherches d'emplois. Néanmoins, les utilisateurs estimaient que les services de téléphone fournis dans les télécentres Enda-Cyberpop étaient insuffisants, en raison de leur popularité et de leur fréquence d'utilisation. Avant l'introduction de ces projets, l'ordinateur personnel était quasiment inconnu dans la plupart des projets et la majorité des personnes interrogées ont découvert les ordinateurs dans les télécentres. Les ordinateurs étaient le plus souvent utilisés pour les tâches de bureau, pour saisir ou stocker des données de petits groupes (artisans et autres micro-entreprises) et pour conserver les archives des associations communautaires.

L'utilisation d'Internet a été faible dans de nombreux télécentres, à l'exception des télécentres TPS. Même lorsque les clients se connectaient à Internet, le personnel se chargeait généralement d'effectuer les recherches pour eux. Seule une poignée d'étudiants arrivaient à naviguer tout seuls sur Internet pour rechercher des informations leur permettant de s'inscrire dans des universités étrangères. Il était très rare de voir des profanes se connecter à Internet sans aucune aide. TPS proposait des services spécialisés liés au commerce, à la recherche d'opportunités. Ces services n'étaient pas disponibles dans les Centres de ressources communautaires et les télécentres Enda. Les commerçants résidant dans des villes comme Thiès et Saint-Louis et dans des zones rurales reculées comme Ross Béthio et Podor se déplaçaient pour en bénéficier. Le télécentre TPS Serbatim avait créé un réseau de partenariats étendu et intéressant par le biais duquel il profitait de nombreuses opportunités commerciales.

Tableau 28 : Sexe des utilisateurs

Genre	TCs ACACIA	TC témoin	Total	% par rapport au total
Femme	34 (61,8%)	21 (38,2%)	55	23%
Homme	136 (73,1%)	50 (26,9%)	186	77%
Total	170 (70,5%)	71 (29,5%)	241	100%

Source : Enquête, novembre 2000.

Les télécentres permettent aux utilisateurs de maintenir les contacts sociaux et commerciaux au Sénégal et dans le monde. Parmi les personnes interrogées, 88% d'entre elles maintenaient des contacts avec des personnes résidant à Dakar, 79% avec des personnes résidant dans d'autres parties du Sénégal, 24% avec des personnes résidant dans d'autres pays africains et 45% avec des personnes vivant dans d'autres pays du monde (Tableau 31). Il est intéressant de noter qu'environ deux fois plus de personnes maintiennent des contacts avec le reste du monde qu'avec l'Afrique.

Tableau 29 : Âge des utilisateurs

Âge	ACACIA TCs	TC témoin	Total	par rapport au total
Moins de 19 ans	10 (71.4%)	4 (28.6%)	14	6%
19 à 30 ans	81 (68.6%)	37 (31.4%)	118	50%
31 à 45 ans	50 (72.5%)	19 (27.5%)	69	29%
46 à 55 ans	18 (72.0%)	7(28.0%)	25	11%
56 et plus	67 (5.0%)	2 (25.0%)	8	3%
Total	165 (70.5%)	69 (29.5%)	234	100%

Source : Enquête, novembre 2000.

Profils des utilisateurs

La majorité des utilisateurs dans les télécentres était des hommes. Ils représentaient 80% des utilisateurs dans les télécentres Enda-Cyberpop et 70% dans les autres. Néanmoins, seuls 51,3% des hommes sondés dans l'étude ont affirmé se rendre dans les télécentres. Le groupe d'utilisateurs le plus important (90%) était âgé entre 19 et 55 ans. Les résultats de l'étude montrent que toutes les tranches d'âge utilisaient les télécentres, mais les jeunes et les adultes âgés entre 30 et 55 ans étaient de loin les plus assidus, certainement parce qu'ils représentaient la population économiquement et socialement la plus active.

Les télécentres étaient également utilisés par les organisations. Des sondages effectués auprès de représentants d'organisations ont révélé que les télécentres étaient fréquemment utilisés. Six des onze organisations sondées considéraient les télécentres comme leur principale source d'informations dans les domaines de la santé, du commerce et des sports.

Bénéficiaires

Hormis les utilisateurs directs, un grand nombre de personnes pouvait être considéré comme des bénéficiaires des services fournis par les télécentres, en raison des réseaux sociaux, professionnels, familiaux, religieux et politiques typiques du Sénégal. Tous les membres de la communauté locale étaient considérés comme des bénéficiaires des télécentres. Mais les principaux bénéficiaires étaient : la famille de l'utilisateur, ses parents, sa belle-famille, ses amis avec lesquels il partageait les informations collectées, les connaissances professionnelles et sociales, les membres d'associations pour lesquels l'utilisateur faisait office de représentant et les communautés ou entreprises locales pour lesquelles le télécentre jouait un rôle de conseil.

L'étude de cas approfondie a révélé que 29 utilisateurs avaient communiqué les informations collectées dans les télécentres à 62 autres personnes : amis (13), épouses (10), collègues (8) et cousins (6). Les informations étaient d'abord partagées avec les membres de la famille (30), puis avec leur réseau d'amis (13) et enfin avec leurs collègues de travail (9). Les résultats de l'étude ont montré que tous les groupes sociaux ont tiré des avantages secondaires des services fournis par les télécentres. Cela suggère que si les informations collectées étaient communiquées au double du nombre de visiteurs du télécentre, celui-ci pouvait être considéré comme un outil performant destiné à promouvoir le changement social.

Qualité du service

La majorité des utilisateurs (78%) a affirmé que les services offerts par les télécentres privés et communautaires étaient convenables, et plus de 80% ont déclaré être satisfaits des informations collectées dans les télécentres.

Les principaux facteurs du succès des télécentres communautaires étaient socio-économiques et culturels. Les Centres de ressources communautaires (CRC, Enda-Cyberpop) servaient de centres économiques, sociaux et culturels dans lesquels les populations des quartiers défavorisés ou des zones rurales avaient accès aux TIC en raison de leur proximité et de l'accessibilité des prix. Les responsables des télécentres CRC fournissaient également des conseils et une assistance aux utilisateurs. La majorité des utilisateurs a affirmé qu'une amélioration des installations matérielles et de l'espace aurait été appréciable.

Bien que l'utilisation des télécentres ait été très populaire au Sénégal, certains groupes ont été marginalisés. Les groupes confrontés aux difficultés les plus grandes étaient les pauvres et les personnes défavorisées (les étudiants, les chômeurs et les femmes). Il a été noté que l'analphabétisme n'avait pas constitué une contrainte majeure à l'accès et l'utilisation des télécentres en raison de l'assistance fournie par les gérants et de l'utilisation de la langue locale dans les tractations commerciales. Plus de 80% des personnes interrogées au sein des communautés ont exprimé leur satisfaction, soulignant que les télécentres communautaires avaient su répondre à leurs besoins en informations.

144

Tableau 30 : Contacts établis à travers les télécentres à Dakar, au Sénégal, en Afrique et dans le reste du monde

	Dakar		Sénégal		Afrique		Monde	
	Oui (%)	Non (%)	Oui (%)	Non (%)	Oui (%)	Non (%)	Oui (%)	Non (%)
Yarakh	75 (89)	9 (11)	68 (81)	16 (19)	18 (22)	65 (78)	34 (42)	48 (59)
Joal	76 (75)	25 (25)	75 (77)	22 (23)	21 (25)	62 (75)	34 (39)	53 (61)
Mboro	67 (68)	32 (32)	70 (71)	29 (29)	15 (15)	84 (85)	33 (33)	66 (67)
Pikine	97 (97)	3 (3)	83 (83)	17 (17)	21 (21)	79 (79)	50 (50)	50 (50)
Rufisque	99 (99)	1 (1)	83 (83)	17 (17)	19 (19)	80 (81)	48 (48)	52 (52)
Saint-Louis	67 (91)	7 (10)	55 (76)	17 (24)	19 (38)	31 (81)	43 (66)	22 (34)
Rail	53 (95)	3 (5)	39 (72)	15 (28)	12 (24)	39 (77)	17 (34)	33 (66)
Colobane	68 (100)	—	64 (96)	3 (5)	10 (17)	49 (83)	29 (44)	37 (56)
Baraka	66 (87)	10 (13)	57 (79)	15 (21)	28 (50)	28 (50)	15 (31)	34 (69)
Médina	68 (100)	—	63 (93)	5 (7)	19 (34)	37 (66)	34 (57)	26 (43)
Guédiawaye	58 (69)	26 (31)	34 (42)	47 (58)	7 (11)	56 (89)	30 (40)	46 (61)
Yeumbeul	100 (99)	1 (1)	98 (97)	3 (3)	28 (28)	73 (72)	55 (55)	45 (45)
Total	894 (88)	117 (12)	789 (79)	206 (21)	217 (24)	683 (76)	422 (45)	512 (55)

Source: Enquête, novembre 2000.

Problèmes courants

Les services fournis dans les télécentres étaient affectés par des problèmes courants liés à la technique et à l'infrastructure. Parmi les plus préoccupants, on peut citer : les pannes d'ordinateurs et d'imprimantes et le non-fonctionnement des logiciels. La maintenance régulière des ordinateurs perturbait les services et contrariait énormément les utilisateurs. Pour la majorité des télécentres sondés dans l'étude, cela impliquait le transfert des ordinateurs à Dakar pour effectuer la maintenance requise, qui durait plusieurs jours. Par ailleurs, faire venir des techniciens de Dakar signifiait également des perturbations importantes dans les horaires d'utilisation étant donné que la seule raison justifiable pour ce genre de réparation aurait été une panne majeure. Venaient ensuite les problèmes d'électricité, essentiellement des coupures ou des délestages. Les problèmes de téléphone et de connexion se manifestaient généralement par une ligne occupée et une perte de signal, ce qui ne gênait plus tellement les utilisateurs. Le prix ne constituait pas un obstacle majeur, sauf pour les populations défavorisées, telles que les chômeurs, les étudiants et les femmes.

Les membres du personnel des télécentres n'avaient ni les compétences ni l'expertise requises pour résoudre eux-mêmes les problèmes identifiés. Les problèmes techniques rencontrés par les Centres de ressources communautaires étaient signalés au centre principal situé au Centre culturel Blaise Senghor à Dakar. Ce dernier servait de centre opérationnel pour tous les centres de ressources communautaires. Il était également chargé des réparations pour le projet Enda-Cyberpop. Les télécentres TPS disposaient d'un service technique chargé de résoudre les problèmes rencontrés dans leurs télécentres.

Pertinence

Les services fournis dans les télécentres étaient considérés comme utiles et pertinents car ils répondaient aux besoins sociaux et économiques des populations et étaient réclamés par les différents groupes de la communauté : agriculteurs, artisans, hommes d'affaires, groupes de femmes, associations sportives et culturelles et étudiants. Les informations sur les opportunités commerciales auraient permis d'améliorer et de développer les activités commerciales en ajoutant de la valeur aux produits et services. La facilitation de l'accès aux marchés et produits éloignés a contribué à l'amélioration des organisations communautaires. La production locale de brochures illustrées à l'aide de scanners, de factures commerciales, de listes de membres, d'échéances, de listes de contrôle et de compte-rendus a été citée comme exemples d'activités de création de contenus.

L'utilisation du courrier électronique à la place des télégrammes, qui nécessitaient un long temps de traitement et plusieurs heures de transmission, a également contribué à l'amélioration des activités. L'utilisation de la messagerie électronique par les travailleurs sénégalais résidant dans d'autres pays pour effectuer des transferts d'argent était un exemple typique. Le rapport de recherche ne précisait pas comment ce transfert d'argent était effectué, mais d'autres sources suggéraient que, via des messages électroniques, un membre de la famille à Dakar, par exemple, recevait la somme par le biais d'une personne résidant au Sénégal. Le remboursement était ensuite effectué à un parent ou contact de cette personne résidant à l'étranger, généralement en Europe ou en Amérique. Le courrier électronique facilitait tous les messages, ainsi que les confirmations et la prise de contact nécessaire.

Bien que les services offerts dans les télécentres étaient considérés comme pertinents et appropriés aux besoins de la population, il en était tout autre en ce qui concernait le contenu et les applications. Les télécentres déployaient des efforts pour résoudre les problèmes rencontrés dans la communauté locale. Ainsi, les télécentres communautaires étaient conçus autour de thèmes qui reflétaient les problèmes quotidiens de la population locale, pour laquelle la recherche de contenus et d'applications s'est avérée faible. À Saint-Louis et Joal, la recherche de marchés pour le poisson était un souci quotidien pour une grande partie de la population. À Mboro, les habitants cherchaient des solutions pour vendre leurs produits maraîchers, et à Guédiawaye, ils cherchaient à écouler leurs sculptures et leurs batiks. À Barakh, la préoccupation concernait l'enseignement et la formation ; pour les habitants de Rail, il s'agissait de l'artisanat, tandis qu'à Yeumbeul, la santé de la communauté demeurait une préoccupation essentielle. Le télécentre à Rufisque était confronté à des problèmes d'hygiène et de d'espace celui de Yarakh devait faire face à des problèmes liés aux enfants et aux jeunes. À Colobane, par contre, les problèmes touchaient les femmes et le développement local. À Pikine, le télécentre tentait d'élaborer des stratégies en matière d'épargne et de crédit pour les femmes, et à la Médina, le soutien aux activités associatives et culturelles demeurait l'objectif majeur de création d'applications.

En dépit de cette volonté manifeste de répondre aux besoins d'informations thématiques, la création de contenus et d'applications n'avait pas enregistré de réels progrès en raison du manque de compétences du personnel et de l'absence d'initiative des communautés elles-mêmes. Malgré ce manque, le personnel des télécentres a maintenu un dialogue permanent avec les communautés locales, et certains produits et services génériques et de base ont été conçus et développés pour répondre à certains de leurs besoins. Les logos, en-têtes de lettres, cartes de visite, cartes d'invitation, certificats d'embauche, affiches pour des événements populaires figuraient parmi les produits les plus élaborés, créés simplement à l'aide de logiciels graphiques et de traitement de texte. Ces produits étaient généralement créés une fois que le personnel et les membres des communautés locales ont analysé ensemble les besoins, les définissant par le biais d'approches participatives. Cependant, la qualité et la pertinence des contenus et applications élaborés laissaient à penser que le chemin de l'appropriation était encore long.

Gestion, propriété et viabilité

Les démarches d'appropriation dans les télécentres Enda-Cyberpop et TPS étaient différentes. Chaque télécentre possédait des partenaires différents et la dynamique au sein des communautés voisines était unique et spécifique. Les télécentres Enda-Cyberpop étaient généralement considérés comme étant la propriété des communautés, tandis que les télécentres TPS étaient considérés comme appartenant à des personnes ou des associations. Contrairement aux télécentres privés, les télécentres TPS et Enda-Cyberpop s'impliquaient dans la vie communautaire par l'intermédiaire d'organisations communautaires qui fournissaient une aide financière aux projets. Les partenaires locaux quant à eux fournissaient souvent aux télécentres une aide qui stimulait leurs activités, accompagnait leur développement et contribuait à leur durée.

Cependant, les divers acteurs avaient une conception différente de la propriété. Les habitants considéraient les télécentres communautaires qui avaient débuté sous forme de partenariat avec Enda-Cyberpop, comme appartenant à la communauté. Celle-ci était largement impliquée dans la gestion des télécentres, qui avaient fini par bien s'intégrer dans la communauté. Les télécentres fonctionnant en partenariat avec TPS étaient considérés comme appartenant à des sociétés privées qui se contentaient de

148

fournir des services à la communauté. Les personnes interrogées ont souligné que pour garantir la viabilité d'un télécentre, la communauté devait en être le propriétaire légitime, et ce, grâce à l'aide des organisations communautaires. La majorité, pour ne pas dire, la totalité des télécentres sondés fonctionnait en tant que projets pilotes, sous la tutelle d'institutions intermédiaires. Cette situation était relativement différente dans le cas des télécentres privés.

Participation de la communauté dans la gestion

Les télécentres TPS et Enda-Cyberpop possédaient des comités locaux de gestion composés de représentants des communautés, des Chambres de commerce et de divers hommes d'affaires. Le nombre de membres variait d'un télécentre à l'autre. Dans les télécentres Enda-Cyberpop, il y avait autant d'hommes que de femmes. Les représentants d'autres groupes d'intérêt majeurs, tels que les organisations communautaires situées dans les quartiers avoisinants, en faisaient également partie.

Les communautés se sont déclarées satisfaites de la gestion, basant leur jugement sur la disponibilité et les compétences du personnel travaillant dans le télécentre. Cependant, elles ont souligné qu'aucune information sur la gestion technique et financière du télécentre ne leur était communiquée. Une série d'observations a été faite en ce qui concerne la gestion des télécentres. La gestion administrative, financière et technique des télécentres TPS était centralisée au niveau du siège social à Dakar, où toutes les décisions importantes étaient prises. Le gérant n'était habilité à autoriser ou à engager aucun type de dépenses, pas même pour l'achat de fournitures de bureau ou de petit matériel informatique. En cas de problèmes techniques ou mineurs, les gérants étaient généralement incapables de les résoudre, comme par exemple une panne d'ordinateur ou d'imprimante. Tous les problèmes devaient être signalés au siège social, qui envoyait de Dakar des techniciens ou faisait transférer le matériel en panne. Aucun contrat de maintenance n'avait été signé avec des techniciens locaux, ce qui entraînait des interruptions de service de plusieurs jours. Cette «gestion à distance» instaurée par le siège social était désavantageuse pour les télécentres TPS.

Les gérants, le personnel et le comité de gestion ne disposaient que d'instruments obsolètes pour faire leur rapport. Les gérants s'occupaient des dépenses courantes telles que les factures (télécommunication,

149

Tableau 31 : Recettes et dépenses mensuelles dans trois types de TC (en FCFA et %)

	Téléphone	Internet	Automatisation du bureau	Formation	Infocom	Produits Web	Autre*	Personnel	Total
Recettes									
Enda-Cyberpop	1 285 797	24 774	130 537	49 167	0	0	0	0	1 483 749
	86,7%	1,7%	8,8%	3,3%	—	—	—	—	
TPS	2 714	251 093	31 394	0	95 202	108 979	122 842	0	612 223
	0,4%	41,0%	5,1%	—	15,6%	17,8%	20,1%	—	
Privé	343 125	38 125	0	0	0	0	121 442	0	502 692
	68,3%	7,6%	—	—	—	—	24,2%	—	
Dépenses									
Enda-Cyberpop	1 065 565	48 667	48 997	10 000	0	0	66 597	132 593	1 372 419
	77,6%	3,6%	3,6%	0,7%	—	—	4,9%	9,7%	
TPS	494 440	0	132 000	0	0	0	82 250	1 680 000	2 388 690
	20,7%	—	5,5%	—	—	—	3,4%	70,3%	
Privé	278 699	0	0	0	0	0	127 975	40 000	446 675
	62,4%	—	—	—	—	—	28,7%	9,0%	

Source : Enquête, février 2001.

* La vente de produits tels que les boissons sucrées et autres.

Graphique 6 : Les recettes du télécentre en FCFA

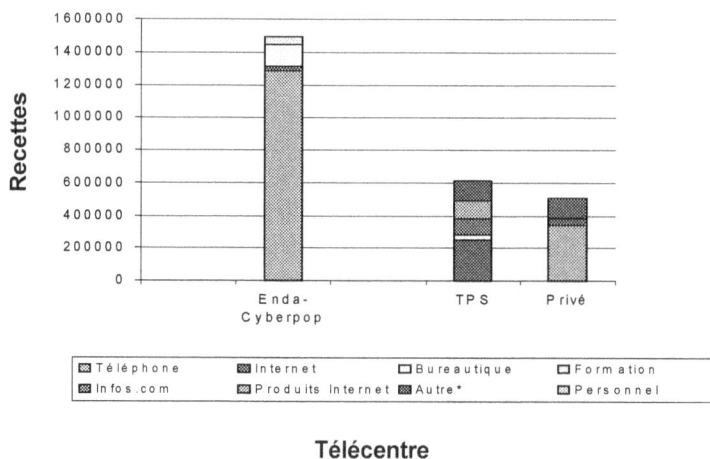

Recettes

	Téléphone	Internet	Bureautique	Formation
	Infos.com	Produits internet	Autre*	Personnel

Télécentre

Graphique 7 : Les dépenses du télécentre en FCFA

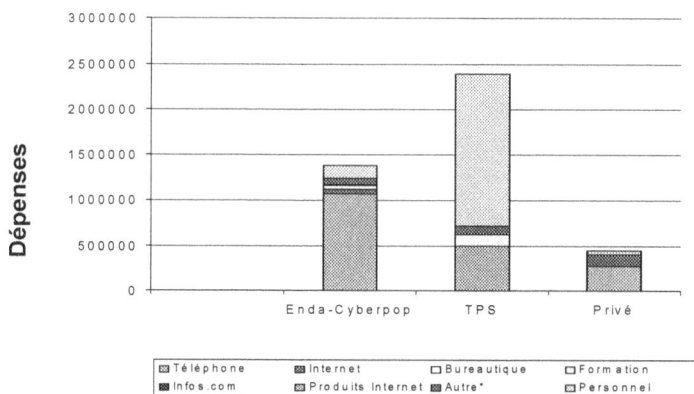

Dépenses

	Téléphone	Internet	Bureautique	Formation
	Infos.com	Produits internet	Autre*	Personnel

Télécentre

151

électricité, loyer, gestion et épargne), et l'excédent était placé dans un compte de réserve et utilisé à la discrétion des comités de gestion. Dans les télécentres TPS, contrairement aux télécentres Enda-Cyberpop, les comités de gestion n'étaient pas considérés comme propriétaires car ils n'étaient impliqués ni dans la gestion financière et technique ni dans le recrutement de personnel et les activités de sensibilisation.

Le télécentre de Guédiawaye était un modèle de par sa gestion qui garantissait la participation réelle de la communauté, mais aussi, son adaptation à l'environnement. Appartenant à un groupe de 1200 membres (essentiellement des femmes), ce télécentre était géré par un comité de gestion qui rendait régulièrement compte à ses membres. Tous les membres du personnel appartenaient à la communauté à qui incombait la responsabilité de gérer le télécentre et de garantir son développement par une stratégie commerciale innovante et de nouveaux produits.

Ces résultats montrent que les questions de propriété, de gestion et de viabilité sont sensibles. Trois types de modèles de propriété ont été mis en évidence : la personne privée, le groupe ou la société privée (Guédiawaye) et la propriété quasi communautaire qui est plutôt considérée comme une tutelle. Bien que les télécentres privés avaient un but lucratif, aucun des modèles étudiés ci-dessus n'avait associé sa gestion à une obligation de résultat. La tutelle, bien que peu développée, était la forme d'utilisation la plus courante pour les cas sus-cités. Pour garantir son succès, le télécentre nécessite une meilleure compréhension des personnes chargées de sa conception et de sa réalisation.

Finances

Le tableau financier présenté dans cette section est basé sur le bilan financier des télécentres Enda-Cyberpop entre août 2000 et janvier 2001 et sur l'état financier provenant du rapport d'évaluation TPS. La situation financière de certains télécentres privés a été utilisée à titre de comparaison. Le tableau 31 dresse le profil des dépenses et des charges dans certains télécentres.

Revenus

Dans les télécentres Enda-Cyberpop, le téléphone était la principale source de revenus et représentait plus de 80% des recettes. En comparaison, d'autres services tels que le traitement de texte et la formation généraient environ 13% des recettes totales. Les recettes provenant de la téléphonie étaient quasiment inexistantes dans les télécentres TPS, où la majorité des rentrées d'argent provenait de l'accès à Internet (41,0%), des produits Web (17,8%) et «d'autres sources» (20,0%).

Les services TIC des télécentres privés représentaient seulement 7,6% des recettes totales. Le reste était assuré par les services non-TIC. Les recettes mensuelles variaient de 1,5 million de FCFA dans les télécentres Enda-Cyberpop et moins de 5000 FCFA dans les télécentres TPS, à des centaines de milliers de FCFA dans les télécentres privés (Taux de change : 1 USD = 740 FCFA). Les recettes totales générées dans les télécentres Enda-Cyberpop représentaient plus du double des recettes des télécentres TPS. Il existait également de grandes variations dans la génération de revenus entre les différents télécentres d'un même projet (Enda-Cyberpop ou TPS). Parmi les télécentres Enda-Cyberpop, celui de Yeumbeul générait en moyenne plus de 500 000 FCFA (676 USD) par mois contre 20 000 FCFA (27 USD) environ pour Yarakh. Les différences entre les télécentres TPS étaient encore plus importantes, avec des sommes allant de quelques milliers de FCFA à plus d'une centaine de milliers de FCFA. Ces résultats sont une preuve supplémentaire que les modèles d'appropriation en tant que tels ne confèrent pas forcément la viabilité.

Dépenses

Alors que les télécentres Enda-Cyberpop dépensaient environ 92% des revenus générés, les télécentres TPS dépensaient presque quatre fois plus (390%) que leurs revenus (Tableau 31 et Graphique 7). Les télécentres privés dépensaient en moyenne moins que les télécentres Enda-Cyberpop ou TPS. Les dépenses occasionnées par le téléphone étaient les plus élevées pour tous les télécentres. Il était curieux de constater que même dans les télécentres TPS, une somme considérable était consacrée au téléphone, qui pourtant ne générait pas de recettes équivalentes, alors qu'un montant infime était affecté aux produits Web qui généraient la plus grande partie des recettes.

Les frais de téléphone (connectivité) représentaient la deuxième dépense la plus importante (Tableau 31) après les salaires. Les dépenses de personnel dans les télécentres Enda-Cyberpop et les télécentres privés représentaient 10% des dépenses totales contre 70% dans les télécentres TPS. Les autres dépenses, notamment l'électricité, les fournitures de bureau, les fournitures informatiques, et accessoirement le logement, représentaient

10 à 12% des dépenses totales. En général, les télécentres communautaires (Enda-Cyberpop et TPS) ne payaient pas de loyer. Un ordre de classement indique que les salaires arrivaient en tête des dépenses, suivis par le téléphone et les fournitures informatiques.

Viabilité

Ces résultats suggèrent que les télécentres ont la possibilité d'assurer leur viabilité, compte tenu de leur utilité sociale et économique et de leur capacité à répondre aux besoins de la population en matière de TIC. Les services offerts par les télécentres ont été grandement appréciés par les membres des communautés. Certains télécentres, notamment ceux d'Enda-Cyberpop situés dans les quartiers défavorisés, sont devenus des lieux de rencontre populaires pour les membres et les organisations communautaires. Les télécentres sont devenus partie intégrante de la vie communautaire. Le rapport souligne que la durabilité des télécentres dépend du succès de leur intégration dans la communauté et de la volonté des populations à participer à leur gestion. Il est donc possible, sur la base de cet argument, de faire la distinction entre la durabilité institutionnelle et la validité conceptuelle, d'une part, et la viabilité financière d'autre part. Il semble que la validité conceptuelle et la validité institutionnelle soient logiquement liées dès qu'une idée trouve adhésion, valeur et expression concrète au sein de la population. Le concept est recréé et transposé dans l'institution du télécentre. Par conséquent, l'existence et la validité de l'idée sont garanties, mais la nature et la forme des mutations futures du concept ne suivent pas forcément celles initialement prévues. Il est fréquemment souligné que la validité conceptuelle confère une viabilité institutionnelle au télécentre.

L'avenir financier des télécentres communautaires demeure difficile à établir. Cette conclusion paraît évidente lorsque l'on considère les revenus générés, avec lesquels peu de télécentres arrivent à couvrir leurs charges d'exploitation. En dépit de la hausse constante des revenus, 50 à 70% des recettes ont été affectées aux salaires. Cette situation ne favorise pas la confiance, la stabilité ou la viabilité financière. Les fonds débloqués par le CRDI et les agences de financement ont permis de garantir la survie des télécentres pendant toute la durée des projets. Comme tous les projets sont amenés à prendre fin, il est important que les télécentres élaborent des stratégies d'autosuffisance en générant des revenus et en collectant des fonds auprès de partenaires locaux tels que les Chambres de commerce. Le programme Acacia envisage actuellement différents modèles pour l'avenir des télécentres dans lesquels il est impliqué. Cet avenir exclut la poursuite d'une assistance totale, d'où l'importance de la question de la viabilité. Des ressources à court terme sous forme de fonds de roulement, combinées à des garanties de ressources à moyen et long terme, sont nécessaires pour garantir la viabilité des télécentres.

Le télécentre communautaire de Guédiawaye est un modèle de réussite. Détenu et géré par une organisation communautaire, le Groupement d'intérêt économique (GIE) SERBATIM, ce télécentre a démontré que les télécentres communautaires peuvent générer des revenus suffisants pour couvrir leurs charges d'exploitation et réaliser des bénéfices. Le GIE SERBATIM, qui compte 1200 membres (957 femmes et 243 hommes), a été créé en 1997 pour développer des activités rémunératrices au profit de ses membres. Au moment de l'étude, il entreprenait diverses activités, allant de la teinture à la formation informatique, en passant par la fabrication de sculptures en bois et autres œuvres d'art. Le groupe possédait un salon de coiffure destiné à fournir une formation aux jeunes, une structure d'épargne et de crédit, une garderie et une école privée. Ces activités rémunératrices, ainsi que les cotisations des membres, généraient des ressources financières suffisantes pour couvrir toutes les dépenses. Le personnel et les membres du GIE ont travaillé pendant presque un an comme bénévoles ; ils ont commencé à percevoir des allocations mensuelles uniquement lorsque le groupe a atteint une stabilité financière. Le télécentre fonctionnait sans aucune subvention externe majeure, sauf la gratuité des locaux comme pour la plupart des autres télécentres. Voici donc un exemple de télécentre communautaire qui était géré sur un modèle d'entreprenariat destiné à enrichir ses membres. Du point de vue technique, l'objectif de l'OCB est la recherche du profit, et toute une gamme de produits a été créée pour garantir des revenus suffisants pour ses membres. Les membres étaient également disposés à travailler comme bénévoles jusqu'à ce que l'investissement soit rentable. Il est évident que ce modèle méritait une étude plus approfondie.

D'autres télécentres communautaires dont la priorité n'était pas uniquement la recherche de profit, préféraient plutôt mettre l'accent sur leur avenir institutionnel, qui reposait sur la fourniture des services essentiels pour la communauté. Par conséquent, leur maintien permanent pouvait se justifier par le fait qu'ils représentaient un bien collectif.

Résumé et conclusion

Cette étude a démontré que :

- Les communautés utilisent quotidiennement les services fournis par les télécentres pour répondre à leurs besoins sociaux et économiques, tels que l'envoi et la réception de messages ou la recherche d'informations.

- Les communautés sont satisfaites des services offerts.

- L'impact social des télécentres est significatif.

- L'introduction et le développement du téléphone, notamment avec l'avènement des télécentres, a donné naissance à une nouvelle culture du téléphone. Les populations considèrent désormais le téléphone comme un moyen de communication sociale et commerciale. Le téléphone a permis de réduire la dépendance vis-à-vis des systèmes de transport, dans la mesure où la mobilité virtuelle est devenue une réalité.

- Les nouvelles technologies sont accessibles sans discrimination ou marginalisation sociale.

- Le télécentre est à la fois un fournisseur de services TIC, un forum de formation, un centre d'hébergement pour les micro-entreprises et les entrepreneurs individuels et un secrétariat partagé.

- Les télécentres ont renforcé les opportunités de travail locales et l'acquisition de nouvelles compétences.

- Certains télécentres ont contribué au renforcement des organisations communautaires et des liens qui les unissent. Les télécentres jouent dorénavant un rôle de conseil et de soutien et servent d'intermédiaires dans la chaîne d'information et de communication de la communauté.

- Certains télécentres ont influencé le comportement financier des membres de la communauté en créant des systèmes locaux d'épargne et de crédit.

- Une tâche essentielle de l'étude consistait à déterminer le meilleur modèle de gestion. Bien qu'il a été difficile de comparer les modèles car ils comportaient des produits et des points différents, il est évident que la relation entre la propriété, la gestion et la viabilité est complexe et nécessite une réflexion plus approfondie. Le modèle axé sur la communauté et représenté par les télécentres Enda-Cyberpop facilitait l'accès et l'intégration sociale des populations défavorisées. Le modèle commercial symbolisé par les télécentres TPS améliorait les opportunités individuelles et commerciales d'un nombre limité de personnes. Étant basé sur les projets, le modèle de gestion n'était pas différent de celui d'Enda-Cyberpop. La différence résidait dans les objectifs, c'est-à-dire améliorer les opportunités commerciales et les performances des entreprises locales. Ainsi, bien que les télécentres TPS visaient à promouvoir des activités pour leurs clients, ils n'avaient pas besoin d'être des entreprises performantes ; ils étaient après tout des «projets de développement» entièrement financés. Il est difficile de ne pas arriver à la conclusion suivante : en tant que «projet de développement», ce qui semble avoir été perçu comme une dimension importante et essentielle du succès n'est pas la viabilité financière mais la participation de la communauté.

Plusieurs conclusions peuvent être tirées de cette étude :

• Grâce à l'utilisation des nouvelles TIC, il est possible pour les person-nes défavorisées et les organisations communautaires d'avoir accès à des informations importantes en temps réel et à des prix abordables.

• Les télécentres offrent de véritables avantages sociaux, économiques et culturels, et le formidable engouement qu'ils soulèvent est la preuve qu'ils ont une bonne chance de survivre et de se développer.

• Les obstacles à l'utilisation des TIC, basés sur des facteurs contrai-gnants, tels que l'analphabétisme, le genre et l'âge, peuvent disparaître avec le temps et avec des investissements raisonnables dans des mo-dèles capables d'encourager la participation réelle des communautés et le développement des capacités. Cet investissement-là incombe à un groupe élargi de partenaires.

Chapitre 8

Conclusion

Ce chapitre est consacré à l'analyse des modèles qui se dégagent globalement de la recherche menée dans 5 pays. L'enquête concerne
36 télécentres. Les résultats sont analysés à la lumière des questions soulevées par les études d'évaluation. Les réponses à ces questions semblent
indiquer qu'il est possible de faire évoluer les télécentres communautaires
vers de nouvelles orientations.

Les quatre questions soulevées dans ces études ont porté sur ces
thèmes : l'accès aux télécentres, leur pertinence, leur viabilité et leur environnement. Ce résumé commence par l'analyse du contexte social, politique, économique et technologique qui a servi de cadre d'exécution des
projets. Cette analyse est la toile de fond qui permet de comprendre les
projets et de tirer une conclusion concernant leur succès ou leur échec.

Contextes politique, socio-économique et technologique

Le contexte politique dans lequel évoluent les télécentres dans les cinq
pays n'est pas très favorable pour le moment. Du Mali au Mozambique, les
télécentres ne sont soutenus pour l'instant que par une petite partie de la
classe politique. En Ouganda, en Afrique du Sud, au Sénégal et dans d'autres
pays comme le Rwanda, ce soutien vient des plus hautes sphères politiques du pays. Au cours des dernières années, des chefs d'État comme les
présidents Thabo Mbeki[1] d'Afrique du Sud, Yoweri Museveni[2] d'Ouganda et

---

1. Le président Sud Africain Thabo Mbeki est l'un des initiateurs du Millenium Plan.
2. Le président Yoweri Museveni d'Ouganda a assisté à la 'Global Knowledge
   Conference in Canada' et continue de soutenir le secteur des NTIC dans son pays.

Abdoulaye Wade[3] du Sénégal se sont prononcés publiquement, en diverses occasions, en faveur du développement des technologies de l'information et de la communication et, par extension, des télécentres dans leurs pays respectifs et partout en Afrique. En octobre 2001, les chefs d'État africains se sont réunis à Abuja pour mettre leurs pays, individuellement et collectivement, sur le chemin de la croissance et du développement durable et ils ont publié une importante déclaration intitulée «Nouveau partenariat pour le développement de l'Afrique». La partie B de ce document historique identifie les secteurs prioritaires. Les parties 99 à 111 soulignent la nécessité de combler le retard en matière d'infrastructures ainsi que le fossé numérique, et indiquent les mesures à prendre. En 1996, les Nations Unies avaient lancé, avec l'appui de 23 organismes de développement, une initiative de 10 ans en faveur de l'Afrique. Cette initiative devait encourager des actions concrètes visant à accélérer le développement du continent. L'initiative de la société africaine de l'information fait partie de ce programme global, tout comme l'initiative Acacia lancée en 1997 par le gouvernement canadien en réponse à l'appel pour une société africaine de l'information.

Au niveau mondial, il existe actuellement de nombreuses initiatives qui participent à la conception et à la mise en œuvre de projets TIC. Ce processus s'est appuyé sur la coopération et le dialogue à grande échelle, symbolisés par les deux conférences du réseau Global Knowledge organisées en 1997 et 2000. De toutes ces initiatives internationales, le programme Digital Opportunity Taskforce ou DOT Force du G8 est de loin le plus ambitieux. Ce programme, décliné en neuf points indiquant un ensemble d'axes prioritaires, nécessitant l'appui des États et des organismes pour la promotion et le développement des TIC, a été remis au groupe de travail des Nations Unies pour les TIC (UN ICT Task force) qui a en charge sa mise en œuvre et sa pérénisation. Certains pays ont d'ailleurs déjà commencé à mettre en œuvre quelques-uns de ces plans.

Ces discours et ces actions autorisent à croire qu'il existe un soutien politique pour le développement des TIC. Même si, en grande partie, ces actions ne se résument pour l'instant qu'à des déclarations d'intention de la part de hauts responsables politiques, elles peuvent constituer pour les télécentres communautaires une occasion réelle de se développer. Une légère croissance peut être notée dans certains pays à l'étude. Dans trois

---

3. Le président Wade du Sénégal est le promoteur du Plan Omega qui met l'accent sur le développement des TIC comme l'un des instruments de la croissance africaine.

de ces cinq pays (Afrique du Sud, Mozambique et Ouganda), les politiques nationales en matière de TIC sont déjà appliquées ou en voie d'exécution, et les rapports indiquent que près d'un tiers des pays du continent ont élaboré des plans NICI (National Information and Communication Infrastructure). Le soutien politique de haut niveau et la bienveillance à l'égard des TIC ne se traduisent pas généralement avec autant d'enthousiasme au niveau micro-économique (télécentres). L'analyse politique et sociologique des points d'accès public indique que ceux-ci sont conçus et gérés pour répondre aux besoins de la majorité enclavée, démunie et sous-équipée. Culturellement ou ethniquement disparate, cette couche sociale partage en revanche les mêmes activités agricoles et un intérêt certain pour la création d'un capital et d'un patrimoine social. Par conséquent, le télécentre communautaire s'intègre-t-il à l'environnement ? Au Sénégal, et dans une moindre mesure en Ouganda et en Afrique du Sud, quelques-uns des télécentres communautaires servent de lieu de réunion et constituent une ressource pour l'action, l'information et l'éducation communautaires. Toutefois, cet aspect n'est pas très bien développé. Il doit faire l'objet d'un examen et d'une étude plus approfondis, car il semble apporter des changements parmi les couches sociales défavorisées notamment à Dakar.

Par ailleurs, des transformations rapides ont lieu sur le plan institutionnel. Au Mozambique, en Afrique du Sud et en Ouganda, des agences de régulation autonomes et indépendantes ont été mises sur pied afin de favoriser les avancées dans le secteur des télécommunications. Par contre, les agences de régulation du Mali et du Sénégal sont semi-autonomes. Parmi les autres évolutions notables intervenues à ce jour dans le secteur des télécommunications figurent la levée du monopole de l'État, la libéralisation et les négociations incessantes sur la privatisation des services de télécommunications. Jusqu'en 2000, le Mali, le Mozambique et l'Ouganda n'avaient pas encore privatisé leurs services de téléphonie fixe, bien que l'Ouganda ait libéralisé le secteur en autorisant l'intervention d'un autre opérateur (ECA NICI 2000 et UCC 2001). Et l'Afrique du Sud, pour sa part, étudie sérieusement la possibilité d'autoriser un deuxième opérateur réseau à exercer. Malgré le lancement du processus de privatisation, les fournisseurs de services de télécommunications publics ou contrôlés par l'État jouissent encore de monopoles ainsi que de privilèges d'exclusivité dans les cinq pays. Aucune concurrence réelle n'existe dans le domaine de la téléphonie fixe. Pour cette raison, les tarifs restent élevés et le développement des infrastructures en milieu rural est paralysé. Par contre, la concurrence existe dans le domaine de la téléphonie mobile qui, dans la plupart des pays du continent, a dépassé la téléphonie fixe. La radiotéléphonie cellulaire et le téléphone portable, qui ont vu le jour dans les cinq pays à la fin des années 1990, se sont développés de manière spectaculaire avant 1998. Dans trois pays (Sénégal, Ouganda et Afrique du Sud), le nombre d'abonnés au mobile a dépassé celui du réseau terrestre, parfois avec des écarts largement supérieurs à 100% (ECA NICI 2000). Par exemple, en 2000 le nombre de lignes fixes en Afrique du Sud, au Sénégal et en Ouganda étaient respectivement de 2,1 millions, 205 888 et 85 000. Pour la même année, le nombre d'abonnés au mobile était de 9 millions, 250 257 et 120 000 (BMI-TechKnowledge 2002). Le développement de la téléphonie mobile est le signe d'un déséquilibre. Cette faille est encore plus ressentie en milieu rural où les télécommunications sont très peu développées. Néanmoins, la téléphonie mobile ne rapporte que très peu en milieu rural. En effet, le niveau de développement actuel de la technologie sans fil en milieu rural et les moyens de ses habitants ne leur permettent pas de jouir pleinement des avantages de l'ère de l'information.

Outre les infrastructures de télécommunications, l'état général des infrastructures continue de poser d'énormes difficultés aux cinq pays et, dans une certaine mesure, à tout le continent. Il s'agit notamment de la non-fiabilité des liaisons téléphoniques, de l'inexistence de lignes, mais aussi de l'instabilité de la fourniture d'électricité. Par exemple, à Thakgalane (Afrique du Sud), le télécentre ne fonctionnait pas parce qu'il n'existait pas de lignes téléphoniques. Dans certains cas, comme à Buwama (Ouganda), les infrastructures téléphoniques de base étaient inexistantes au démarrage du projet. Cette situation est courante en milieu rural dans d'autres pays d'Afrique. De toute évidence, l'accès généralisé des zones rurales au téléphone ne sera pas chose facile. Selon les estimations, le Sénégal comptait plus de 10000 télécentres officiels au moment de la présente étude, et la plupart d'entre eux étaient concentrés à Dakar et ses environs. Dans trois des autres pays, il était difficile d'effectuer un décompte complet ou de dresser la liste exhaustive des télécentres. En Afrique du Sud, 3432 télécentres ont été identifiés selon le bulletin d'informations du Link Centre (Community 2000) publié par l'université de Witwatersrand. Dans ce pays, les télécentres sont répartis sur une zone plus large, ce qui semble découler d'une volonté politique. Par contre, dans les quatre autres pays les installations, privées notamment, et les infrastructures sont concentrées en milieu urbain. En

Ouganda, par exemple, la plupart des services et des fournisseurs d'accès à Internet (FAI) sont concentrés à Kampala et dans ses environs, de même qu'au Sénégal.

Accès : nouvelles données

Les utilisateurs

L'objectif de la majeure partie des projets de TIC, notamment des télécentres, est de décentraliser l'accès à l'information. La création de télécentres en milieu rural se justifie par l'inégalité constatée entre populations urbaines et monde rural dans l'accès au réseau de l'information. L'accès généralisé est fréquemment évoqué comme un objectif à l'ordre du jour pour rendre l'information accessible à tous, et ce à un coût abordable. L'argument avancé est que si les services TIC sont laissés aux seules forces du marché, ils ne vont pas s'étendre aux populations rurales démunies. En effet, la première génération de technologies de l'information (radio, télévision et téléphone) n'est toujours pas disponible à grande échelle dans la majeure partie du monde rural en Afrique. Du fait de la pauvreté encore prédominante dans ce milieu, les points d'accès conçus sur le modèle des télécentres sont porteurs de promesses pour la résolution de la disparité entre la ville et le monde rural. Le profil des utilisateurs actuels des télécentres constitue par conséquent un important indicateur du niveau de vulgarisation des avantages dans le monde rural.

Les profils des utilisateurs dans les cinq pays laissent apparaître de larges similitudes, mais aussi quelques différences. Il ne fait aucun doute que les télécentres ont permis à un grand nombre de personnes vivant dans des localités défavorisées et enclavées d'entrer en contact direct avec les TIC modernes. Cette familiarisation n'aurait pas été possible si les projets de télécentres n'avaient pas été lancés (Graham 2001). Le nombre total de projets par pays reste faible par rapport à la population nationale. En outre, les études indiquent que l'âge, le genre, l'éducation, le niveau d'instruction et le statut socio-économique constituent autant de handicaps pour les utilisateurs. L'absence des personnes âgées dans les télécentres est frappante. Des raisons liées à la culture, à l'évolution du cycle de la vie humaine, ainsi qu'à la nature et à l'histoire des TIC elles-mêmes, ont été évoquées dans les débats des groupes de discussion pour expliquer cette tendance. Au Mali, comme dans les autres pays, les personnes âgées, c'est-à-dire celles qui ont plus de 50 ans, sont particulièrement désavantagées.

Au Mali également, les jeunes et les adultes de moins de 40 ans représentent plus de 80% des utilisateurs des télécentres. Les utilisateurs les plus actifs ont entre 17 et 40 ans. En Ouganda, environ 71% des utilisateurs ont entre 18 et 50 ans, et près du tiers (27,1%) a moins de 16 ans. Ce résultat signifie que cet engouement récent pour les TIC va perdurer.

Dans la quasi-totalité des pays et sites à l'étude, les femmes utilisent les services TIC moins que les hommes. Au Mali, 77% des utilisateurs sont des hommes. Ils représentent 63% des utilisateurs à Manhiça au Mozambique. La tendance est similaire au Sénégal et en Ouganda : 48,1% en Ouganda et 70% au Sénégal. Seul pays où les disparités d'accès en termes de genre divergent de cette tendance prévisible, l'Afrique du Sud : à Phalala, les hommes constituent 42% du nombre total d'utilisateurs. Dans les autres télécentres sud-africains, aucune tendance nette ne se dégage des résultats. Selon certaines études, le sexe du gérant du télécentre déterminerait le taux de fréquentation en termes de genre. Cette perception nécessite une étude plus approfondie.

L'éducation semble être un facteur déterminant en ce qui concerne l'utilisation des télécentres. D'après une croyance populaire, les services des télécentres sont destinés à l'élite ou aux personnes instruites, mais ceci n'est pas vérifié. Au Mozambique, au moins 50% des utilisateurs ont fait des études secondaires, et les élèves ou étudiants représentent 63% du nombre total. En Ouganda et en Afrique du Sud, les étudiants non licenciés, les enseignants et les élèves représentent le plus important pourcentage d'utilisateurs. Au Mali, les arabophones sont défavorisés. Le Sénégal fait toutefois exception à deux égards. Les élèves et étudiants, personnes instruites n'utilisaient pas les télécentres communautaires autant que les autres couches sociales ou autant que l'on pouvait s'y attendre. La question était de savoir pourquoi. Une raison probable était que la conception et le fonctionnement des télécentres communautaires étaient faussés, ce groupe étant davantage orienté vers les préoccupations des autres couches sociales. En outre, les élèves et étudiants avaient peut-être de meilleures alternatives puisqu'il existait un grand nombre de télécentre sur lequel leur choix pouvait se porter. Il est donc possible que les télécentres communautaires aient choisi leurs cibles en excluant les élèves et étudiants.

D'autre part, il est préoccupant de constater que les personnes démunies ou les chômeurs sont défavorisés en ce qui concerne l'utilisation des télécentres. Cette situation appelle une analyse sérieuse et l'adoption de mesures adéquates. Selon les critères populaires, un nombre considérable de personnes appartient à cette catégorie. Il est donc difficile de prétendre généraliser l'accès aux TIC si cette catégorie ne perçoit pas l'intérêt et l'utilité des télécentres.

Outre les utilisateurs individuels et institutionnels directs, certains avantages des télécentres s'étendent à une plus large couche de la population vivant autour des télécentres. Cet aspect s'est surtout révélé au Mali et au Sénégal et, à un degré moindre, en Ouganda. Les études menées dans les autres pays n'ont pas tenu compte de cet aspect de l'utilisation des télécentres, et les informations sur les avantages secondaires nécessitent des études supplémentaires.

Les services

Les télécentres à l'étude dans les cinq pays offrent des services similaires : la photocopie, le téléphone, l'initiation à l'informatique et aux logiciels, l'accès à Internet et le traitement de texte. La télécopie, la conception, le traitement et l'impression de documents ainsi que l'accès au courrier électronique sont également très répandus. La gamme de services disponibles dans les télécentres communautaires multiservices (TCM) est plus variée que dans les télécentres privés ou les cybercafés. En revanche, l'utilisation de cette large panoplie de services est plus faible. D'après les études, Internet et le courrier électronique, par exemple, sont peu ou pas utilisés dans les zones rurales reculées de l'Ouganda, du Mozambique et du Mali.

L'énorme succès du téléphone est indiscutable. Par contre, les autres services connaissent un succès variable selon les pays. Au Sénégal, la téléphonie ne représente pas moins de 50% des recettes des télécentres, voire plus de 80% dans certains cas. En plus de la téléphonie, l'utilisation d'Internet et du courrier électronique est très courante dans les télécentres de Trade Point Sénégal. Par contre, elle ne l'est pas au Mozambique et dans les zones rurales ougandaises. Le téléphone, qui est le service le plus demandé, connaît souvent des dérangements. D'après les rapports, en milieu rural, les problèmes de télécommunications liés à l'infrastructure sont plus graves en Ouganda et en Afrique du Sud que dans les autres pays. Les télécentres ciblés dans ces pays sont situés dans des zones plus reculées que dans les autres pays et, par conséquent, reflètent peut-être avec plus de lucidité les vrais défis qui attendent les projets TIC en milieu rural africain.

Certains TCM dans les pays à l'étude proposent des services personnalisés. Au Mozambique, en Ouganda et au Mali, les télécentres mettent à la disposition du public des ressources imprimées ou sous forme électronique (cassettes vidéo, CD-ROM et cassettes audio). D'autres, comme le télécentre de Nakaseke en Ouganda, possèdent des ressources et des bibliothèques bien fournies, destinées à la population locale. Le service de documentation du TCM de Nakaseke (Ouganda) a été le premier de la préfecture, et il a eu un profond impact sur les populations des localités avoisinantes. Au Sénégal, certains TCM offrent un service de conception de sites Web. Ce service n'est disponible nulle part ailleurs. Toutefois, il est prévu par certains TCM sud-africains. Au moment de l'enquête, le TCM de Tombouctou avait une dizaine de clients et commençait sa mutation en FAI doté d'un serveur.

La comparaison des services proposés par les TCM et les cybercafés montre que les télécentres orientés vers le développement disposent d'une gamme de services plus variée que les cybercafés à but lucratif. L'offre de services de ces derniers est très réduite. En outre, ils se spécialisent généralement dans les services de communication (personne à personne) ou d'information (Jellema et Westerveld 2001). Cette différence n'est pas étonnante, puisque l'approche qui sous-tend ces deux types de structures est différente. Les télécentres communautaires sont mus par le renforcement du pouvoir socioéconomique et le développement. Les services proposés par Jellema et Westerveld, qui distingue trois types de services (communication, information et non-communication) permet d'en déduire un autre. D'après ce modèle, les services de communication incluent le téléphone, la télécopie et la communication informatisée telle que le courrier électronique. La deuxième catégorie de services comprend «l'enregistrement, la consultation et la réception d'informations». La troisième catégorie inclut la photocopie et les services informatiques. Nous estimons que pour intégrer les résultats de la recherche, ce modèle utile est perfectible. Pour ce faire, il est nécessaire de mieux cataloguer et développer le modèle Jellema. En outre, il est indispensable de théoriser la nature des relations entre les services disponibles et leur succès auprès du public, d'une part, et le niveau de développement communautaire, d'autre part.

Il est possible, par conséquent, de distinguer les catégories de services suivantes :

- Communication (téléphone, télécopie, courrier électronique, forums de discussion, etc.) ;

- Information (navigation sur Internet, émissions radio, journaux, bulletins

165

d'information, etc.) ;

- Éducation (formation, exercices d'acquisition de connaissances individuelles ou collectives, etc.) ;

- Développement communautaire (tableau d'affichage villageois, centre/
service social, service commercial : c'est-à-dire l'offre de services autres
que la communication, l'information et l'éducation, etc.).

Concernant la relation entre les services et le niveau de développement
communautaire, il a été envisagé de privilégier les services de communication, d'information et d'éducation lors de la phase initiale de l'évolution des
télécentres. Ensuite, les services seront rééquilibrés à mesure que la clientèle et les télécentres évoluent. À terme, les télécentres fourniront non seulement des services plus avancés dans chaque catégorie, mais ces services seront distinctement répartis dans au moins 3 catégories. Selon certaines
hypothèses, les cybercafés, c'est-à-dire les télécentres privés ou les points
d'accès, vont continuer de leur côté à proposer des services limités à une
seule catégorie, au nom de la spécialisation. La situation observée dans
l'ensemble des pays à l'étude indique que l'offre de services n'est pas développé. Elle constitue également un indice sur l'ancienneté du phénomène
ainsi que sur la maturité de la demande, elle-même liée au niveau de familiarisation et de connaissance des outils.

Les obstacles

Cette partie présente les principaux obstacles d'utilisation des télécentres
aux yeux des personnes interrogées.

- **Le choix de l'emplacement.** L'emplacement a un effet considérable
sur l'accessibilité de certains télécentres et sur l'utilisation de leurs
services. L'utilisation est limitée par des charges additionnelles, telles
que le transport pour se rendre au télécentre et les éventuels risques
inhérents à son emplacement. Par exemple, le télécentre de Nabweru
en Ouganda se trouve dans le centre administratif de la préfecture, à
proximité d'un commissariat de police, d'une prison et d'un tribunal. Pour
certains utilisateurs, le problème de la tranquillité se pose. D'autres
utilisateurs potentiels peuvent être intimidés par les espaces publics ou
simplement ne pas se sentir libres de pouvoir s'y rendre pour cause de
contrainte culturelle. La plupart des télécentres sont installées dans des
édifices publics. En Afrique du Sud, le télécentre de Mankweng est installé
dans un quartier peu sûr, ce qui a entraîné le vol du matériel. Ce même
télécentre se trouve dans une zone où il subit la rude concurrence de

plusieurs structures et entreprises qui proposent des services similaires. Néanmoins, il est plus facile de parler d'un juste milieu que de le trouver : par exemple, l'implantation d'un télécentre sur une rue passante peut être une bonne chose en termes d'accessibilité, mais pas en termes de pollution sonore, d'intimité, de poussière, etc.

- **Publicité insuffisante**. 'emplacement joue un rôle important dans la publicité. Apparemment, les télécentres font peu d'efforts pour faire connaître leur emplacement ou leurs services. Par exemple, à Mankweng (Afrique du Sud), bien que l'existence du télécentre soit reconnue, peu de monde en connaissait l'emplacement exact. À Kampala, un grand nombre d'habitants ne savait pas où se trouvait le cybercafé du quartier.

- **Mauvaise gestion**. La plupart des télécentres faisaient face à des problèmes de gestion. Ils subissaient le mauvais comportement de leur personnel, le manque de compétence en gestion, en technique, voire en relations sociales. Le matériel de certains télécentres était «hors d'usage» pendant de longues périodes en raison de lenteurs administratives. Par exemple, l'imprimante du télécentre de Nabweru (Ouganda) n'était pas fonctionnelle par manque de cartouche. Pour s'approvisionner en cartouches, le gérant du télécentre a dû attendre près de trois semaines avant d'avoir le feu-vert de l'agence d'exécution et de suivi du projet. À Buwama (Ouganda), une longue brouille entre les membres du comité de gestion et le personnel du télécentre avait perturbé la prestation de services. À Makuleke (Afrique du Sud), le service a été suspendu en raison d'une mauvaise gestion financière et administrative qui a abouti à de lourdes factures impayées.

D'après l'étude, le personnel était insuffisant et peu qualifié. Il se caractérisait par le recrutement de personnes mal formées et de volontaires mal payés. En Ouganda, comme dans de nombreux autres TCM, le personnel n'avait pas la formation requise pour résoudre les problèmes techniques, mêmes courants. Aucun gérant de télécentre ougandais n'avait de compétences techniques au départ, même si par la suite une formation de base a été organisée à leur intention. Au Mali, la situation était différente puisque le personnel savait résoudre la plupart des problèmes techniques, et ce, probablement parce que l'agent d'exécution du projet était l'opérateur national en télécommunications. Les heures d'ouverture des télécentres constituaient un autre exemple de la mauvaise gestion. En effet, les télécentres suivaient les horaires de travail officiels. D'où un temps d'accès aux infrastructures réduit. Les télécentres étaient généralement fermés la nuit, le dimanche et les jours fériés. Ce choix montrait nettement que les gérants n'avaient pas le sens des affaires.

- **Infrastructures physiques inadéquates**. Dans de nombreux cas, l'espace disponible était soit trop petit, soit mal utilisé. Souvent, la vie privée des utilisateurs du téléphone ou des autres services était à peine respectée. Au Sénégal, comme dans les autres pays, le ratio utilisateur-ordinateur était si énorme lors de la formation que les classes ont été divisées et, souvent, l'application pratique requise irréalisable directement.

- **Coût des équipements, de l'entretien et des approvisionnements**. Le service était souvent interrompu en raison du coût élevé de certains éléments indispensables tels que les licences des logiciels et les cartouches d'imprimante à jet d'encre, de même que par la pratique courante consistant à aller chercher un technicien à un endroit éloigné pour un entretien de routine ou des réparations.

- **Coût des services**. Dans les cinq pays, les utilisateurs des télécentres ont exprimé leur préoccupation face aux tarifs des services. Comparés aux revenus, ces tarifs élevés constituaient un handicap majeur pour les femmes, les chômeurs et les élèves ou étudiants.

- **Instruction et langue**. Même si au Sénégal, et dans une certaine mesure au Mali, les illettrés utilisaient les télécentres autant que les autres personnes, les résultats de la recherche laissaient penser que les télécentres ont toujours été perçus comme des endroits où les services étaient destinés aux personnes instruites. Cette perception était liée à la langue utilisée pour le contenu, le plus souvent l'anglais ou le français. Au Sénégal, le personnel des télécentres donnait un important coup de main aux utilisateurs. Au Sénégal comme au Mali, la langue locale était utilisée pour les affaires.

Pertinence des télécentres

On dit souvent que celui qui détient le savoir détient le pouvoir. Par conséquent, l'intérêt des services offerts par les TCM dépend en grande partie du type de contenu proposé au public. La pertinence du contenu est analysée par rapport aux types de services accessibles dans les TCM. Elle peut être évaluée sur la base de l'intérêt que les utilisateurs accordent aux services ou sur la qualité du contenu disponible. Il est donc utile de faire la

168

distinction entre la pertinence des services, d'une part, et la valeur du contenu ou des applications, d'autre part. Il est également important de placer le débat sur la pertinence dans le cadre global des TIC pour le développement. Pour commencer, il serait utile de comprendre les rapports entre les services utilisés et les motifs de leur utilisation. Ici, il est possible de distinguer l'utilisation sociale ou économique individuelle de l'utilité sociale, politique ou économique collective. Les télécentres communautaires étant censés servir le public sur les plans individuel et collectif, leur utilité doit donc être également appréciée sur ces deux niveaux.

La recherche ou l'échange d'informations constituent le principal motif d'utilisation des télécentres. Ces informations ont trait aux interactions sociales, au contact avec les amis et la famille, à la préparation de documents pour des événements sociaux (les mariages ou les décès) et aux loisirs personnels, tels que regarder la télévision et des vidéos, écouter la radio ou lire des journaux. Loin derrière, arrivent les motifs professionnels et économiques, tels que la recherche d'informations agricoles et économiques, en deuxième position. En Ouganda, les télécentres facilitaient les transactions économiques ou commerciales pour un faible pourcentage d'utilisateurs (10–20%). Ils aidaient également à obtenir de l'information sur les techniques culturales améliorées ou alternatives et sur le prix des produits agricoles. Au Sénégal et en Afrique du Sud, la promotion des biens et des services (employés de maison pour le Sénégal), le contact entre partenaires commerciaux et acheteurs ainsi que la conception et la photocopie de documents pour les entreprises et les institutions ont été identifiés comme motifs supplémentaires. Les élèves et étudiants ougandais et mozambicains ainsi que les organisations au Sénégal et en Afrique du Sud utilisaient les télécentres pour des raisons académiques : le traitement de documents (mémoires et bulletins d'information), la photocopie, l'initiation à l'informatique, la conception de sites Web, le traitement de texte et la saisie, la consultation de diverses sources d'informations dans les bibliothèques.

Outre le fait que les télécentres n'ont réussi à atteindre qu'un faible pourcentage d'utilisateurs potentiels, les témoignages recueillis dans les pays à l'étude indiquent qu'ils sont généralement utilisés pour des motifs sociaux personnels, pour garder le contact avec la famille et les proches. Il est difficile de concevoir comment ce type d'utilisation pourrait mener à un enseignement et à une transformation à grande échelle, si tels sont les objectifs visés. L'utilisation collective sociale, politique ou économique connaît des progrès significatifs, mais qui restent toutefois faibles. Les télécentres ont joué un rôle manifeste lors des élections de 2000 au Sénégal et en Ouganda. Certains télécentres ont servi de lieux de réunion, de centre de formation pour les groupements féminins, d'abris ou de refuges, etc. Sur un plan plus pragmatique, les utilisateurs se sont déclarés satisfaits par les services fournis. Ils soulignaient que les télécentres leur permettaient d'atteindre un public élargi, qu'ils facilitaient la communication avec l'extérieur et qu'ils faisaient évoluer la connaissance de l'outil informatique au sein de la population locale.

La pertinence du contenu par rapport aux besoins locaux reste un énorme problème. Même si le CD-ROM «Rural Women in Africa: Ideas for Earning Money» (www.wougnet.org/news/cdupdate.html) créé par l'International Women's Tribune Centre est un succès, les initiatives des autres projets pour la création de contenus n'ont pas été très fructueuses. L'Ouganda a enregistré quelques succès avec la collaboration entre les TCM et les instituts de recherche agricole locaux pour une refonte de l'information destinée aux paysans et à l'agro-industrie (www.agricinfo.org). Le TCM de Nakaseke a conçu et réalisé des vidéos sur un certain nombre de thèmes, tels que la culture et le paillis de maïs. Il a créé un site Web qui répertorie les adresses utiles et il a rassemblé des coupures de journaux rapportant des événements nationaux majeurs. Les télécentres du Trade Point Sénégal ont créé des sites Web destinés aux entreprises et aux produits locaux. Toutefois, aucune initiative n'a été prise pour rassembler tous ces sites sous un portail unique. Un tel portail aurait attiré plus de visiteurs sur Internet.

La création et l'utilisation d'applications dans les domaines officiels de la santé, de l'éducation, du commerce, etc., sont encore moins développées. Parmi les obstacles à la création d'applications et d'un contenu local figurent : l'absence de compétences et de l'expertise requises, le manque de finances, les problèmes liés au recouvrement des charges et aux tarifs d'accès à l'information. Le plus souvent, l'information est transmise gratuitement entre utilisateurs. Cependant, il est de plus en plus évident qu'avec plus de sensibilisation, d'activité économique et de concurrence, l'information agricole pourra s'acheter et se vendre.

Propriété, gestion et viabilité

Dans l'action de développement, la participation des partenaires locaux est considérée maintenant comme un élément indispensable au succès et à la viabilité des initiatives et des projets communautaires. L'argument avancé est que la participation renforce l'appropriation, qui induit la viabilité. Dans les cinq pays, des informateurs principaux ont laissé entendre ou affirmé que les télécentres appartenaient à la collectivité. Ils se sont fondés sur l'implication des membres de la collectivité dans la gestion de la presque totalité des télécentres choisis pour cette étude.

Le degré d'implication des comités locaux n'est pas toujours bien défini et leur responsabilité va rarement au-delà du soutien lors des campagnes de collecte de fonds et de mobilisation pour les TCM ; seule exception, le télécentre du GIE Serbatim de Guédiawaye au Sénégal. Le pouvoir de contrôle (la gestion) est en grande partie entre les mains des agences d'exécution des projets, qu'il s'agisse d'universités comme au Mozambique, de ministères ou d'organismes de l'État comme en Ouganda et au Mali ou d'ONG comme en Afrique du Sud. Par conséquent, il serait trompeur d'affirmer que les télécentres sont la propriété de la collectivité. En principe, la propriété confère le pouvoir de contrôle, ce qui, de toute évidence, n'est pas le cas pour les populations locales. En général, un gérant de télécentre, souvent un employé de l'agence d'exécution du projet, a plus d'autorité dans les affaires du télécentre que les membres des comités de gestion. Lorsqu'il prend une décision concernant la gestion courante du télécentre, il la soumet, de manière générale, à l'agence d'exécution avant de l'appliquer, même si les comités de gestion l'ont approuvée et validée.

L'étude a mis en évidence trois modèles de propriété : privé (individuel), privé appartenant à une ONG ou une OCB et sous tutelle. Le modèle franchisé pratiqué en Afrique du Sud par l'USA (Universal Service Agency) est considéré comme une variante de la propriété privée. La majeure partie des télécentres communautaires appartient à la catégorie de la tutelle. Avec ce modèle de propriété, le projet est confié à l'agence d'exécution pour une période déterminée, le temps de préparer le propriétaire final (la collectivité) à la relève. Même s'il ne semble exister aucun rapport cohérent entre ces différents modèles de propriété et des performances administratives particulières, le modèle privé présente globalement une hiérarchie plus nette. La tutelle présente, par contre, la structure la moins différenciée. Les liens et la dynamique existant entre les bailleurs de fonds du projet (les donateurs),

171

son promoteur/agent d'exécution et les acteurs communautaires sont complexes et flous, comme le montre la situation en Ouganda (voir le chapitre 5). Cette situation confuse affecte la gestion, ce qui rend indispensable la clarification de la nature des relations pertinentes au sein du modèle, afin de mieux le comprendre, voire de l'affiner.

Fontaine et Fuchs (2000) proposent une typologie de la gestion en trois modèles (adoption, municipal et commercial). Comme le montre cette étude, cette typologie ne rend pas compte des types de gestion existant dans le cadre d'une tutelle. Dans certains télécentres (Nabweru, Buwama (Ouganda) et Tombouctou (Mali)), les prérogatives des comités de gestion n'étaient pas suffisamment explicites. Nul ne sait si cette situation est voulue pour permettre aux agences d'exécution d'avoir la mainmise sur les activités et les budgets ou s'il s'agit d'un véritable manque d'expérience dans l'intégration et l'administration de structures de gestion complexes. En revanche, l'enthousiasme des populations locales à s'impliquer dans la gestion des télécentres est nettement perceptible. Au Sénégal, le soutien populaire massif à certains télécentres communautaires et le sens de la propriété collective sont réels. Toutefois, l'enthousiasme ne peut remplacer l'expertise. Alors que les populations locales débordent d'enthousiasme, un manque excessif de compétences (financière aussi bien que technique) se fait sentir au sein de la population et, dans une moindre mesure, parmi l'équipe de gestion des télécentres. La plupart des TCM semblent se caractériser par une gestion inefficace, peu dynamique ou médiocre. La grande question est de « savoir si c'est le modèle de la tutelle qui engendre ce type de gestion ». Il est évident qu'une recherche complémentaire s'impose pour répondre à cette question afin de concevoir et d'appliquer un modèle de gestion mieux adapté, et qui garantit la viabilité.

La question de la viabilité financière constitue un thème majeur dans le débat sur les télécentres et les points d'accès d'une manière générale. Sont-ils suffisamment viables pour fonctionner en toute autonomie ? L'aspect financier est souvent considéré comme une dimension centrale de la viabilité. Cependant, même s'il est important, les résultats—notamment par rapport à la pertinence— indiquent que la question n'est pas si simple. Il a été démontré que les télécentres sont potentiellement viables compte tenu de leur impact social et culturel et des revenus économiques qu'ils rapportent à certains utilisateurs au Sénégal. Les populations apprécient énormément les services que les télécentres fournissent. Certains télécentres au Sénégal, en Ouganda et en Afrique du Sud, notamment dans les quartiers défavorisés, sont devenus de célèbres lieux de réunion pour les populations et les associations. Ils sont devenus un élément central et une partie intégrante de l'infrastructure sociale de la collectivité. Pour certains, la viabilité d'un télécentre dépend de ces facteurs : intégration réussie dans la collectivité, adoption par la population et enthousiasme populaire à s'impliquer dans la gestion du télécentre. Par conséquent, sur la base de cet argument, il est possible de faire la différence entre la validité institutionnelle et conceptuelle et la viabilité financière. Tel est le point de vue de ceux qui avancent des arguments en faveur du télécentre perçu comme un bien public. Toutefois, l'éternel point faible de cette position, notamment par rapport à la logique de marché, est que la validité institutionnelle et conceptuelle ne garantit pas ou ne se traduit pas nécessairement par une viabilité financière.

La viabilité financière de nombreux télécentres communautaires reste éphémère. Elle n'est pas non plus garantie pour tous les cybercafés privés, bien que la plupart semblent réaliser plus de bénéfices que les télécentres communautaires. Deux exemples de télécentres communautaires viables ont été relevés à Phalala (Afrique du Sud) et à Guédiawaye (Sénégal). Si à Guédiawaye la réussite financière était liée à la qualité de la gestion et à un vigoureux esprit d'entreprise, à Phalala l'origine et la nature du succès du télécentre n'étaient pas claires, si ce n'est qu'il faisait partie des tout premiers à s'y implanter. De toute évidence, cet aspect nécessite davantage de recherche. Dans les cinq pays à l'étude, la viabilité financière des télécentres était constamment mise en péril par une gestion peu rigoureuse, mais aussi par des problèmes récurrents liés à la technique et aux infrastructures, à savoir des coupures ou suspension du courant, une connectivité de mauvaise qualité, des pannes d'ordinateurs, des pannes d'imprimantes, des logiciels non fonctionnels, des équipements obsolètes ou inutilisables, des méthodes de gestion complexes, un manque de sécurité et des politiques défavorables (paiement de droits de douanes ou de taxes sur les équipements). En Ouganda et au Sénégal, par exemple, certains télécentres ont dû franchir un nombre considérable d'obstacles bureaucratiques rien que pour récupérer du matériel importé dans le cadre des projets ou pour le faire réparer. D'après les données disponibles, les télécentres ne généraient pas suffisamment de bénéfices pour être déclarés financièrement viables. Cependant, certains avançaient que les télécentres étaient encore en cours «d'amortissement» compte tenu de leurs emplacements et de leur mise en service récente. Pour d'autres qui s'appuient sur la thèse évolutionniste de Fuchs (1997), le délai de trois ans est trop court pour espérer atteindre l'indépendance financière des télécentres. Un autre argument avancé est que la première génération de télécentres n'avait pas pour objectifs initiaux de démontrer la viabilité financière, mais de mettre en évidence des questions pertinentes et de faciliter l'apprentissage. Ces objectifs ont été plus ou moins atteints. Après quelques années, l'histoire pourrait en être tout autrement et les télécentres communautaires pourraient vraiment devenir populaires et viables. Néanmoins, pour devenir viable, le concept des télécentres doit intégrer dans son approche l'inclusion, la diversité, le renforcement des pouvoirs ainsi que l'autonomie de toutes les couches sociales, qu'il s'agisse des utilisateurs ou non.

Conclusion : quel avenir pour les télécentres communautaires ?

Un regard tourné vers l'avenir est une conclusion logique pour cet ouvrage. Les télécentres sont-ils voués à l'extinction ou vont-ils évoluer en de nouveaux outils de développement économique et social ?

En Afrique, le développement des TIC bénéficie d'un soutien politique et social. Et le modèle du télécentre aurait le mérite et l'utilité de tenter de résoudre les inégalités actuelles. Dans son *Best Practice Review of Telecentres*, la Banque mondiale (2000) fait référence aux télécentres en ces termes :

> …un modèle prometteur et nouveau pour déployer les services en direction des populations [marginalisées]. Il a été maintes fois soutenu que : les technologies de l'information et de la communication recèlent un énorme potentiel permettant d'influer positivement sur le développement économique et social des pays [africains] (Conférence des ministres africains des Finances, mai 2001).

Un énorme espoir est placé sur le potentiel des TIC à accélérer les changements sur le continent.

Toutefois, la volonté politique et le soutien massif doivent se traduire par des changements du cadre réglementaire et des engagements financiers afin d'améliorer la qualité des infrastructures et de la technologie. Le développement des télécentres en dépend. La baisse des investissements étrangers est préoccupante, bien que la libéralisation et la privatisation du secteur des télécommunications dans les différents pays créent des circonstances favorables à l'afflux de ressources financières. Les avancées en matière de TIC sont pour une large part dues au secteur privé et au profit qui s'y rattache. La mise sur pied d'un télécentre moyennement équipé et sa gestion sous forme de projet pendant environ deux ans se chiffrent entre 60 000 et 80 000 USD. Le CRDI a déboursé 243 460 USD au total sur deux ans pour deux télécentres à Buwama et à Nabweru. Le coût d'un télécentre serait d'environ 16 000 USD en Afrique du Sud. Dans ce pays, les télécentres sont créés sur le modèle franchisé avec peu d'investissements sur les installations qui les abritent et des équipements réduits au strict minimum.

Les performances financières des télécentres africains mentionnés dans cet ouvrage ne sont pas très prometteuses. En outre, il est peu probable qu'elles suscitent la confiance et l'intérêt des investisseurs potentiels. Il faut toutefois garder à l'esprit que la première génération de projets de télécentres n'avait pas pour objet de prouver la rentabilité ou l'indépendance financière. Chose étonnante, cependant, certains gérants de télécentre (plus de la moitié des personnes interrogées en Ouganda) ont formulé leur intention de s'établir pour leur compte personnel si l'occasion se présentait. Outre le succès relatif de certains télécentres communautaires ou cybercafés privés, cette révélation semble indiquer avec force que les télécentres communautaires peuvent générer des retours sur investissements convenables. Apparemment, la condition minimale serait la propriété et des modèles de gestion autres que la «tutelle» commune, qui connaît les pires performances. L'exemple de l'enseignement formel et de ses différentes combinaisons, pourrait être suivi pour créer un scénario similaire dans lequel les télécentres communautaires opèrent à côté de services appartenant à des privés, à l'État ou à des ONG/OCB. Il faut noter que le développement de partenariats est possible, avec plusieurs fournisseurs de services installés au même endroit ou dans la même structure.

L'expansion de la clientèle constitue une des conditions de base pour le succès d'un télécentre communautaire. Avec moins de 50 utilisateurs par mois et une moyenne de 8 clients par semaine au cours de sa première année d'exploitation, il n'est nullement étonnant que le TCM de Tombouctou, qui est bien doté en ressources, n'ait pas pu réaliser de bénéfices. Même sur la base des chiffres récents de 10 à 20 visites par jour, seuls environ 5000 visiteurs vont accéder en une année aux services du télécentre. Ce chiffre inclut les visites multiples par les mêmes personnes. Les télécentres ruraux ont encore beaucoup à faire pour élargir la base de leur clientèle s'ils souhaitent stimuler l'intérêt des investisseurs.

Pour accroître la demande, les télécentres devraient se concentrer sur cinq «C» essentiels : connectivité, contenu, capacité, coûts et cadre conceptuel. L'émergence d'un cadre dérivé d'une bonne théorie des TIC pour le développement, dans le sens d'un déploiement imminent, est une nécessité urgente. Cet aspect revêt une importance capitale, car sans un cadre ancré dans les réalités du continent, toute stratégie destinée à promouvoir la vulgarisation et l'adoption des TIC serait aussi vouée à l'échec. Si le déploiement repose sur un type de projet commercial articulé autour d'une économie de marché dirigée par le secteur privé, alors que la majeure partie des économies n'est pas développée de manière optimale ou sous exploitée, les conséquences à long terme pourraient être le mal-développement (ou développement manqué).

La vulgarisation doit reposer sur une théorie de l'évolution sociale, qui traite toutes les informations comme recelant une valeur potentielle susceptible d'induire des transformations. Elle doit également reposer sur l'utilisation des nouvelles technologies pour une très large diffusion des informations les plus utiles. Par conséquent, le genre et les types d'informations recueillies, stockées et diffusées doivent être de la plus haute importance pour le changement social espéré à long terme. Il ne doit pas simplement s'agir d'informations pouvant rapporter des gains financiers à court terme pour un groupe restreint. À coup sûr, tous les membres de la société n'ont pas les mêmes chances de choisir ce qui a de la valeur, mais si le principe de la « démocratie » si souvent déclamé est appliqué, un plus grand nombre de personnes aurait pu être consulté, et leur avis écouté. Créer ou utiliser un cadre de vulgarisation des TIC qui ignore les barrières géographiques, la diversité des ethnies et des langues, la puissance économique (ou la faiblesse) et le type de métier prédominant chez la majeure partie des habitants du continent revient à naviguer avec une boussole détraquée. Les conséquences sont prévisibles. Une stratégie bénéfique serait de bâtir un cadre à partir des besoins en information et en développement identifiés chez les couches sociales ordinaires, et de l'utiliser comme point de départ pour déterminer le domaine d'application des TIC. Faire l'inverse équivaut à laisser les TIC orienter le développement humain. Bien que de temps à autre les technologies orientent le progrès et les actions, un cadre conceptuel approprié articulé autour de l'être humain permettra de clarifier les opérations et les orientations.

La connectivité est cruciale pour les transactions par voie électronique, car sans elle, il est impossible d'exploiter les avantages qu'offre la nouvelle ère de l'information et du réseau. Toutefois, la connectivité n'est pas sous le contrôle direct des gérants de télécentres ou des agents d'exécution des projets. Elle dépend de l'infrastructure de télécommunications, qui est du ressort de l'État, de ses services ou d'opérateurs privés agréés. La connectivité est en outre largement tributaire de la qualité du réseau électrique, car sans ce service les équipements ou le matériel ne peuvent pas fonctionner. Pour garantir la connectivité, outre l'implication d'un large éventail d'acteurs, une action conjuguée est nécessaire sur trois fronts au moins. Il s'agit des fournisseurs ou des responsables des services de télécommunications et de distribution électrique, ainsi que des créateurs et des producteurs de technologie (matériel) et de logiciels. D'après une loi célèbre, à mesure que la gamme de technologies disponibles s'étend, les prix vont, on l'espère, continuer à baisser. Les technologies développées et diffusées/adoptées doivent tenir compte des contraintes inhérentes aux contextes biophysiques qui caractérisent l'Afrique. Les réseaux électrique et téléphonique demeurent les garants de la connectivité, et pourtant, l'exploitation de l'énergie solaire, abondante sur le continent, reste encore relativement faible compte tenu du coût élevé de cette technologie.

Le contenu et les applications sont intimement liés à la connectivité et au développement du réseau informatique. Un contenu local est de toute première importance, mais il reste difficile à créer. La chaîne Africa Learning de la Fondation WorldSpace est un bon exemple de la manière d'apporter localement aux populations un contenu pertinent. Ce programme tire son contenu des organes de radiodiffusion locaux et internationaux. Le contenu est rediffusé à très grande échelle au moyen d'émetteurs dont le prix est inférieur à 100 USD. Les initiatives visant à créer un contenu local destiné aux télécentres africains en sont encore à leurs débuts, mais la demande est énorme. Si cet important aspect est laissé de côté, il sera difficile d'atteindre l'objectif consistant à s'appuyer sur les télécentres pour améliorer les moyens d'existence des populations rurales démunies. Il est difficile d'imaginer comment les entreprises pourraient réussir leur entrée dans l'ère du commerce électronique, ou comment les services administratifs nationaux pourraient s'informatiser, si les entreprises et les États n'ont pas assuré leur présence dans le cyberespace et changé d'attitude face à l'utilisation du courrier électronique et/ou d'Internet. S'engager immédiatement dans

177

un effort titanesque visant à recueillir, créer, collationner, transformer et trans-férer un contenu pertinent, est une démarche impérative.

Le recours à l'expertise que recèlent les anciennes TIC telles que la radio, la télévision et la presse écrite (convergence) est souvent prêché et semble être une voie prometteuse. À ce jour, les ressources humaines cons-tituent le plus grand obstacle à la création ou à la transformation d'un con-tenu pertinent et accessible. L'information locale est abondante et les cen-tres de recherche, les ONG, les chercheurs indépendants, les journalistes et les écrivains continuent d'en produire en quantité appréciable. Apparem-ment, le problème réside dans le manque d'expertise pour transformer l'in-formation qui est en partie imprimée et la convertir aux formats multimédia et numérique. Cette conversion la rendrait rapidement accessible sur un support informatique, en ligne ou hors connexion, pour être plus réaliste. Il est urgent de créer, d'élargir et d'approfondir, à tous les échelons sociaux et professionnels, cette base d'expertise et de compétences.

En dernière analyse, les investissements en connectivité, en contenu et en renforcement des capacités vont s'avérer nuls si le coût rend les ser-vices impopulaires, inaccessibles ou inutilisables par la grande majorité d'afri-cains financièrement démunis. Pour cette raison, il est nécessaire de ré-duire tous les coûts liés à l'implantation et au fonctionnement des télécentres pour que le prix des services reste abordable. Il est indispensable d'appli-quer les orientations politiques qui ont une incidence sur les charges et la tarification des services, à savoir droits de douanes, taxes, les licences des opérateurs en radiodiffusion (VSAT, etc.), les prix des logiciels et du maté-riel et sur les services à faible coût (le protocole Voice-over Internet, VOIP, Voix sur IP).

Le bon sens économique recommande de permettre au plus grand nombre d'accéder à un service en payant une somme modique plutôt qu'à une minorité qui paierait plus cher. Il est plus raisonnable de réglementer et de mettre de l'ordre dans le secteur plutôt que de créer des lois qui étouf-fent et entravent les opérateurs. Une telle stratégie conduirait à une faible exploitation et à un manque d'investissements dans les infrastructures re-quises. Pour rapprocher les services des masses, les décideurs doivent encourager une plus grande utilisation de l'information utile ainsi que sa large diffusion, autoriser le recours à des alternatives à faible coût en ma-tière de télécommunications et lever les obstacles au développement des petites entreprises intervenant dans le secteur.

Il relève du bon sens d'investir dans la formation et le renforcement des capacités pour garantir non seulement la viabilité mais aussi un développement réel. Certains pensent que sans le renforcement des capacités de ses ressources humaines, l'Afrique ne pourra pas tirer parti des avantages de la société de l'information.

Les expériences menées et décrites dans cet ouvrage montrent que ce phénomène naissant est gangrené par des modèles de portée faible et non durable, une mauvaise gestion et des coûts d'implantation élevés. D'autre part, compte tenu du besoin d'équité en termes d'accès aux progrès actuels dans les domaines du savoir et de l'information, le télécentre communautaire rural devient une nécessité. La montée du discours sur les droits, qui invoque les dispositions de l'article 19 de la Déclaration universelle des droits de l'homme, l'approbation et l'adoption des objectifs de développement du millénaire et les autres documents élaborés à l'échelle mondiale sont autant de raisons d'encourager le phénomène des télécentres. Dans tous les pays où l'expérience a été menée, le concept a reçu l'approbation des utilisateurs. Ceci est la preuve que soutenu, le TCM peut se développer et s'améliorer.

Les données présentées dans cet ouvrage indiquent que les télécentres ruraux et communautaires sont aussi importants que les écoles et les dispensaires. En ce sens, ils doivent bénéficier de l'appui des agences de développement et du réajustement des orientations politiques des États afin de garantir leur essor et leur évolution. Selon certaines hypothèses, cette évolution va conduire à l'essor d'un certain nombre de structures et de modèles. Ces derniers vont à leur tour permettre de prendre en charge toute la gamme d'activités économiques et refléter les différents modèles de propriété : publique (États), franchisée (ONG ou OCB) et entièrement privée. Toutefois, pour que l'essor des télécentres communautaires et la vulgarisation des TIC aient un sens aux yeux de la société, ils doivent nécessairement reposer sur une théorie appropriée et utile de l'évolution sociale, articulée autour de l'intégration et de la pertinence.

Annexe I

Contributeurs

Équipes de recherche

Mali
Bah Babacar, Bureau d'études de conseils
    et d'intervention au Sahel (BECIS)
Sene Khamathe

Mozambique
Cumbana Carlose
Macome Esselina

Sénégal
Mor Dieng
Pape Goumbalo Dione
Paul Diouf
Modou Faye
Sidy Guèye
Momar Mbaye
Ndèye Gamou Mbodj
Mansour Ndiaye
Khamathe Sène
Pape Touty Sow
Amath Sy
Mohamed Nabil Touré

Afrique du Sud

Peter Benjamin

Christel Jacob

M. Lekoloane

Emelang Letean

Petunia Dolamo Motsaidi

Lettie Madibeng

M. Eddy Maepa

Jonas Maluleke

Kgatliso Masetlha

Sheila Mashao

Shadrack Mngomezulu

Lizzy Mokobane

Andrew Molefe

Kutu Mphahlele

Isaac Modibe Nkadimeng

Malefetjane Phineas Phaladi

Katharina Pillay

Rachel Basetsana Ramagogodi

S.C. Sebitsiwa

Sandra Ndhlovu Sefura

Sewela Sikhitla

Ouganda

Samuel Kayabwe

Richard Kibombo

Esther Nakkazie

Stella Neema

Florence Etta

Sheila Parvyn-Wamahiu

Chapitre 2

Contributions de Mike Jensen, Sheila Parvyn-Wamahiu

Partenaires

UNESCO (Hezekiel Dlamini and John Rose) ITU

CODESRIA (Adebayo Olukoshi, Francis Nyamnjoh, Felicia Oyekanmi, Sulaiman Adebowale & Khary Fall Cissé)

L'équipe d'Acacia

Edith Adera

Gado Alzouma

Ronald Archer

Alioune Camara

Florence Etta

Edward Holtcroft

Heather Hudson

Shafika Issacs

Christel Jacobs

Bas Kotterink

Nigel Motts

Ramata Molo Aw Thioune

Frank Tulus

Gaston Zongo

182

Annexe II

Questionnaire de recherche

Accès

- Quels types de TIC existe-t-il dans les télécentres ?
- Quelles sont les TIC utilisées et à quelle fin ? (Divertissement, éducation, marketing et subsistance).
- Qui sont les utilisateurs et les non-utilisateurs ? (Âge, sexe, niveau d'instruction et situation géographique).
- Quelles sont les obstacles liés à l'utilisation / accès ?
- Comment les surmonter ?

Pertinence

- Quels sont les services proposés ? Lesquels d'entre eux sont opérationnels ?
- Quelles sont les applications disponibles ? Sont-elles pertinentes ? Sont-elles appropriées ?
- Quel est le degré de satisfaction par rapport aux services et aux applications ?
- Quelle est l'expérience du personnel du télécentre en matière de création d'applications ?
- Quelles sont les conditions requises / applicables pour une création d'applications attrayantes et pertinentes sur le plan local ?
- Quelles sont les approches de fourniture de services ? Sont-elles opérationnelles ?

Viabilité

- Quels sont les modèles de propriété et de gestion utilisés ? (Forces et faiblesses)

- Quelles sont la portée et les conséquences de la participation de la communauté à la gestion ?

- Quels types de partenariats pourraient améliorer la viabilité ? Comment ?

- Quels sont les facteurs qui contribuent à la viabilité du télécentre ? (économique, infrastructurel, social, éducationnel, politique et technique).

- Quels types de capacités et de renforcement de capacités sont nécessaires pour soutenir la viabilité du télécentre ?

Contexte/infrastructure

- Quel est l'état de la technologie et des infrastructures disponibles ?

- Quel est le degré de pérennité de la technologie disponible ? Est-ce que la technologie disponible est utile et efficace ?

Annexe III

Outils de recherche

Cet annexe fournit de brèves descriptions des outils de recherche utilisés dans trois des cinq pays (Sénégal, Ouganda et Mali). De légères modifications ont été apportées à ces outils dans chacun de ces pays et, dans certains cas, ils n'ont pas été tous utilisés. Trois des outils sont fortement inspirés de ceux développés par le PACT lors du sondage de référence mené au télécentre communautaire polyvalent de Tombouctou en 1999.

Guide de débat du groupe témoin

Le guide comprend une petite liste de questions utilisées pour susciter des débats et les soutenir. Les questions abordent les problèmes suivants :

- Besoins et problèmes d'information / communication ;
- Services prioritaires ;
- Tarifs ;
- Heures d'ouverture, environnement, support requis / prévu.

Guide d'analyse de documents

Ce guide a pour but d'assister le chercheur dans la collecte systématique, l'organisation et l'interrogation de documents, de matériaux et de ressources du télécentre. Il indique ce qu'il faut rechercher et ce qu'il faut faire.

Il fournit des conseils sur les ressources et les documents à rechercher ainsi que sur les moyens d'identifier l'intérêt qu'ils présentent. Il suggère également des méthodes de traitement des différents types de documents pouvant être tenus dans le télécentre tels que les registres d'utilisateurs, les rapports et documents officiels, les états financiers et budgétaires ainsi que des suggestions pour le traitement des informations et des documents secondaires tels que les publications officielles.

Le guide présente des idées sur la manière d'analyser les documents selon le genre en mettant l'accent sur la langue, les illustrations, etc.

Guide d'observation de l'utilisation des télécentres

L'objectif principal de ce guide est de comprendre la nature de l'utilisation réelle du télécentre. Cet outil fait partie du genre d'«observation naturelle» dans lequel on essaie de comprendre une partie de la réalité telle qu'elle se passe. Les observations sont faites sur toutes les personnes présentes dans le télécentre à des intervalles réguliers, par exemple toutes les 15 minutes, pour une durée déterminée dans une période donnée d'une semaine par exemple.

L'instrument, qui comporte 12 colonnes, recueille des informations par rapport aux services en cours d'utilisation, ceux qui ne le sont pas, l'âge, le sexe et la condition physique des utilisateurs (personnes handicapées s'il y a lieu). L'observation est menée «discrètement». Toutes les observations sont chronométrées et doivent avoir la même durée. Dans l'étude menée en Ouganda par exemple, chaque observation durait environ 2 minutes et la plupart d'entre elles se faisaient tous les jours à des heures fixes (le matin et tard dans l'après-midi).

L'observation porte essentiellement sur les utilisateurs, leur nombre, ce qu'ils utilisent et l'assistance éventuelle qu'on leur apporte.

Guide d'observation du télécentre

Bien qu'il ressemble au guide d'observation de l'utilisation du télécentre, ce guide met surtout l'accent sur l'environnement social et physique du télécentre. Cet outil était utilisé pour guider les observations sur l'organisation et sur la structure du télécentre et de noter les aspects visibles des relations entre les utilisateurs et le personnel. Il comprend 23 rubriques regroupée en 4 sections qui traitent de l'identification du lieu d'observation, de la disposition des lieux ou du plan du télécentre, des éléments technologiques visibles et de la nature des relations entre les clients et le personnel. Cet outil est conçu pour n'être utilisé qu'une seule fois dans une étude.

Sondage

Un petit sondage a été effectué pour chaque énième utilisateur au moment de sa sortie du télécentre afin de recueillir ses impressions sur les services qu'il / elle venait d'utiliser. Les personnes interrogées devaient se prononcer sur l'adéquation, la pertinence, la qualité des services ainsi que leur satisfaction par rapport aux coûts, etc. Elles devaient également indiquer ce qu'elles feraient si le télécentre n'était pas en service ou n'existait pas. En Ouganda par exemple, cet exercice était appliqué à la troisième femme et au troisième homme au moment où elle / il quittait le télécentre ou le cybercafé.

Les utilisateurs étaient interrogés sur les changements intervenus dans leur vie grâce aux connaissances et à l'utilisation des ordinateurs, par exemple s'ils avaient trouvé du travail grâce à la formation informatique reçue au niveau du télécentre.

Questionnaire relatif au télécentre
L'objectif principal de cet outil est d'obtenir des informations détaillées sur le télécentre.

Il rassemble des informations historiques, administratives (nombre, type de personnel) et opérationnelles. Ces informations concernent le type et la taille de l'immeuble, le nombre et le type de matériels, y compris les meubles et la source d'énergie, les services proposés, les problèmes majeurs rencontrés et les solutions apportées. Il est rempli par le personnel du télécentre, généralement le gérant, et un questionnaire est rempli par télécentre.

Guide de l'entretien avec l'informateur principal
Six guides étaient destinés aux représentants des différents groupes d'individus impliqués dans le fonctionnement du télécentre, par exemple le gérant ou le personnel, le membre du comité, le représentant local du gouvernement, le fournisseur de services, le responsable du projet ou du programme et/ou le représentant de l'agence d'exécution. Le nombre et le type de questions reflètent la nature de l'implication de la personne sondée dans le télécentre, dans une démarche progressive et interactive visant à obtenir des informations sur les politiques et pratiques administratives (aux niveaux local, du télécentre et du gouvernement central).

Guide d'entretien d'études de cas approfondies
Il s'agit d'une enquête détaillée sur l'impact des télécentres sur le ménage de l'utilisateur. Il comporte 19 rubriques.

L'instrument sollicite des détails personnels sur l'utilisateur et son ménage dans le cadre de l'utilisation du télécentre. Il vise à obtenir des informations sur la nature de l'utilisation du télécentre (services, prix payés, régularité, durée, etc.) et les impacts ou avantages de cette utilisation sur la personne interrogée, les membres de son foyer et le cercle d'amis avec qui les informations sont partagées.

Questionnaire individuel

Cet instrument d'étude classique destiné à un échantillon choisi au hasard parmi les utilisateurs potentiels et réels situés aux alentours du télécentre comporte 23 rubriques. Il vise à obtenir des informations relatives aux besoins de communication et d'information des personnes interrogées et cherche également à savoir si ces besoins sont satisfaits par le télécentre.

Questionnaire institutionnel

Le questionnaire institutionnel était similaire au questionnaire individuel. À la place des individus, ce sont les organisations qui étaient interrogées en vue d'identifier leurs besoins en informations ainsi que leurs stratégies habituelles pour le traitement de ces mêmes informations.

▓ Bibliographie

ACACIA, 1997, 'Evaluation and Learning System for ACACIA': A report based on a Consultative Meeting Held in Johannesburg, February 12–14 1997 http://www.idrc.ca/acacia/03230/16-els

Adedeji, A., ed., 1993, *Africa Within the World*, London, Zed Books Ltd.

Adera, E. and Etta, F., 2001, *Information Communications Technologies (ICTs) in Africa*, Paper presented at the workshop for media women, Gigiri, UNESCO.

Adera, E.O. and Rathgeber, E.M., eds., 2000, *Gender and the Information Revolution in Africa*, Ottawa, IDRC.

Adeya, C.N., 2001, *Information and Communication Technologies in Africa: A Selective Review of Studies and Projects*, United Kingdom, International Network for the Availability of Scientific Publications (INASP).

Africa Union, 2001, *A New African Initiative—Merger of the Millennium Partnership for the African Recovery Programme (MAP) and Omega Plan*.

African Development Bank, 2001, 'Basic Indicators on African Countries—Comparisons', (http://www.afdb.org/african_countries/information_comparison.htm).

Agha S.S., 1992, *Sustainability of Information Systems in Developing Countries—An Appraisal and Suggested Courses of Action*, Ottawa, International Development Research Centre (IDRC).

Akhtar, S. (ed.), 1990, *National Information and Informatics Policies in Africa Report and Proceedings of a Regional Seminar*, Ottawa, International Development Research Centre (IDRC).

Alcantara, C.H., 2001, *The Development Divide in a Digital Age—an Issues Paper*, Paper No. 4, Geneva, UNRISD.

APC, 1997, *APC Africa Strategy Development Meeting Report*. Commissioned by IDRC/Acacia, Johannesburg, South Africa, (http://www.idrc.ca/acacia/outputs/op-apc.htm)

Banks, K. and Ramilo, C.G. (undated) *Lessons Learned—Building Strong Internet Based Women's Networks.* Final Narrative Report by the Association for Progressive Communications (APC) Women's Networking Support Programme (WNSP).

Baron, L.F. 1999, 'Experiments in Community Access to New Communication and Information Technologies in Bogota' in Gomez R. and Hunt P. (eds).

Benjamin P., 2000, 'ICT projects in South Africa'. *CommUnity,* Volume

Benjamin P., 2000, *Northern Province Telecentre Community Research.* Commissioned by IDRC/Acacia, Johannesburg, South Africa.

Benjamin, P and Dahms, M. 1999, 'Socialise the Modem of Production – The Role of Telecentres in Development' in Gomez R. and Hunt P. (eds).

Bhalla A.S., ed., 1998, *Globalization, Growth and Marginalization*, Ottawa and Oxford, IDRC/Macmillan.

Biswas S., 2001, *Digital Empowerment: Seeds of E-Volution*, Outlook (http://www.india.com).

Blau, A., 2001, 'More Than Bit Players: How Information Technology Will Change the Ways Nonprofits and Foundations Work and Thrive in the Information Age'. A Report to the Surdna Foundation, New York.

BMI-TechKnowledge, 2002, *Communications Technologies Handbook,* South Africa, BMI_TechKnowledge Group.

Bopp, M., Gandaho, D, Guideme A., Neufeld, R., and Soude T., 1997,. *Making Connections—An Assessment of the Information and Communication Technology Needs of CREDESA for HealthCare Work in the Ouidah District of Benin.* Commissioned by IDRC/Acacia, (http://www.idrc.ca/acacia/outputs/op-cred.htm)

Bridges.org, 2001, *Spanning the International Digital Divide,* (http://www.bridges.org)

Byron I. and Gagliardi R., 2001, *Communities and the Information Society – The Role of Information and Communication Technologies in Education in Education,* (http://www.idrc.ca/acacia/outputs/op-apc.htm)

Camacho, K., 2000, *Research into the Impact of the Internet on Civil Society Organizations in Central America*, (http://www.idrc.ca/pan/panlackemdoc1_e.htm)

Chale, E.M., 1997, *Distance Learning for Change in Africa, A Case Study of Senegal and Kenya, Policy and Research Prospects for IDRC, Acacia.* Ottawa, International Development Research Centre (IDRC).

Cisler et al, 1998, 'Computer and Communications Use in Low-Income Communities' in Gomez R. and Hunt P. (eds) (1999).

Conference of African Ministers of Finance, 2001, *Ministerial Statement, 10 May*, Algiers, Algeria (http://esa.un.org/ffd/policydb/PolicyTexts/eca-4.htm)

Cryderman, K., 2001, *Latin American Telecentres: The Community Networking Pilot Project*, Reports: Science From The Developing World, Ottawa, International Development Research Centre (IDRC).

CSIR, 2001a, *Report 1: Monitoring and Evaluation of Libraries as Gateways to Information in Africa*, Council for Scientific and Industrial Research, Division of Information and Communication Technology, Johannesburg, Regional Office for Southern Africa, IDRC, ROSA.

CSIR, 2001b, *Report 2: Monitoring and Evaluation of Libraries as Gateways to Information in Africa*, Council for Scientific and Industrial Research, Division of Information and Communication Technology, Johannesburg, Regional Office for Southern Africa, IDRC, ROSA.

Dahms, M. 1999, 'For the Educated only... Reflections on a visit to two Multipurpose Community Telecentres in Uganda' in Gomez R. and Hunt.

Dandar, N. 1999, 'Establishing\ a Public internet Centre in Rural Areas of Mongolia' in Gomez R. and Hunt P. (eds).

Day, P. and Harris, K., 1998, *Down-to-Earth Vision. Community-Based IT Initiatives and Social Inclusion.* IBM Community Development Foundation, (http://www.ids.ac.uk/eldis/hot/north.htm)

Delgadillo, K. and Borja, R. (undated) *Learning Lessons from Telecentres in Latin America and the Caribbean*, (http://www.idrc.ca/telecentre/evaluation/nn/16_Lea.html)

DFID, 2000, *Making Globalisation Work for the World's Poor: An Introduction to the United Kingdom Government's White Paper on International Development*, London, DFID.

DOT-Force, 2001a, *Creating a Development Dynamic – Final Report of the Digital Opportunity Initiative*, (http://www.opt-init.org/framework.html)

DOT-Force, 2001b, *Digital Opportunities for All: Meeting the Challenge.* Report of the Digital Opportunity Task Force (Dot Force), 11 May.

ECA, 1996, *Keynote address by Dr. K.Y. Amoako, Executive Secretary, ECA, South Africa,* AISI Conference: Empowering Communities in the Information Society. Addis Ababa, Ethiopia, UNECA.

ECA, 2000, *NICI Indicators: An Overview of the African ICT Sector 1998/99,* (http://www.uneca.org/aisi/nici/nici%20indicators.htm)

192

ECA, 2001, *AISI ADF '99 Report / ADF'99 Post Forum Summit*, Addis Ababa, Ethiopia UNECA.

Editorial, 2001, *Harnessing Information and Communication Technologies for a More Sustainable Future*, St. Georges House, Windsor Castle, (http://www.mandamus.co.uk/bshf/publications/stgeorge/harnessing_it/cover.html)

Etta, F.E., Agonga, A., and Katia, S., 2001, *Acacia in Kenya – A Study of Information and Communication Technologies and Community Development: Final Research Report*, Nairobi, International Development Research Centre (IDRC).

Etta, F.E., 2000, *Revised Concept Paper for the African Telecentre Study*, Nairobi, IDRC.

Etta, F.E., Kibombo, R., Kayabwe, S.K., Nakkazi, E., Neema, S., and Parvyn-Wamahiu, S., 2001, *Panafrican Telecentre Study (Uganda Component)*, Nairobi, IDRC.

Faye, M., 1998, *Telematics Policies in the African Context*, (http://www.unesco.org/webworld/build_info/rinaf/docs/telematics_policies_makane_faye.html)

Fillip Barbara, 2002 ,'ICTs for disadvantaged Children and Youths - lessons from Brazil and Ecuador', *Techknowlogia* July-Sept,

Fontaine, M with R. Fuchs, 2000, 'The watering hole; creating learning communities with computers', *Techknowlogia,* May/June.

Foster, M., 2001, *ICTs Help to Empower Women in Poor Areas*, (http://www.iconnect-online.org/)

Fuchs, R., 1997, *If You Have a Lemon, Make Lemonade: A Guide to the Start-Up of the African Multipurpose Community Telecentre Pilot Project*, Ottawa, International Development Research Centre (IDRC), (http://www.idrc.ca/acacia/outputs/lemonade/lemon.html)

Fuchs, R., 1998, *Little Engines That Did: Case Histories from the Global Telecentre Movement* (http://www.idrc.ca/acacia/engine/)

Gigler, B.S., 2001, *Empowerment Through the Internet Opportunities and Challenges for Indigenous Peoples*, TechKnowLogia, Vol. 3 (Issue 4), (http://www.techknowlogia.org/TKL_active_pages2/TableOfContents/main.asp?IssueNumber=12)

Gomez, R. and Martinez, J., 2001, *The Internet Why? And What For?* Ottawa, International Development Research Centre (IDRC).

Gomez, R. and Martinez, J., 2000, *Beyond Connectivity: New Information and Communication Technologies for Social Development* (http://www.idrc.ca/pan/pubacceso5_e.htm)

Gomez, R., Martinez, J., and Reilly, K., 2001, *Paths Beyond Connectivity – Pushing the Limits of Information and Communication Technologies for Development*, Ottawa, IDRC.

Gomez, R. and Hunt, P. (eds.), 1999, *Telecentre Evaluation: A Global Perspective, Report of an International Meeting on Telecentre Evaluation*, Ottawa, IDRC.

Gomez, R., Hunt, P., and Lamoureux, E., 1999, *Enchanted by Telecentres: A Critical Look at Universal Access to Information Technologies for International Development*, College Park, University of Maryland.

Government of the United Kingdom, 2000, *Eliminating World Poverty: Making Globalisation Work for the Poor*, White Paper on International Development (http://www.globalisation.gov.uk/)

Graham, M., 1997, *Use of Information and Communication Technologies in IDRC Projects: Lessons Learned*, Ottawa, IDRC. (http://www.idrc.ca/acacia/outputs/op-eval.htm)

Graham, M., 2001, *Evaluation and Learning System for Acacia (ELSA): Emerging Lessons*, Ottawa, IDRC.

Hafkin, N., 1998, *First International Conference on Rural Telecommunications Reports and Presentations*, AISI, Addis Ababa, UNECA, (http://www.ntca.org/intlconf/rapgen11.html)

Hafkin, N., 2001,'Gender, information Technology and the digital divide in Africa', The World Bank Group Gender and the digital divide seminar series # 6, March.

Hamilton, P., 2002, The African Communications Infrastructure and Services Report 2002 / 03, AITEC.

Hamilton, Paul, 2002, 'Broadband Access: Connecting the last mile' *Computers and telecommunications in Africa 16,5,38,42.*

Hammond, B., 2001, *OECD Global Forum on Knowledge Economy. Summary Record of the Joint OECD/UN/UNDP/World Bank Global Forum – Exploiting the Digital Divide Opportunities for Poverty Reduction.* Paris, Organization for Economic Co-Operation and Development (OECD).

Harfoush, N. *Acacia Information and Telecommunications Technology Issues*, Ottawa, Ottawa, IDRC. (http://www.idrc.ca/acacia/outputs/op-issu.htm)

194

Horak, R., 2001, *Telecommunications Technology Essentials: Technology in Context*, Mt. Vernon, WA. The Context Corporation.

Harris, R. W., 1999, 'Evaluating Telecentres within National Policies for ICTs in Developing Countries' in Gomez R. and Hunt P. (eds)

Hudson, H.,1999, 'Designing Research for Telecentre Evaluation' in Gomez R. and Hunt P (eds)

Huyer, S., 1997, *Women in Global Science and Technology (WIGSAT): Supporting Women's Use of Information Technologies for Sustainable Development*, Ottawa, Gender and Sustainable Development Unit, IDRC. (http://www.idrc.ca/acacia/outputs/womenicts.html)

Huyer, Sophia, 2002, 'The Leaky Pipeline: Gender Barriers in Science, Engineering and Technology', Presentation at the World Bank Group, Gender and Digital Divide Seminars # 15, February

IDRC, 1996, *Information and Communications Technologies (ICTs) and Governance: Linkages and Challenges*, Ottawa, IDRC. (http://www.idrc.ca/acacia/studies/ir-gove.htm)

IDRC/Acacia, 1999, *The Wireless Toolbox: A Guide to Using Low-Cost Radio Communication Systems for Telecommunication Developing Countries – An African Perspective*, Ottawa, IDRC. (http://www.idrc.ca/acacia/03866/wireless)

Henault, G., 1996, *Employment and Income Generating Activities Derived From Internet Access*, Ottawa, IDRC. (http://www.idrc.ca/acacia/studies/ir-henlt.htm)

InfoDev, 1998, *Global Connectivity for Africa: Key Issues for Decision Makers*, Addis Ababa, Ethiopia, The Information for Development Programme (InfoDev).

Intelecon Research and Consultancy Ltd., 2001, *Policies and Strategies for Rural Communications in Uganda*, Nairobi, IDRC.

ITDG, 2001a, *Technology, Poverty and the Future of the Developing World: An ITDG Seminar Report*, Imperial College, London, Intermediate Technology Development Group.

ITDG, 2001b, *An ITDG Special Response to the Human Development Report 2001: Which Technologies Most Benefit Poor Women and Men?* London, Intermediate Technology Development Group (ITDG).

ITU, 1998a, *Integrated Rural Development and Universal Access: Brief Description of ITU's Buenos Aires action Plan*, Programme No. 9 and 12, Geneva, International Telecommunications Union (ITU).

ITU, 1998b, *Telecottage and Telecentre Survey*, Geneva, International

195

Telecommunications Union (ITU), (http://www.itu.int/ITU-D/univ_access/seminar/buda/proceedings/Budapest-en.pdf)

ITU, 1999, *World Telecommunication Development Report*, Geneva, International Telecommunications Union (ITU).

ITU, 2001a, *ITU Internet Country Case Studies—Uganda*, Geneva, International Telecommunications Union (ITU), (http://www.itu.int/ti/casestudies/uganda/uganda.html)

ITU, 2001b, *ITU Internet Country Case Studies: Overview*, Geneva, International Telecommunications Union (ITU) (http://www.itu.int/ti/casestudies/overview.html)

Jellema, J and Rudi Westerveld, 2001, 'Learning lessons from failure: the Ugandan telecentre experience in prospective' ITU Telecom Africa, November.

Jensen, M., 1996a, *Bridging the Gaps in Internet Development in Africa*, Ottawa, IDRC (http://www.idrc.ca/acacia/studies/ir-gaps.htm)

Jensen, M., 1996b, *A Guide to Improving Internet Access in Africa with Wireless Technologies*, Ottawa, IDRC, (http://www.idrc.ca/acacia/studies/ir-jens.htm)

Jensen, M., 1998, *Where is Africa on the Information Highway? The Status of Internet Connectivity in Africa.* (http://www.unesco.org/webworld/build_info/rinaf/docs/cari98.html)

Jensen, M., 2000, *African Internet Connectivity: Information and Communication Technologies (ICTs) Telecommunications, Internet and Computer Infrastructure in Africa* (http://www3.sn.apc.org/)

Jensen, M., 2001, *African Internet Connectivity, 2001* (http://www3.sn.apc.org)

Karelse, C. M. and Sylla-Seye F., 2000, 'Rethinking Education for Production, use and Management of ICTs' in Rathgeber E.M. and Adera E.O. (Eds)

Kelly, T. and Minges, M., 2001, *Around the World*. ITU News, International Telecommunications Union (ITU).

Kinyanjui, W.G., 2001, *Building Information Community in Africa*. Paper presented at the Kenya Information Society Workshop, Nairobi, Kenya, 13–14 October.

Knoch, C., 1997, *Uninet: The South African Academic and Research Network*. Ottawa, IDRC/Acacia (http://www.idrc.ca/acacia/outputs/op-unin.htm)

Kyabwe, S and Kibombo R, 1999, 'Buwama and Nabweru Multipurpose Community Telecentres: Baseline Surveys in Uganda' *in* Gomez R. and Hunt P.(eds)

Latchem, C. and Walker, D., 2001, *Perspectives on Distance Education, Telecentres: Case Studies and Key Issues*, Vancouver, The Commonwealth of Learning.

Leon O., Bruch, S. and Tamayo, E., 2001, *Social Movements on the Net*, Quito, Agencia Latino Americana de Information.

Levin, L., 1996, *Report to IDRC on the Use of Information and Communications Technologies (ICTs) in Sub-Saharan Africa in the Area of Governance*, Johannesburg, SangoNet.

Loum, M. and Lamine, M. (undated) *The New Information Technologies and Trade*, Dakar, Trade Point Senegal.

Louw, K., 1996, *The Use of Information and Communication Technologies (ICTs) that Add Value to Development Programmes in Sub-Saharan Africa: Employment Report*, CSIR Information Services, (http://www.idrc.ca/acacia/studies/ir-csir.htm)

Macome, E. and Cumbana, C., 2001, *Assessment Study of Manhiça and Namaacha Pilot Telecentres.* Maputo, Commissioned by International Development Research Centre (IDRC).

Maepa M.E., Molefe, A., and Ramagogodi, R., 2001, *Bakgaga-Ba-Mothapo Multi-Purpose Centre*, Report to IDRC/Acacia, Nairobi, IDRC.

Mansell, R. and When, U., 1998, *Knowledge Societies for Sustainable Development*, Oxford, Oxford University Press.

Mansell, R. and Crede, A., 1998, *Knowledge Societies in a Nutshell*, Ottawa, IDRC.

Marker, P., McNamara, K., and Wallace, L., 2001, *The Significance of Information and Communication for Reducing Poverty*, Development Policy Department, DFID Final Report, London, DFID.

Martinez, J., 2000, *Central America: National Environments for Internet Access*, Pensando las politicas publicas, No. 7, (http://www.idrc.ca/pan/pubacceso7_e.htm)

Mayanja, M., 2000, *Access and Empowerment: Experience and Lesson from The Multi-Purpose Community Telecentres (MCT) in Uganda*, Paper presented at The Second Global Knowledge Conference (GKII), Kuala Lumpur, Malaysia.

McChesney R.W., Wood, E.M, and Foster, J.B. (eds.), 1998, *Capitalism and the Information Age: The Political Economy of the Global Communication Revolution*, New York, Monthly Review Press.

Menou M.J., 1999, *Synthesis Report, Part 1: Methodological Issues. Connectivity in Africa: Use, Benefits and Constraints of Electronic Communications*, Ottawa, IDRC.

Morna L. and Khan, Z., 2000, *Net Gains*, Gender Links, June.

Mulyampiti, T., 2001, *New Information and Communication Technologies (NICS) and Governance in Uganda.* Paper presented at the Centre for Basic Research, Seminar Room, April.

Mureithi, Muriuki, 2002, 'Ushering East Africa into the global information society: telecommunications policy imperatives for the next phase of development', paper presented at the East African Telecoms and Broadcasting Conference, EA Telecom 2002, KICC, Nairobi, Kenya.

Mureithi M., Ghenna, K., Misubire, V., and Mullin, J. (eds.), 2001, *The ECA/IDRC Pan-African Initiative on E-commerce: Regional Report on East Africa*, January.

Nath, V., 2000, *Heralding ICT Enabled Knowledge Societies: Way Forward for the Developing Countries*, (http://www.members.tripod.com/knownetwork/articles/heralding.htm)

NEPAD, 2001, *The New Partnership for Africa's Development*, South Africa, Department of Foreign Affairs, (http://www.dfa.gov.za/events/nepad.pdf)

Nordicity Group Ltd., 1997, *Community Experiences with Information and Communications Technology-Enabled Development in Canada – Local Experiments in Innovation*, Commissioned by ICT Branch, Ottawa, IDRC.

Nostbakken, D. and Akhtar, S., 1994, *Does The Highway Go South? Southern Perspectives on The Information Highway*, Pre-Conference Symposium on Southern Country Interests, Tampere, Finland.

Northern Province: Thakgalane Community Telecentre Report. (undated) South Africa.

Northern Province: Botlokwa Community Telecentre Report. (undated) SA.

Northern Province: Phalala Community Telecentre Report. (undated) SA.

Northern Province: Mankweng Community Telecentre Report. (undated) South Africa.

NTCA (undated) *Initial Lessons Learned About Private Sector Participation in Telecentre Development,* Arlington, National Telecommunications Cooperative Association.

NUA Internet Surveys, 2001, *How Many Online?* (http://www.nua.ie/surveys/how_many_online/)

Ochodo, E., 2001, *Report on Information and Telecommunications Technology (ITs) and the Telecommunications Landscape in Africa*, Ottawa, IDRC.

OECD and IDRC, 2001, *Donor Information and Communication Technology (ICT) Initiatives and Programmes*. Joint OECD/UN/UNDP/World Bank Global Forum Exploiting the Digital Opportunities for Poverty Reduction, Paris, OECD.

Patton, M.Q., 1997, *Utilization-Focused Evaluation: The New Century Text*, London, Sage Publications.

Powa, M., 1997a, *Private Sector Learning Centre Partnerships*, Commissioned by IDRC/Acacia, Midrand, South Africa.

Powa, M., 1997b, *Exploring a Basic Illiterate Web Access System: Discussion and Demonstration of Technical Concepts, and Pointers to Future Research,* Ottawa, IDRC. (http://www.idrc.ca/acacia/outputs/op-audi.htm)

Press, L., 1996, *The Role of Computer Networks in Development*, Communications of the ACM, Vol. 39, No.2, (http://som.csudh.edu/fac/lpress/devwins.htm)

Press, L., Burkhart, G., Foster, W., Goodman, S., Wolcott. P., and Woodard, J., 1998, *An Internet Diffusion Framework*, Communications of the ACM, Vol. 14, No. 10 (http://som.csudh.edu/fac/lpress/articles/acmfwk/acmfrwk.htm)

Proenza, F.J., Buch, R.B., and Montero, G., 2001, *Telecentres for Socioeconomic and Rural Development in Latin America and the Caribbean*, Washington, DC, Inter-American Development Bank (http://www.iadb.org/sds/itdev/telecenters/index.htm)

Robinson, S., 2001, *Rethinking Telecentres: Knowledge Demands, Marginal Markets, Microbanks And Remittance Flows*, e-OTI: On the Internet, March/April (http://www.isoc.org/oti/).

Rathgeber E.M. and Adera E.O., (Eds) 2000, *Gender and the Information Revolution in Africa,* IDRC, Ottawa, Canada.

Rathgeber E.M, 2000, 'Women, Men and ICTs in Africa: Why Gender is an Issue' in Rathgeber E.M. and Adera E.O. (Eds)

Sagna, O., 2000, *Information Technologies and Social Development in Senegal*, UNRISD News, No. 23. Autumn/Winter.

Schlemmer, L. and Smith, J., 2001, *Rural Business Information Network*

Project. Project Documentation. Final Report: Analysis of the Project Progress, Performance and Possibilities, Ottawa, IDRC.

Sene, K., 2001, *Panafrican Study on Telecentres in Mali, MCT of Timbuktoo,* Commissioned by IDRC, Senegal, IDRC.

Sene, K., Sow, P.T., and Dieng Mor, 2001, *Panafrican Study on Telecentres, Senegal,* Commissioned by IDRC, Senegal, IDRC.

Shirley, M.M, Tusubira, F.F, Gebreal F. and Huggarty, L., 2002, 'Telecommunications Reform in Uganda' Policy research Working Paper 2864, The World Bank Dev.Reg. Grp.

Shiroya, F. and Ongeso, R. (eds.), 1997, *IDRC-Kenya Schoolnet Workshop, Proceedings of a Workshop held in Lenana Mount Hotel,* Nairobi, IDRC.

Skuse, A. (undated) *Information Communication Technologies, Poverty and Empowerment* (http://www.imfundo.org/knowledge/skuse.htm)

Stavrou, A., Benjamin, P., Burton, P., and McCarthy, C., 2000, *Telecentres 2000: The Way Forward* (http://www.communitysa.org.za/docs2/t2000_synth.doc)

Tulus, F., 1999, *Annotated List of Reports from Commissioned Studies in Acacia,* Acacia/IDRC, Ottawa, IDRC.

Uday, M., 2000, *Bridging the Digital Divide,* 2020 Vision, News and Views, September, Washington, DC., International Food Policy Research Institute (IFPRI) (http://www.ifpri.org/)

Uganda Communications Commission, 2001, *Rural Communications Development Policy for Uganda,* Kampala, Uganda Communications Commission (UCC).

Uganda Bureau of Statistics, 2001, *Uganda National Household Survey 1999/2000: Report on the Community Survey,* Kampala, Uganda Bureau of Statistics.

UNCST, 2001, *National Information and Communication Technology Policy Framework for Uganda,* Kampala, Uganda National Council for Science and Technology.

UNDP, 2001, *Human Development Report 2001: Making New Technologies Work for Human Development,* New York, United Nations Development Programme (UNDP) (http://www.undp.org/hdr2001/)

UNDP, 2002, *Driving Information and Communications Technology for Development: A UNDP Agenda for Action 2000–2001.* New York, United Nations Development Programme (UNDP) (http://www.sdnp.undp.org/it4dev/ffICTe.pdf)

UNECA African Development Forum, 1999a, *Globalization and the Infor-*

mation Economy: Challenges and Opportunities for Africa, Addis Ababa, United Nations Economic Commission for Africa (UNECA), (http://www.uneca.org/adf99/docs.htm)

UNECA African Development Forum, 1999b, *Strengthening Africa's Information Infrastructure*, Addis Ababa, United Nations Economic Commission for Africa (UNECA) (http://www.uneca.org/adf99/infrastructure.htm)

UNECA African Development Forum, 1999c, *The Process of Developing National Information and Communications Infrastructure (NICI) in Africa*, Addis Ababa, United Nations Economic Commission for Africa (UNECA), (http://www.uneca.org/adf99/nici.htm)

UNECA, 1999, *Developing National Information and Communications Infrastructure (NICI) Policies, Plans and Strategies: The "Why" and "How"*, Addis Ababa, United Nations Economic Commission for Africa (UNECA) (http://www.anais.org/ARTICLES/DOC20.HTML)

UNECA, 2000a, *Status of Information and Communication Technologies in Africa: The Changing Regulatory Environment*, Addis Ababa, United Nations Economic Commission for Africa (UNECA), (http://www.uneca.org/aisi/nici/status_of_information_and_commun.htm)

UNECA, 2000b, *What is AISI?* Addis Ababa, United Nations Economic Commission for Africa (UNECA) (http://www.uneca.org/aisi/docs/what'sAISI.PDF)

UNESCO, 2000. *Only 4% of the Internet Users in the Arab World Are Women*, Paris, United Nations Educational, Scientific and Cultural Organization (UNESCO) (www.unesco.org/webworld/news/000605_beijing.shtml)

UNESCO, 2001a, *International Seminar on Digital Divide Opened in Sri Lanka*, Paris, United Nations Educational, Scientific and Cultural Organization (UNESCO) (http://www.unesco.org/webworld/news/2001/010123_kothmale.shtml)

UNESCO, 2001b, *The Telecentre Cookbook for Africa. Recipes for Self-Sustainability: How to Establish a Multi-Purpose Telecentre in Africa*, Paris, United Nations Educational, Scientific and Cultural Organization (UNESCO), (http://unesdoc.unesco.org/images/0012/001230/123004e.pdf)

UNICEF (WCARO), 2001, *Girls Education: Regional Strategy for West and Central Africa (Draft 2)*, Abidjan, West and Central Africa Regional Office, United Nations Children's Fund (UNICEF).

Unuth, R.T., 1995, *Telematics Strategy for Africa: The Case of Mauritius* (http://www.sas.upenn.edu/African_Studies/Padis/telmtics_Unuth.html)

US Department of Commerce, Office of Telecommunications, 1999, *Status of Telecommunications Privatization and Sector Reform in Sub-Saharan Africa.*

Van Heusden, P., 1996, *A Survey of Information Communication Technology in Sub-Saharan Africa,* Ottawa, IDRC. (http://www.idrc.ca/acacia/studies/ir-heus.htm)

Wamahiu, S.P., 2001, *Telecentre Study: Review of Literature,* Nairobi, IDRC.

Wilson, E.J. *Closing the Digital Divide: An Initial Review,* Internet Policy Institute (http://www.internetpolicy.org/briefing/Ernest Wilson0700.html)

World Bank, 1993, *Uganda Growing Out of Poverty,* Washington, DC, The World Bank.

World Bank, 2000a, *Best Practice Review of Telecentre Operations,* Washington, DC, The World Bank.

World Bank, 2000b, *Can Africa Claim The 21st Century? Overview,* Washington, DC, The World Bank.

World Bank, 2000c, *World Development Report 1998/99: Knowledge for Development,* Washington, DC, The World Bank (http://www.worldbank.org/wdr/wdr98/contents.htm)

World Bank, *World Development Report 2000/2001: Attacking Poverty,* Washington, DC, World Bank (http://www.worldbank.org/poverty/wdrpoverty/

Wright, C. (ed.), 2000, *Issues in Education and Technology,* London, Commonwealth Secretariat.

Whyte, A. 1999, 'Understanding the Role of Community Telecentres in Development: A Proposed Approach to Evaluation' in Gomez R. and Hunt P (Eds).

Whyte, A., 2000, *Assessing Community Telecentres,* Ottawa, International Development Research Centre (IDRC).

Zongo, G., 2001, *Information and Communication Technologies for Development in Africa: Trends and Overview,* Turin, United Nations System Staff College (http://www.unssc.org/unscp/programmefocus/p2/knowledge_sharing/case_studies/IT_African_Development.PDF)